新基本行政法学［第2版］

手島 孝・中川義朗 監修
Teshima Takashi　Nakagawa Yoshiro

村上英明・小原清信 編
Murakami Hideaki　Kohara Kiyonobu

法律文化社

第2版はしがき

　本書（『新基本行政法学（第2版）』）は，初版を上梓してからわずか4年しか経過しておらず，通常であれば，主要法令の制定・改廃等に伴う必要最小限度の見直しにとどめるべきところであるが，この際，初版の「編集・執筆方針」を基本的に維持しつつ，執筆者の交替もふくめて，かなり大幅な加筆・補正を行い，読者にとってわかりやすい行政法総論の「現代化」に資するようにとくに配慮した。

　この間長年の懸案であり，またこれまで「挫折」をくりかえしてきた争訟・手続行政法部門の通則法である行政不服審査法，および行政手続法の改正が実現し，さらに地方自治法の改正，ならびにいわゆる行政手続番号法（マイナンバー法）などの基本的法令が制定されたため，これらを関連章節に位置づけながら，その内容を取りこむことが，本書改訂の主たる理由である。とくに行政不服審査法の抜本的改正は，これまでの行政による自己点検というより，むしろ公正な紛争解決のしくみに重点をおくもので，国のみならず地方自治体においても，その人的組織的体制をどう築くかが，今後の大きな課題となる。それとともにこの際，行政法においては重要な「判例」が輩出しており，これらを総論において正確に位置づけることが不可欠であることに鑑みると，本書もこの方針を確認し，可能なかぎりこれらを取り入れ位置づけることにした。それに伴い，行政法基礎理論，とくに比較法的視点からの解説は，相対的に比重を低下させざるをえなかった。

　また執筆者については，これまで共著者として本書（初版）・前著『基本行政法学』において，重要な箇所を分担執筆していただいた岡本博志氏から辞退の申し出もあり，また中高年研究者の負担を軽減して，その代わりに福重さと子，大谷美咲，および児玉弘各氏の若い研究者へバトンタッチし，分担執筆していただくことになった。本書改訂版はこのような研究者の分担執筆への参加で，年代・男女間のバランスのとれた構成になった。岡本氏には快く後進に道を譲っていただき，これまでのご労作に対し厚くお礼を申し上げる次第である。

　他方，初版の代表編者である手島孝九州大学名誉教授には，本来ならば名実

共に編集者として，著作内容全体を「大所高所」から隈なく校閲・チェックして
いただくはずであったが，思わぬ病魔のため第2版では監修の地位に専念せ
ざるをえなかった。公私にわたり手島先生のご指導を受けてきた，若い研究者
を除く執筆者一同にとっては大変残念ではあるが，皆さん先生のご快癒を願い
つつ，元気なその謦咳に再び接することができる日の来ることを鶴首している
ところである。

　またすべての執筆者の皆さんには，ご多忙のなか，割り当てられた箇所をテ
キスト著作全体のなかで位置づけ，要領よくまとめていただき，心よりお礼を
申し上げる。とくに非常事態下のパリ在住の福重さと子さんには，ヨーロッパ
（パリ）＋「緊急事態」という二重の緊張下での留学生活のなかで分担執筆
という役割を十分に果たしていただき，厚く感謝申し上げる。この際他の編者
も，「世代交代」をはかることが必要ということを十分認識しながらも，前述
のごとく本書が「第2版」であること，かつ，初版の執筆・編集方針を一応
「基礎」にしていることから，敢えて監修の役割を担い，代わりに村上英明・
小原清信両氏に実質的に「編集」の仕事をお願いすることにした。また小原氏
には，初版と同様「索引」の作成という煩瑣な仕事を引き受けていただき，そ
の適確な仕事ぶりにはお礼のことばもない。しかし，行政法総論全体をコンパ
クトに，かつ，アップツーデイトな「行政法作品」に仕上げるという基本的任
務の遂行の責任はあげて監修にあることはいうまでもない。

　今回もまた，法律文化社・顧問の秋山泰氏に大変お世話になった。とくに本
書改訂版の提案，編集，執筆内容，および校正に至るまで，氏の適確なご指導
のおかげで，ここまである程度満足できる「仕上げ」になったと思われる。こ
の際，各執筆者ともども法律文化社，秋山氏に衷心より感謝申し上げる次第で
ある。ともあれ前著・本書初版と同様，超情報社会のなかこのような法律系テ
キスト類の出版市場・大海への進出が容易ではないことはいうまでもないが，
いまとなっては，本書〔第2版〕が多くの読者・人口に膾炙し，その航海が無
事・安全なものであることを願うほかはない。

　　2016年1月

中川義朗（監修）／村上英明・小原清信（編集）

はしがき

　本書は，「第3版」まで版を重ねた前著・手島孝他編著『基本行政法学』（法律文化社・初版1993年）を引き継ぎつつ，この「改訂」としてではなく，新しい編集方針のもとに，新進気鋭の若手執筆陣を加えて，文字どおり新著として書き下ろした行政法総論に関する体系書である。

　前著は，国内外の時代の変遷，行政法令の制定改廃，および関連判例の増大などにもある程度対応できるように編集・執筆されたが，このところの行政法を包む環境・制度の変化はすさまじく，法律文化社のお勧めもあり，この際，構成・内容・体裁を一新して，新しく出直すことにしたものである。

　この間，とくに司法制度改革による法科大学院の設置・新司法試験の実施は，法曹養成に多くの課題を引き起こしつつあるが，また法学・行政法教育のありかたにもおおきな影響をあたえた。すなわち，理論より実務へ，外国法の比較研究教育より日本法プロパーの教育へ，および行政組織法・活動法（作用法）より争訟部門・判例研究へのシフトなどが，その代表的傾向である。

　また，地方分権改革により，広く行政法のうち，国家行政より自治体行政へ，法の適用・解釈から政策法務へと重点・関心の移動があり，これらを「行政法総論」のテキストとして，どう取り込み・位置づけるか，目下，大きな分岐点にたっているといってよい。

　さらに，高度科学技術の発展，国内外の「リスク」の増大により，市民の「安心・安全」のための行政（法），とりわけ未曾有の3・11東日本大震災・原発事故によって白日の下に曝された防災行政のしくみ・実態（狭義の災害予防から復旧・復興，損害賠償，原発規制の問題など）が，国・自治体の行政活動全般，それらと民間の諸活動との関係，およびこれらに関する法制度・理論のありかたに根本から見直しを迫りつつある。

　このようななか，大海原に帆をあげる本書の特徴をあげれば，次の諸点をあげることができよう。

　本書は，大学の法律系の学部・学科における行政法教育のためのテキストたることを主たる目的に，従として市民・行政体・公務員のための行政法令の解

釈・適用の法的規準の提供をめざし，内容的には，行政法に関する基礎理論をベースに，国家行政のみならず自治体行政に関する法の解釈を中心に，政策法務への言及を行い，全体として理論と実務に貢献できるよう，かつ，初心者にもわかりやすく行政法の総論基礎に関して共同執筆したものである。この点，行政法（学）の細分化・特化が進みつつある今日，「2～3兎を追う」の弊のおそれもあるが，あえて，これらの諸課題の円滑な克服をめざしたものである。

次に，「理論」（ドイツ法），「判例」（フランス法），「手続・過程」（英米法），および実定法の「政策手段」化（日本），それぞれに強いという各国行政法の相対的特色のなかで，外国法から影響を受けながらも独自性を発揮しつつあるわが国行政法において，これらの平行四辺形的凝縮・バランスに配慮したこと，である。

第三に，ほぼ各章ごとに，「コラム」欄を創設し，執筆者に章テーマに関連する判例の解説，立法・学説の動向などの「話題」をとりあげて自由に執筆していただいた。本文と合わせて読まれると，一層解説・論点が明確になろう。

このような本書が成るにあたって，まず出版・編集方針にそって，それぞれ一定の項目について，短期間に力作を脱稿していただいた各執筆者に，編者として衷心よりお礼を申し上げる。とくに，「コンパクトに」・「統一性」の確保といった編者の注文に快く応諾していただいたことに対して，各人の自由な研究成果を生かしきれてないのではと，危惧の念を禁じえないところである。

最後に，きびしい出版事情のなか，良質の出版活動を一貫して展開されており，かつ，本書の出版，企画，編集，校正まで大変な御指導をいただいた法律文化社，とくに秋山泰・掛川直之氏に，衷心より感謝申し上げる。なお，巻末の索引については，ご多忙のなか，共同執筆者の小原清信氏に労を煩わせることになった。ここに記して，お礼を申し上げる。

ともあれ，本書は，前著を含めれば2度目の大江湖への進水である。「ネット・検索」万能時代の今日，本書による航海が順風満帆とはいかないまでも，広く読者に，頼られる学びの実り多い船旅になることを，切に希望するしだいである。

2011年10月

中川 義朗・手島 孝

目　次

第2版はしがき

はしがき

凡　例

第Ⅰ部　行政と行政法の基礎

第1章　行政とは何か ——————————————— *2*

Ⅰ　行政法で行政とは ·· *2*

Ⅱ　学問的に行政とは ·· *4*

Ⅲ　行政をスケッチすれば ····································· *6*

★コラム1　〈永遠のテーマ〉「行政の積極的定義づけ」　*9*

第2章　行政法とは何か ——————————————— *11*

Ⅰ　行政法の意義と特色 ·· *11*

行政法の概念とその目的／行政法とはどのような法か

Ⅱ　行政法の成立と発展 ·· *14*

Ⅲ　行政法の一般原則 ·· *18*

総説／行政の法治主義原則／法律の留保原則をめぐる諸見解／形式的法
治主義から実質的法治主義の原則（＝「法の支配」）へ／信頼保護・「信
義衡平」の原則／比例原則

★コラム2　『具体化された憲法としての行政法』の現代的意義　*27*

Ⅳ　現代行政法の意義と特色 ···································· *28*

現代における行政法の意義／行政法の特色

Ⅴ　行政法の法源 ·· *34*

法源とは／成文法源／不文法源

★コラム3　「公法上の当事者訴訟」の活用と「公法」　*37*

v

第3章　行政法と市民・民事法秩序 ———————————— 39

Ⅰ　行政法関係における市民の法的地位 ------------------- 39

　　行政法上の権利／行政法上の行為

Ⅱ　行政上の特殊な法関係 -------------------------------- 44

　　特別権力関係論への批判／その他の特殊な法関係

Ⅲ　行政法と民事法との補完 ---------------------------- 45

　　概説／表見代理規定／双方代理規定／公物の取得時効

Ⅳ　行政法と民事法との交錯 ---------------------------- 48

Ⅴ　行政法規違反と私法上の効力 ------------------------ 53

Ⅵ　行政行為（許認可）と法律行為の交錯 --------------- 55

　　農地移転の許可／保険約款の認可

★コラム4　被爆者援護法判例　57

第Ⅱ部　行政体と行政組織のしくみ

第4章　行政体の意義と種類 ———————————————— 60

Ⅰ　行政体の意義 -- 60

Ⅱ　行政体の種類 -- 61

　　国／地方公共団体／その他の行政体

第5章　国とその組織 ———————————————————— 66

Ⅰ　国の行政組織（内閣，府，省，委員会，庁） ------------- 66

Ⅱ　その他の国の行政組織 ------------------------------- 69

Ⅲ　国と地方公共団体との関係 --------------------------- 72

★コラム5　国家戦略特区　76

第6章　地方公共団体 ———————————————————— 78

Ⅰ　地方公共団体の行政組織 --------------------------- 78

　　長，議会，委員会，委員／長と議会との関係

Ⅱ　地方公共団体の事務と権能 ------------------------- 80

事務／権能

Ⅲ　住民と地方行政 ──────────────────────────────── 85

★コラム6　大阪都構想と指定都市都道府県調整会議　91

第7章　行政機関 ──────────────────────────── 92

Ⅰ　行政機関の意義と分類 ───────────────────────── 92

はじめに／2つの「行政機関」概念／行政庁の種別

Ⅱ　行政庁の権限の委任と代理 ──────────────────── 95

権限の委任／代理

Ⅲ　行政機関相互の関係 ──────────────────────── 98

行政庁と補助機関／同一行政組織内における行政庁相互の関係／国と地方公共団体の行政機関相互の関係／対等な行政庁相互の関係

★コラム7　「庁」という字　101

第8章　行政体の人的要素──公務員 ──────────── 103

Ⅰ　公務員の意義・種別・任免 ──────────────────── 103

公務員の意義と種別／公務員の任用／公務員の免職

Ⅱ　公務員の権利と義務 ──────────────────────── 107

公務員の勤務関係／公務員の権利／公務員の義務／公務員制度改革の動向と問題

★コラム8　独立行政法人の職員の身分　113

第Ⅲ部　行政活動の法的しくみ

第9章　行政活動とは何か ─────────────────── 116

Ⅰ　概　説 ────────────────────────────── 116

Ⅱ　行政活動の展開とその種類 ──────────────────── 117

Ⅲ　行政過程としての行政活動 ──────────────────── 120

Ⅳ　行政活動における裁量性と被拘束性 ─────────────── 122

★コラム9　裁量統制における手続的審査方式　125

目次

vii

第10章　行政による規範定立 ——————————— *127*

  I　行政による規範定立の意義と種類 ·················· *127*

  II　行政による規範定立をめぐる法的課題 ·············· *134*

        ★コラム10　日本版「ノーアクション・レター」制度　*136*

第11章　行政行為——意義と種類・効力 ——————— *137*

  I　行政行為の意義 ······························· *137*

  II　伝統的な行政行為の分類　法律行為的行政行為／準法律行為的行政行為
     ·· *140*

  III　近時の行政行為の分類 ························· *144*

  IV　行政行為の効力 ····························· *145*

  V　行政行為の付款 ······························ *149*

  VI　瑕疵ある行政行為 ··························· *151*

  VII　行政行為の（職権）取消しと撤回 ············· *154*

        ★コラム11　行政行為の瑕疵に関する諸問題　*158*

第12章　行政契約 ———————————————————— *160*

  I　行政契約の意義と種類 ······················· *160*

    行政契約の意義／行政契約の種類

  II　行政契約をめぐる法的諸問題 ·················· *164*

    行政契約の法的規制／行政契約をめぐる訴訟

        ★コラム12　公害防止協定　*168*

第13章　行政計画と行政指導 ——————————— *169*

  I　行政計画 ································· *169*

    行政計画の意義と種類／行政計画の法的規制／行政計画と行政救済

  II　行政指導 ································· *175*

    行政指導の意義と種類／行政指導の法的規制／行政指導と行政救済

        ★コラム13　小田急訴訟における公害防止計画　*181*

第14章　行政の実効性の確保手段 (1)——行政強制 ——— *183*

  I　行政強制の意義と種類 ························· *183*

Ⅱ　行政上の強制執行 ･･ 184

行政上の強制執行の意義とわが国の行政上の強制執行制度／代執行／代
執行以外の強制執行／強制執行以外の実効性の確保手段

Ⅲ　即時強制 ･･･ 193

即時強制の意義／即時強制の種類と問題点

★コラム14　空家等対策の推進に関する特別措置法　195

第15章　行政の実効性の確保手段 (2)──行政罰 ── 196
Ⅰ　行政罰の意義と種類 ･･ 196
Ⅱ　行政罰の特殊性 ･･ 197
Ⅲ　行政罰をめぐる問題点 ･･ 199

★コラム15　判例にみる行政刑罰規定の意味　200

第Ⅳ部　行政活動の法的統制

第16章　行政事前手続のしくみ ──────── 204
Ⅰ　適正な手続保障の意義 ･･ 204
Ⅱ　行政手続の基本原理 ･･ 205
Ⅲ　行政手続をめぐる主な判例 ･･ 206
Ⅳ　行政手続法 ･･ 208

第17章　情報管理制度──情報公開と個人情報の保護 ── 214
Ⅰ　情報公開法制 ･･ 214
Ⅱ　個人情報保護関連法制 ･･ 221
Ⅲ　公文書管理制度のしくみ ･･ 227

法制定の背景／公文書管理法の目的と文書の管理プロセス／公文書管理
法の制度設計の概要

第18章　行政調査 ─────────────── 230
Ⅰ　行政調査の概念／即時強制との異同 ･･････････････････････････････････ 230
Ⅱ　行政調査と法律の根拠 ･･ 231

Ⅲ　行政調査の瑕疵と救済 ……………………………………………………… 233

★コラム16　国勢調査　234

第Ⅴ部　国民の権利保護──行政救済制度

第19章　行政救済のしくみ ———————————— 236
Ⅰ　行政救済制度の意義 …………………………………………………………… 236
Ⅱ　行政救済制度の種類 …………………………………………………………… 237

第20章　国家賠償 ———————————————— 240
Ⅰ　総　　説 ………………………………………………………………………… 240
Ⅱ　国家賠償法1条──公権力の行使による責任 ……………………………… 242

概説／国家賠償法1条の適用領域／責任の成立要件／加害公務員に対する求償

Ⅲ　国家賠償法2条──営造物の設置または管理に関する責任 ……………… 251

総説／国家賠償法2条の適用領域／責任の成立要件

Ⅳ　費用負担者の責任 ……………………………………………………………… 256

★コラム17　日本国憲法17条の性質　257

第21章　損失補償 ———————————————— 258
Ⅰ　損失補償の意義と根拠 ………………………………………………………… 258

意義／法律上の根拠の必要性／損失補償の要否／損失補償の内容

Ⅱ　国家賠償と損失補償の谷間 …………………………………………………… 266

★コラム18　受益者負担・原因者負担のしくみ　268

第22章　苦情処理とオンブズマン（パーソン）制度 ——— 269
Ⅰ　苦情処理 ………………………………………………………………………… 269
Ⅱ　オンブズマン／オンブズパーソン制度 ……………………………………… 271
Ⅲ　機能拡充の要請と制度的課題 ………………………………………………… 274

★コラム19　行政型ADR　275

第23章　行政不服申立て ——————————————————— *276*

Ⅰ　総　　説 ·· *276*

　　行政不服申立ての意義／行政不服申立ての種類

Ⅱ　審査請求 ·· *278*

　　審査請求の要件／審理員／審理手続／第三者機関（行政不服審査会等）
　　の関与／執行停止／裁決

Ⅲ　再調査の請求 ·· *288*

Ⅳ　再審査請求 ·· *289*

Ⅴ　教　　示 ·· *289*

　　　★コラム20　「簡易迅速な手続」か「公正な手続」か　*291*

第24章　行政訴訟(1)——総論 ——————————————— *292*

Ⅰ　総　　説 ·· *292*

Ⅱ　主観訴訟 ·· *295*

　　抗告訴訟／抗告訴訟(1)／抗告訴訟(2)／抗告訴訟(3)／抗告訴訟(4)／当事者
　　訴訟

Ⅲ　客観訴訟 ·· *306*

　　民衆訴訟／機関訴訟

　　　★コラム21　2004年の行訴法改正と確認訴訟　*309*

第25章　行政訴訟(2)——取消訴訟 ————————————— *310*

Ⅰ　取消訴訟の提起　原処分主義，自由選択主義，例外的審査請求前置主義 ···· *310*

Ⅱ　取消訴訟の訴訟要件 ·· *312*

Ⅲ　取消訴訟の審理 ·· *320*

Ⅳ　取消訴訟の判決と効力 ·· *323*

　　判決の種類／事情判決／判決の効力

Ⅴ　執行停止と内閣総理大臣の異議 ·· *326*

　　執行不停止の原則と執行停止の要件／内閣総理大臣の異議

Ⅵ　教　　示 ·· *328*

事項索引 ·· *331*

凡　例

1　法令名の引用については，つぎのようにした。

①　条文番号の指示の頻度が高いものについては，カッコ内で条文番号を示す場合は下のように略称した。

日本国憲法→憲　　大日本帝国憲法→明憲　　国籍法→国籍　　刑法→刑
民法→民　　国家行政組織法→行組　　内閣法→内　　内閣府設置法→内閣府
裁判所法→裁　　会計検査院法→会検　　会計法→会計　　公職選挙法→公選
国有財産法→国財　　財政法→財　　地方自治法→自治　　地方公営企業法→
地公企　　地方財政法→地財　　国家公務員法→国公　　地方公務員法→地公
行政執行法人の労働関係に関する法律→行執法労　　地方公営企業等の労働関
係に関する法律→地公労　　独立行政法人通則法→独　　国立大学法人法→国
大　　地方独立行政法人法→地独行　　行政手続法→行手　　行政事件訴訟法
→行訴　　行政代執行法→代執　　行政不服審査法→行審　　行政機関の保有
する個人情報の保護に関する法律→行政機関個人情報保護　　個人情報の保護
に関する法律→個人情報保護　　行政手続等における情報通信の技術利用に関
する法律→行政手続オンライン化　　行政機関の保有する情報の公開に関する
法律→情報公開　　国税徴収法→国徴　　国税通則法→国通　　国家賠償法→
国賠　　警察法→警察　　警察官職務執行法→警職　　土地収用法→収用
道路運送法→道運　　道路交通法→道交　　道路法→道路　　河川法→河川
狂犬病予防法→狂犬　　公有水面埋立法→公水　　消防法→消防　　学校教育
法→学教　　地方教育行政の組織及び運営に関する法律→地教行組　　食品衛
生法→食品　　伝染病予防法→伝染　　風俗営業等の規制及び業務の適正化等
に関する法律→風営　　都市計画法→都計　　建築基準法→建基　　廃棄物の
処理及び清掃に関する法律→廃棄物処理　　核原料物質，核燃料物質及び原子
炉の規制に関する法律→原子炉等規制

②　上記以外でも略称で容易に理解できると思われる一部の法令についてはその略称により（とくにかなりの法律について末尾の「法」を省略している），その他の場合は原名をそのまま記した。なお，本文中で法令名にふれる場合は原則として原名

を記すことにしたが，たとえば行特法や風営法のように，一部については本文中でも略称を用いている場合がある。

2　判例の引用については，通常の例に従った。

①すなわち，たとえば，最大判（決）とあれば，最高裁判所大法廷判決（決定），東京地判とあれば，東京地方裁判所判決，の意味である。

また，その下の「昭」，「平」は，「昭和」，「平成」を，数字は判決ないし決定の出された年月日を示している。

②　判例集の引用については，最高裁判所判例集・民事を「民集」，最高裁判判例集・刑事を「刑集」とそれぞれ表記し，判例時報を「判時」，判例タイムズを「判タ」と，行政事件裁判例集を「行裁」，また判例地方自治を「判自」とそれぞれ略記した。したがって，「民集5・3・100」とあるのは，最高裁判所判例集（民事）第5巻3号100頁の，また「判時1000・1」とあるのは，判例時報1000号1頁の，「裁時1506・5」とあるのは，裁判時報1506号5頁の，それぞれ意味である。その他の表記は通例による。

3　判例・法令の引用の場合を除き，年号については，原則として西暦により表示し，必要に応じて（　　）内に元号を記した箇所がある。

4　著書・著者の引用については，通常の方法に従って行っている。ただ，行政法総論のテキストという本書の性格上，引用は必要最小限度にとどめてある。いうまでもなく，本書は，これまでの公法における多くの先行研究・著作の成果に負うところ大であり，ここでは一々お名前・作品名はあげませんが，改めて感謝申し上げるとともに，ご了解をお願いする次第である。

凡

例

xiii

第Ⅰ部

行政と行政法の基礎

第1章

行政とは何か

I　行政法で行政とは

▶ 行政とは何かを問う意味

　行政法学が学（学習・研究）の直接の対象としているのが行政法であること
は，いまさらいうまでもなかろう。

　だから，行政法とは一体どういうものかは，この本がこれから概説する行政
法学を一通りマスターすれば，それで一応つかめるはずである。行政法の定義
は，その段階で読者が各自下せばいい，ともいえる。

　しかし，すべて初めが難しいとドイツの諺にいうその初めにあたって，さ
しあたりの大ざっぱな見当を示しておくのも，初学者である読者への親切とい
うものだろう。その意味で「行政法とは何か」が次章で述べられる。

　ところで，この「行政法とは何か」に先立って，これまで大方の行政法教科
書は「行政とは何か」を論ずるならわしである。なぜか。

　たしかに，行政法とは文字どおり「行政の法」なのだから，「法」とは何か
の方は法学一般に共通の基礎知識に委ねるとして（そして，この法学入門的勉強
は，本書の読者ならすでに済ませているとしてよかろうから），「行政」とは何かを明
らかにしさえすれば，おのずから「〔行政の法，すなわち〕行政法」とはどうい
う法かの見当がつく，ということなのだろう。

▶ 初めは行政の暫定的理解でかまわない

　だが，従来そこで「行政」として提示されてきたのは，常識レベルでの行政
理解か，さもなくば，それを超えてはいても，せいぜい，いわゆる形式説的な
いし控除説的な行政観念——「内閣以下の行政機関が行う作用」（形式説）・

「立法と司法以外の国家作用」（控除説）——の域を出ない。それらは，とうてい学問的な実質的行政概念といえる代物（しろもの）ではないのである。

考えてみると，これはけっして理由のないことではない。わかり切っているが，あえて冒頭にも注意を促したとおり，行政法学は行政法の学であって行政の学（すなわち行政学）ではないから，行政そのものの究明は直接その任とするところではない。行政法を対象として同定する（どうてい）（ということは，行政法を他の法分野から区画する）に必要かつ十分な限度で「行政とは何か」に答えれば足りるのである。

とすると，この目的のためには，さしあたっては，常識か，あるいはたかだか形式説・控除説で，優に間に合う。なぜなら，もともと，実務上も一般的にも，行政法とよばれる法分野は，そのようないわば素朴なレベルで理解された行政に第一次的にかかわる諸法を大まかに総称しているのであって，何も最初から深遠・高尚な学問的行政概念を旗印にかかげて厳密に陣取り（じんど）しているわけではないからである。

こうして，初学者向けの行政法教科書では，行政の常識的ないし形式説的・控除説的イメージを前提に先へ進んでかまわない，ということになる。

▶ 行政法初学の前提としての行政イメージ

繰り返すと，行政法学は行政法の学（あるいは，結局同じことになるが，行政の法学）であって，行政そのものを対象とする学ではない。後者は「行政とは何か」に直接取り組む独立の学問（科学）として，行政法学とは別建てになっていて，行政学という。本格的に学問レベルで「行政とは何か」を探求しはじめると，行政学に没頭せざるをえなくなり，行政法学にとっては入口にしかならないところでさんざん足踏みして，行政法学そのものにはなかなか参入できないことになりかねない。

そこで，さいわい，前述のように，そもそも実定法としての行政法が前提する行政の理解が素朴なレベル以上のものではないという好都合の事情も与（あずか）って，初学の段階では「行政とは何か」は当面その水準で押さえておいて差し支えないのである。

それは，日常的には，「国や公共団体が，その存立目的や決定を執行する実施的業務」といった意味合いの行政のとらえ方であり，少しく持って回れば，

前述の形式説，あるいは控除説によるとらえ方をもって行政とする定義である。

　（先に「これまで大方の行政法教科書は」云々と書いたが，最近では，素朴・簡単にせよ「行政とは何か」への導入的論及すらスキップする例も珍しくない。しかしそれらにしても，出だしに注意すれば，形式説的ないし控除説的な行政観念を前提としていることが明らかである。）

Ⅱ　学問的に行政とは

▶ 学問的行政概念の必要

　しかし，これでは何としてもあまりに実質的内容にとぼしい。ひとまず行政法をざっと勉強するために行政法の範囲を荒っぽくでも線引きするには，それでも役立つだろうが，一旦そのような初学の段階を了え，つぎのらせん状に高次の（専門）学習，さらには研究に進むと，もっと学問的に洗練された精緻な実質的行政概念がどうしても必要になってくる。なぜなら，現行の実定法の文面とその有権的解釈（判例・通説）をまずはそのものとして学習することがもっぱらとなる初学段階とは異なり，批判的見地が要求されるその上の学習・研究では，ことに社会が激動して制定法が社会的需要に追いつかない現代のような時代，行政法の理論化・解釈にあたって——いわんや立法論にわたればなおさらのこと——実定行政「法」に必ずしもすべては探りえなくなりつつある重要な諸規準を客観的に求めようとすれば，法的規律の対象である社会的実体としての「行政」の本質構造に遡るほかないからである。

　それでは，この意味で学問的に究極のところ「行政とは何か？」について，初心者に向けた行政法教科書であることに使命を限定する本書はこの問題に深く立ち入る必要はないわけではあるが，しかし読者の後学のため簡単にふれておこう。

▶ 既成の各種行政概念

　行政の学問的概念としては，古来，すでに言及した形式説，控除説を含め各種各様の定義が提唱されてきた。委細は別書（手島孝『行政概念の省察』など）に譲らざるをえないが，規範学としての公法学（憲法学，行政法学），狭義社会

科学としての国家学（政治学，行政学），その他さまざまの視角からするそれらすべての企てのうち，主題に真正面から取り組む（あるいは少なくとも，取り組むべきである）のが行政学であることは，前にも述べた行政学の学問（科学）としての職分から当然とされねばならない。

　行政法学では，これまで，形式説，控除説（消極説）のほか，国家目的実現説（実質的積極説）なるものも唱えられてはきているが，後者も前二者同様，結局のところ行政学には素人の行政法学者の眼をもってする行政観にすぎず，常識か，常識に毛が生えた程度のものでしかない。論より証拠，今日わが国でその代表例としてよく引用されるものに一瞥を投じよう。――「近代国家における行政は，法の下に法の規制を受けながら，現実に国家目的の積極的実現をめざして行われる全体として統一性をもった継続的な形成的国家活動である」（田中二郎）。

▶ 行政概念の新構成

　ところが，この点で本命のはずの行政学にも，実のところ，未だ必ずしも定説があるわけではない。しかし，そのなかでドイツの学界も関心を寄せるものに「行政概念の新構成」（手島孝）がある（ティーメ『行政学（第4版）』など，巻頭の参考書目10点の1つに米国のサイモンと並べて挙げる。なお参照，手島孝『行政概念の省察』166頁・同『ネオ行政国家論』252，291頁）。

　これによれば，行政の本質は「本来的および擬制的公共事務」の「管理および実施」たるところに求められる。「全体社会の共通利害にかかわるものとしてその負担で行なわるべきこと（＝公共性）を社会的に正当化された仕事（当の正当化を仕事の実質から自然成立的に受けるもの〔＝本来的公共事務〕を中心に，その理念的権威に与ろうと社会的に合意された一定の手続〔＝政治すなわち一次的政策決定〕を経ることでそのようなものとして仕立てられみなされるもの，すなわち当の正当化を手続的・人為的に受けるもの〔＝擬制的公共事務〕まで，包摂する）」について，「その現実的遂行へ向け必要な諸条件の準備・充足（二次的政策決定，企画，組織，人事・財務・設営（行政活動のための施設等の設置），指揮・伝達・調整，および管制）を行い（＝管理），その現実的遂行（＝実施）に及ぶ一連の過程」を，学問的に「行政」と定義するのである。

　そうすると，今日制度的に「司法」といわれているものも，理論的にはこれ

に入ってしまう。行政学プロパーの行政概念ならこれでよかろうが，現代日本の実定行政法学では，現行憲法による所与の三権分立体制による修正が必要である。そこで，後者において学問的に行政とは，前述・理論的広義の行政のうち，司法（すなわち，歴史的・沿革的理由から，前述の「二次的政策決定」のうち，特別の機関〔＝裁判所〕と手続〔＝訴訟手続〕で行われるようになったもの）以外のもの，ということになる（以上，くわしくは前掲書『行政概念の省察』をはじめ手島の諸著。なお，塩野宏『行政法Ｉ（第２版）』７頁以下，同「行政概念論議に関する一考察」『法治主義の諸相』20頁以下，大橋洋一『行政法Ｉ（第２版）』８頁以下などを参照のこと）。

Ⅲ　行政をスケッチすれば

▶行政イメージの整理・展開

　本書をこれから先読み進むには，さしあたって「行政の常識的ないし形式説的・控除説的イメージ」を前提すれば足りること，すでに述べたとおりである。しかし，そのイメージを，関係の学問的成果に照らしながら可能なかぎり整理・展開しておくことは，この段階ででも今後の学習に大きな助けとなるに違いない。この方針でスケッチされた行政の巨視的画像を以下に示そう。

▶行政の特質

　一般に行政という社会的機能は，公共性，権力性および技術性によって特徴づけられる。

(1)　公共性　　全体社会への指向性である。これには，事物の本性から社会全体の共通利害にかかる実質的（本来的）公共性と，全体社会の是認した手続を経ることで成立する形式的（擬制的）公共性と２種類あるが，いずれにも，直接にせよ間接にせよ社会の全体に向けられた肯定的関心が看て取れるのである。

(2)　権力性　　実現の担保として権力（行使を社会的に正当化された実力）が切り札となること。これは，本質的に権力機構である国家・公共団体によって行われるかぎりでの行政に多かれ少なかれ究極的にみられる特質であって，顕在化している場合（警察，徴税など）と，通常表面化しないで潜在している場合

（いわゆる授益行政でもそうである）とを問わない。

(3)　技術性　　所与の目的（全体社会の共通利益，ないし政治の決定）を実現するための手段的性質をいう。すなわち，もっぱら過程としてみるとき，行政は「管理〔マネジメント〕および実施」（広義のアドミニストレーション）という社会的・人間的・工学的テクノロジーの応用にほかならず，この点では企業経営と同質なのである。

　さらにまた，現代日本の行政は法治性をも特徴としていることを——もともと理論的には(1)に述べた形式的公共性の歴史的コロラリーであろうが——，その（ことに行政法との関連での）重要性ゆえ，とくに独立の項目(4)を立てて付け加えておこう。

(4)　法治性　　日本国憲法のもとで，行政は国家・公共団体の作用として立法に下属し，立法の所産たる「法律」に絶対反してはならず（法律の優位），また原則として法律の根拠があってはじめて発動を許される（法律の留保）。これは，行政の一般的属性としての公共性を形式的に確保する「全体社会の是認した手続」が，現時点のわが国では，国民の代表機関たる国会による「法律」の制定として制度化されていることを意味するのであるが。

▶ 行政の種類

　多岐亡羊のあまり実質的・積極的把握が断念されてもあながち奇異とも思われないほど種々雑多の観を呈する行政ではあるが，よく観察すれば，おのずからいくつかの種類が区分けできる。

　前述の「行政概念の新構成」に従えば，まずは本来的行政と擬制的（または政治的）行政の別が最も根本的であろうが，これは独自性の強い原理論的（＝行政学的・政治学的）な類別であるため今はしばらく措き，行政法（学）に直接に有意味とされる種別で現今普通に行われているものを，前述の「行政の〔4つの〕特質」に対応させながら紹介するにとどめる。

(1)　国家行政と自治行政　　今日，行政の公共性を担うのは，すぐれて，公権力装置としての国ないし公共団体である。この担い手の違いによって，第1の二分類，すなわち国家行政と自治行政の区別が生ずる。

(2)　権力行政と非権力行政　　行政に権力性は，とどのつまりは不可欠だが，しかし，それが顕在化している場合（権力が主な手段として用いられる場合）と，

潜在的にとどまって正規には表面にあらわれない場合（権力以外の手段が主に用いられる場合）とは，十分に区別できる。

(2′)　規制行政（侵害行政）と給付行政（授益行政またはサービス行政）　(2)と重なり合う場面が多いが，必ずしもイコールではない。行政の最終的な相手方となる私人との関係で，当該行政目的を実現するのに，権利・自由の制限というネガティブな方法による場合（規制行政（侵害行政））と，逆に利益・便宜の供与というポジティブな方法をとる場合（給付行政）とを分類するものである。

(3)　管理行政（内部行政）と実施行政（外部行政）　大規模組織行動である行政には，行政体内部で行なわれる「管理」（5頁所述）目的のいわば中間レベルの活動と，行政体の外部へ向け，すなわち行政の本来の相手方である私人（アメリカ行政学では「顧客」という言葉すら使う）に対して行われる最終レベルの「実施」活動とが区分される。

(4)　覊束行政と裁量行政　法治原則のもとでは，法律の定めるとおりにその執行として行われる行政（覊束行政）と，法律の認める枠内で事宜的判断により行われる行政（裁量行政）との区別もまた重要である。

(4′)　固有の行政と私法形式の行政　法治性の関連では，さらに，主として行政法（公法）の規律を受ける行政と，基本的には民法・商法など私法に服する行政（私経済的行政ともいう。）とを分けて扱うことがある。

▶ 行政の存在意義

　このような行政が社会的に果たす役割の大きさに思いをめぐらしておくのが，この皮切りの章の掉尾にふさわしかろう。

　そもそも行政が全体社会の存立・発展にとって致命的に必須の実働的社会機能である（どんなに自明の共通利益でも，どんなに立派な政治的決定でも，実現されなければ無に等しい！）ことは，すでに垣間見た行政の学問的定義にまつまでもないが，これに加えて，とくに，いま（現代），ここ（日本）で，行政の存在理由はいやが上に高まる。

(1)　「福祉国家」と行政　「福祉国家」（憲25条参照）としての現代日本において国家の職能はとみに増大するが，事物の本性上，質的にも量的にもその主要部分は行政によって担われる。今日，社会が福祉国家なしにはもはや存立しえぬとすれば，行政は今や人間社会の生命線にほかならず，その重要性はいよい

よ出でていよいよ大きい。

(2) 行政と「行政国家」　　行政の量的拡大と質的強化は，現代社会・国家の構造複雑化・高度技術化を背景に，「計画による行政」など，行政が元来の本領であるアドミニストレーションの域を超え政治（一次的政策決定）の次元にまで進出する事態を招きつつある。その極まるところ行政が政治の場面にも実権を掌握するにいたれば「行政国家」であるが，そこにおいて行政は究極的に社会・国家の死活を扼する根本の鍵機能となって，問題性がまた肥大する（手島孝「行政国家論」は，ドイツ・フォルストホフ『行政法教本総論（第10版）』1頁の文献目録にも収載されている）。

　もっとも，冷戦終結後，英米発・新自由主義の風潮は，行政資源（とくに財源）調達の臨界近しとの予測と相俟って，わが国にも「国家の撤退」「小さな政府」「行政改革」を求める声と動きを励起した。「国家の失敗」が是正さるべきは当然だが，しかし「市場の失敗」の補整に任ずる現代国家正統の役割は依然きわめて大きく（ヨーロッパ諸国では新福祉国家が語られる），現に次代の新種行政需要（少子高齢化，電子情報化，地球温暖化，エネルギー問題への対応等々）が簇出しつつあり，上記(1)(2)の大勢はよもや動くまい。いわんや，9・11（ニューヨーク世界貿易センタービル等に対する航空機による同時多発テロ事件），リーマン・ショック（2008年アメリカ投資銀行の破綻に端を発する国際金融危機），3・11（2011年3月11日東日本大震災・東京電力福島第一原発事故）と，意表を衝く未曾有の危機的非常事態の続発に震撼する21世紀においてをや。

★コラム1　〈永遠のテーマ〉「行政の積極的定義づけ」

　行政法における行政概念をめぐるわが国の学説状況は，自らは控除説に立つ塩野宏が史的に跡づけ的確に整理している（6頁掲出論文）。そこでは，ある集合を一定の標識で幾つかの部分集合に括ったあと，残りの部分集合に同等の質的内容をもった標識を与えようとするのは，もともと無理な話としながらも，「にもかかわらず，この難題に真摯に取り組んだ」戦前の佐々木惣一，戦後の田中二郎，下って手島孝の積極説を「学問的営為として行政法学説史上刻印さるべきこと」と評価する。

　しかし，それ以後，当の塩野による斯学の定番教科書が，「いつの時代にも行政法学者の関心を惹きつけ」「なお，何人かが成功することが期待される」この「永遠のテーマ」への論及を簡略化している（『行政法Ⅰ（第3版）』以降）のは惜しま

れる。というのも，その存在理由(レゾン・デートル)にまで透徹する行政の広角的本質把握なしには，現代諸学の致命的通弊たる自閉的「蛸壺化(たこつぼか)」（手島孝『学としての公法』参照）は不可避であろうから。

〔手島　孝〕

第Ⅰ部　行政と行政法の基礎

第2章

行政法とは何か

I 行政法の意義と特色

1 行政法の概念とその目的

現在「行政法とは何か」と問われると，ごく形式的に「行政に関する法」，あるいは「行政に関する特殊固有の法」（特有説という）と答えることができよう。かつて行政法は，ドイツ法を継受した公法・私法区別（二元）論の下，「行政に関する国内公法」（「伝統的公式」ともよばれる）と定義されてきたが，現行憲法における司法の一元化，および行政裁判制度の否定（憲76条1項・2項）に伴い公法私法の区別が否定され，「国内公法説」に代わって行政に「特殊固有の法」が提唱されるようになった。

近代立憲主義下の統治構造において行政法（総論）は，一般に権力分立の一部門である「行政権」（憲65条）に関する法，すなわち①行政の組織（行政組織法），②行政の作用（活動）（行政作用法），および③国民の権利保護法（行政救済法）の3領域から構成される。本書もこの3領域を中心に，さらにそれぞれいくつかの章建てに編成されている。

行政法の成立のためには，行政の相手方＝私人（個人・法人）のみならず，君主（大統領）・内閣（大臣）・行政機関をも拘束すること（二面的拘束力），かつ国家法（憲法）や私法（民法・商法・会社法など）とは異なる固有の原理・体系（特殊固有性）が存在することが必要不可欠の前提である。

このような形式的行政法概念における「行政」（＝「特殊固有」性）・「法」，および両者の「関係性」の内容をどう規定するかにより，「行政法とは何か」というその実質的概念について多様な見解が生まれる。第1章でのべたように，

「行政」に関する実質的積極的定義——「行政概念の新構成」（手島孝）・「国家目的実現説」（田中二郎）——は，これまでの「公共性」・「公益性」，あるいは「公権力の行使に関する法」という一般的行政法概念を発展させる「挑戦」ではあったが，しかしこれら積極説が現代の多様な活動に適応し，かつその本質を的確にとらえられるかという点で，なお解明すべき課題が残されている。さりとて行政概念の控除説にもどれば，行政は「立法・司法にも属さない国家作用（目的実現）」であるとされるため，実質的行政法概念には到底結びつかない。そこで大方の学説は，行政部の活動の法的・民主的統制という合目的的視点から，もっぱら「行政体・機関が組織法規定に基づき行う一切の活動に関する法」（総合的主体説という）という組織法的概念でもって行政法の定義とし，行政法総論をスタートさせる傾向がある。これは，課題の行政（法）の「本質」を解明するというより，むしろ行政法（学）の対象・範囲を網羅的に画する点に，そのメリットがある。

　このような行政法の各定義をふまえつつ，さらに国や公共団体の活動の本質・「特殊固有」性をさぐれば，行政法は一般に「公共性」（公益・公権力・公開制）に関する法であり，現行憲法の下では，国民の「適正手続」（参加・協働）を通じて国家目的（公益）の実現を図る技術的法である，という定義がその本質にもっとも適う表現であろう（塩野宏『行政法Ⅰ（第6版）』では，行政過程における「私人」の「行政決定への参加的地位」（参加・協働）をその重要な地位と位置づける〔同395頁〕）。

2　行政法とはどのような法か——行政法の「自立性」と「統一法典」の不在

▶ 憲法具体化法としての行政法

　行政法は，関連・周辺法領域との区別として，まずその成立経緯から国法（憲法）との相違・共通性を明らかにすることが求められる。憲法は国家の最高法規であり，これに反する法律・命令などその他「国務行為」は無効であるとされるため（同98条），行政法にとって憲法は（最高）の授権・制限規範であり，また行政法の内容への方向指示を与える規範である。これを具体的に現行憲法における「行政」法関連規定でみると，まず権力の分立を所与とする憲法65条の行政権の内閣所属規定，ついで行政の担当する事務・作用に関する同73

条1号の,「一般行政事務」の処理,「法律の誠実な執行」, および「国務の総理」をはじめとする各規定により, 行政法はその存在理由を憲法によって規定され, かつこれら規定との内容的「整合性」を保つ必要がある。戦後ドイツにおいてこの点を力説したのが, 連邦行政裁判所長官, フリッツ・ヴェルナーの「具体化された憲法としての行政法」という位置づけである (コラム2参照)。これは, 憲法と行政法と関係のあり方のみならず, 行政法にとってはその原理・構成・内容のあり方を基本的に規定する命題でもある。ただこれは, 豊富な「貯蔵庫」としての憲法から行政法の具体的内容を全部・一方的に「引き出す」という方法論を意味するのではなく, 逆に憲法の抽象的原則を行政法・下位法令によって「充填」することも十分ありうることを示唆するものである。行政法の体系 (総論) は, 国家全領域にわたる多種多様な「参照領域」(行政法の各論) を素材として, 次のらせん状の高い次元において「構成」されるものであり, 他の法分野にくらべて一層憲法原則との相互「関連・交流」を必要とするものである。

▶ 行政法＝民事法の特別 (修正) 法としての性質

つぎに, 行政法と市民法＝民事法との関係が問題となる。かつての伝統的な, 相互自立的公法体系と私法体系区別 (二元) 論の下では, 市民社会の法である「私法」(民・商法) にたいして行政法は政治・国家生活に関する法＝「公法」に属し, 前者を「通底」としつつも「公共の福祉」・「公益」の実現の観点からこれを修正する特別法的役割をもつものと規定されていた (公益の私益に対する優先・一般法に対する特別法の優先の原則)。

この場合たとえば, 民法の「総則」にある諸規定, たとえば人 (権利能力・行為能力), 住所, 法人, 法律行為, 代理権, 時効などは私人間の法律関係はもとより行政と私人との法律関係 (行政法関係) にも原則的に適用される「共通ルール」(ただし代理権については内閣法10条・11条, 地方自治法152条・153条が, また時効については会計法30条などがそれぞれ特別規定を置く) であるので (これらの詳しい判例などについては, 第3章「行政法と市民・民事法秩序」を参照), これらの規定自体は, 行政に「特殊固有の法」＝固有の意義の行政法とはいいがたい。ただ広く行政法を, 形式的に「行政に関する法」であるとする位置づけからすれば, これら民法の諸規定は, 行政に関わる点ではこれを否定できず, その意

味では広義の「行政法」の範疇に属することになる。

　行政法については，ヨーロッパ大陸の成文法主義をとる国々でもあらゆる分野の行政に共通に妥当する統一的な「法典」が存在しないことが，最大のその特質である。わが国の個別実定法のなかには，国家行政組織法（行組），行政手続法（行手），行政機関の保有する情報の公開に関する法律（情報公開），行政代執行法（行執），行政不服審査法（行審），および行政事件訴訟法（行訴）などの法律に「行政」という文言が登場するが，これらは行政法総論全体，すなわち前記①②③領域すべてをカバーする共通的・統一的ものではなく，せいぜい各部門の「通則法」的性格を有する個別法典であり，その「構成要素」にすぎない。この行政法の特徴に着目して，ひとは，行政法を「寄木細工」・「モザイク的集合」と評することがある。かつて1936年ドイツのバーデン・ヴェルテンベルグ州で，統一行政法典制定の試みがあったが（草案の作成），現在においては「法律の洪水」（「法律の爆発」）とよばれるように，膨大な制定法（法律・命令・条例）や，それに加えて数多くの判例が登場しているので，これらをベースに基本原理・基本柱・構成内容から成る統一「行政法典」にまで仕上げ，そのなかで共通ルールを定式化するのは至難の業である。したがって行政法理論の現在の課題としては，多種多様な行政法規を中心素材（法源）にして，「憲法の具体化」の視点から各種判例などを整理しつつ「手続的公共性」（市民の参加・協働）に基づき「公益の実現」を図るべき行政活動ための全体的基礎理論（学説体系）の構築にある，といってよい。このような行政法については，伝統的に中心的な位置を占める解釈学的視点（「教義学」・ドグマティーク）のほか，今日，法政策学的方法・視点（行政法政策学）の重要性が増し，それぞれにおいて理論と実務の「架橋」という役割が求められている。

Ⅱ　行政法の成立と発展

▶ フランス行政法の成立

　行政法の成立のための制度的基盤は，フランス革命後の「コンセイユ・デタ（Conseil d'Etat）」（1799年）の創設に始まる。当時のフランスは，さまざまな種類の憲法・国制・政体を経験しつつ，君主・支配者らは，司法権の干渉を排除

して自らの統治・行政権の自己完結的な執行・争訟（紛争解決）体制の構築を
めざして，中心組織として「コンセイユ・デタ」という行政・司法の混合的機
関を創設した。このコンセイユ・デタという行政裁判所の諸判決から，たとえ
ば公土木・選挙などに関する幅広い事件が，国民の税負担によって調達された
財源を公共の利益のため配分する基準としての「公役務」の観念に関連あるも
のと位置づけられ，この「公役務」を中心にして具体的には，管理行為と権力
行為の区別，行政契約法，国家賠償責任法，および客観訴訟としての越権訴訟
の制度などが形成され，判例をベースにしたフランス行政法の基礎理論の 礎
が確立された。

▶ ドイツ行政裁判制度と行政法

　一方ナポレオンの支配の影響を受けたドイツでは，19世紀のはじめ統治・行
政に関わる紛争事件については君主＝行政権がその組織内に設けた「官房司
法」という形態をとっていたため，独立の（行政）裁判所による裁断・解決と
いう方法・制度は採用されなかった。しかし1848年の3月革命後 R. グナイス
トらの理論的影響もあって，1863年バーデン邦を嚆矢として，その後大国プロ
イセンなどの諸邦においても法治国家の実現のため県参事会・行政裁判所（行
政組織と裁判所の一体化したもの）が設立され，ワイマール憲法時代にはほとん
どの邦（国家）で行政裁判制度が確立された。それを制度的ベースにして，オ
ットー・マイヤーらの手によって，公法・私法二元論の下，「公法としての行
政法」，法治国・法治主義の原理，公権・公義務，主要行為形式としての行政
行為，公法契約，公所有権，ならびに行政強制などの「公権力の行使」中心の
行政法理論・体系の骨格が構築されてゆくことになった。

▶ 明治憲法下の行政法の特質

　このような大陸法的行政法の観念＝「行政制度」，およびこれをもつ国家
（これを「行政国家」とよぶ場合がある）をモデルとする，日本における行政法成
立のための制度的基盤については，太政官制度から近代的内閣制度への転換
(1885年)，明治憲法の制定 (1889年)，独立の行政裁判所の設置（東京における一
審制)，および行政の「自力執行力」を保障した行政執行法 (1890年) の制定に
求めることができる。この行政裁判所は，大審院を頂点とする通常の司法権か
ら切り離され，「行政権の一部」という性格をもっていた。行政裁判所に関す

る法律，すなわち行政裁判法，および行政庁の違法処分に関する行政裁判の件（1890年）によってその裁判事項が5つの事件（租税・手数料，租税滞納処分，営業免許の拒否・取消，水利土木，および官民有区分）に限定される列記主義が採用されたため，その裁判事項は行政事件のうちのごく狭い範囲に限定され，しかもそれらはいずれも，水利土木を除くと典型的な「公権力の行使」（権力関係）に関わるものであった。

　また現在の行政不服審査法に相当する訴願法（1890年）は前記5つの行政裁判事項のほかに，「地方警察に関する事件」（同1条6号）を加えた6事件をその対象にするものであった。これらを「総合」的に鳥観すると，行政権による自前の行政争訟体制の構築により私法体系・制度と並ぶ，大陸法的意味の自己完結的な「行政制度」の確立をみてとることができる。

▶ 英米法圏における行政法の生成・展開

　英米法圏に属する国では，当初大陸法的意味の上記の「行政制度」は存在せず，これを制度的基盤とするフランス法的意味の行政法は存在しないものと考えられてきた。イギリスの代表的憲法学者ダイシーが，19世起末イギリスにおいて国王・大臣・公務員といえども共通の法＝普通法（common law），および通常の裁判所が支配・管轄する「法の支配」に服するので，特別の「行政法」（dorit administrativ）が存在しないことを強調したのは，よく知られている。ところが20世紀になると，イギリスにおいても産業資本主義・都市の発展に伴う大量失業・各種社会問題の発生により，国家＝行政は社会保障・社会保険政策を導入し，組織的には行政審判，および自然的正義に基づく「行政手続」（第三者的・中立的聴聞システム）という手続面を中心にして「行政（法）固有」の体制を次第に導入し，ダイシー自身も1915年の論文で「行政法」の存在を積極的に肯定した（同「イギリスにおける行政法の発展」）。

　戦後わが国の現行憲法・行政法の制度・理論に大きな影響を与えたアメリカ法はイギリスの制度・原則を基本的に継承しつつも，具体的には各州の国家的権限と連邦との関係，州間の通商利益の調整機関としての連邦独立規制委員会（行政委員会）などからスタートし，その後適正手続としての連邦行政手続法，および情報自由法など多面的な実定法の分野で独自の発展をみせている。

▶ 戦後における行政法の展開と課題

　現行憲法において，最高裁判所を頂点とする司法の一元化が実現し（76条2項），行政裁判所は廃止され，旧訴願法（1890年）は当面継続されたもののその後行政不服審査法（1962年）に転換し，また直接強制・代執行などの行政強制の手段を定めた行政執行法は行政代執行法（1948年）に変わり，次いで行政訴訟制度が民事訴訟法の暫定的特例をへて行政事件訴訟特例法（1948年）としてスタートした。こうして戦後の行政法学（理論）は，明治憲法下の神勅的国法・行政法理論と立憲主義的公法理論のきびしい対立・論争を経て，後者の系譜に属する美濃部達吉・佐々木惣一らによる理論を基本的に継承しつつ，他方では「国家法人説」（＝天皇機関説）などの公法理論については「具体化された憲法」という視点から，「批判的構成」を活発に展開してゆくことになる。たとえば，公法・私法二元論の否定，行政法＝「国内公法説」から「行政特有説」への転換，公権・公義務の一般属性とされてきた「相対性」（不融通性）の原則的否定，特別権力関係（論）の「特別法関係」（「部分社会」の法理）への転換による法治主義の原則・司法審査の拡大，行政行為の諸効力（公定力など）の制限的見直し，ならびに行政強制に代わる行政の実効性確保手段など，あらゆる行政法総論の構成要素について，憲法的価値の貫徹＝「具体化された憲法としての行政法」の視点からの点検が活発に行われ，ここ21世紀の初頭では，明治憲法から現行憲法の制定をへて継受されてきた伝統的行政法（理論）はその内容・構成を根本から，また全面的に改変させているのである。

　こうして戦後新憲法の制定，経済の高度成長・バブルの崩壊をへて新たにグローバル化，科学技術・情報の高度化，社会経済的「格差」の拡大，および少子高齢化・過疎化といった現代社会の構造変化が急速に進行するなかで，これらに対する「挑戦」「対応」の手段として各種政策実現のための「〇〇基本法」，および個別「措置」のための行政法規（措置法）が増大するとともに，これら多様な行政法規を通して計画・政策・施策などが「市民参加・協働」により形成・実施されることになった。

Ⅲ　行政法の一般原則

1　総説

▶ 行政法の一般原則と法治主義原則の役割

　行政法のテキストでは行政法の原則として一般に，①法治主義（法律による行政）の原則，②信頼保護の原則（民法１条の２），③適正手続の原則（憲31条），④比例原則（憲13条），および⑤平等原則（憲14条１項）があげられてきた。現在ではそのほかに，情報公開法の制定（2001年施行）などを受けて市民参加原則，効率性原則，透明性原則，説明責任原則，および補完性原則といった「現代型一般原則」をあげるものもある（大橋洋一『行政法Ⅰ（第２版）』56頁以下）。ここでは①ないし⑤のうち，③と④を除く諸原則についてのみ（③については事前手続・行政手続法の16章を，④については憲法・行政法共通の原則であり行政法における重点は行政行為・裁量論であるのでそれぞれの箇所を参照されたい），以下，順次解説を加える。

▶ 行政法一般原則の展開

　前述のように行政法は立憲君主制の下，君主の統治権（行政権）をも法的に統制する二面的拘束力を有すること，および権力分立の統治機構に基づく法治国・法治主義の原則の確立により「成立」した。とくに現代社会では，「ゆりかごから墓場まで」のスローガンにみられるように，憲法25条の生存権実現のための社会保障・福祉の充実，環境保護，およびリスク予防・安全性の確保，ならびに戦略的経済政策に至る国民生活のすみずみまで行政が「私人（民間）の手」も借りて介入し（たとえば，民間委託，地方自治法上の指定管理者制度〔自治244条の２第３項〕や建築基準法上の指定確認検査機関〔建基77条の18〕などにおける「私人による行政」），そのため周辺組織・関連法人もふくめて行政の組織・活動が肥大化・拡大した（「行政国家化」）。それとともに，基本法のような政策立法・計画法などを中心に不確定概念・広範な裁量権を付与された行政体・行政機関に対して，①法治主義の原則をベースに④比例原則および⑤平等原則などの適用により，もって行政に対する民主的・法的統制を強化する必要性がますます求められるようになった（参照，第９章Ⅳ）。

▶ 法治主義原則の課題

法治主義の原理は，国会の制定する法律の，行政（主体・機関）のあらゆる活動に対する優位性（法律の優位）の確保を前提にして，「自由・財産」の公式（「自由と財産」を侵害する行政の活動には法律の根拠を必要とする考え方）に基づく個別法律の根拠づけの役割をもたせるため侵害留保（説）からスタートした。

ただこのような伝統的法治主義の原則は，1871年ドイツ統一によるビスマルク帝国時代や明治憲法下の，「権力的規制行政」中心の行政活動に対する法的統制の道具としては有効な理論であったが，現行憲法下では，現在国会に提案される法律案について，内閣・行政各部によって形成・提案されるもの（これを「閣法」という）が大部分を占め，「法律の（行政に対する）優位」といっても実際には行政権（内閣）の立法府＝議会に対する「優位」の構造は否めず，議院内閣制という憲法構造も与って「議会」（立法機関）の，行政に対する実質的法的統制はほとんど機能していないのが現状である。また法律の留保の原則における，法律の根拠の必要性の論議については，○○基本法のような「行政への授権」を通して政策課題の実現をめざす法律・規定に代表されるごとく，形式的には法律の留保原則の要請をみたすが，その「規律密度」が希薄であるため，立法（＝法律）の行政に対する実質的統制力は大きく後退しつつある。したがって，法令の内容を憲法，とくに人権の視点から審査する裁判所の「違憲立法審査権」（憲81条）の活性化や，法律の「規律密度」を「適正手続」（憲31条）の具体化（行政手続法・行政手続条例）によって強化するとともに，情報社会における情報公開制度と個人情報保護制度に伴う透明性・説明責任の原則の必要性が要請されているのである。

2　行政の法治主義原則

▶ 初期立憲主義の法治主義の原型（モデル）

近代立憲主義下の法治主義の原則は，ドイツ行政法（学）の実質的創設者，O.マイヤーによって「法律の支配」とよばれ，①法律の優位，②法律の留保，および③法律の法規創造力の3本柱として具体化・定式化された。このうち①法律の優位は，あらゆる行政府の活動に対して国民代表機関（議会）の制定する法律が優位するというものである。②法律の留保原則は，君主の統治権

は元来法の統制を受けない「法から自由」であったが，近代的憲法の制定による「法律の留保」付きの人権保障の規定——「法律の範囲内において」「法律の定めるところにより」など——に基づき，権利・自由を侵害（制限）する活動については法律の根拠なしに行政府はこれをなしえない，ということを意味する。これが当時の通説的見解，後述の①「侵害留保」説の立場である。次いで③の法律の法規創造力とは，議会の制定する「法律」のみが実質的意味の法律，すなわち「法規」（市民の権利義務に関わる規範）を「独占的」に創造する力がある，というものである。したがって行政権固有の「力」で制定される行政規則には，この原則は当てはまらない。これらのうち①法律の優位は，現代民主主義国に至るまで基本的に変わることのない原則として維持されてきた。とくに現行憲法の下では，国会は「国権の最高機関」（憲41条）であり行政権を担当する内閣はその「法律を誠実に執行」する権限・責務を有しているため（憲73条1号），法律の優位原則はそのまま妥当する。③の法規創造力の原則は，一般的規律の「立法権の独占」を意味し，①および②の原則が確立されれば，これを独立の原則として位置づける意義がとぼしいといえる（塩野宏『行政法Ⅰ（第6版）』76頁以下，H.マウラー『行政法総論（第14版）』91頁以下）。

3　法律の留保原則をめぐる諸見解

▶ 代表的見解の展開

　　これに対して法律の留保原則は，現行憲法の下でその適用範囲をめぐってこれまで活発に論議されてきたが，未だその論争に決着がついているとはいえない。まずこの適用範囲を論ずるまえに，あらかじめ行政法における「法律の種類」を整理しておくことが必要となる。すなわちここで「法律」の根拠の必要性という場合，法律の種類に①組織規範，②根拠規範，および③手続（規制）規範（行手・補助金等適正化法など）の区別があることをふまえて，法律の留保原則の範囲をめぐって対象となるのは，もっぱら②根拠規範である点に注意すべきである。すなわちすべての国の行政活動が①組織規範（内・行組・○○省設置法など）の規律する「任務・所掌事務」の範囲内にあることを前提にして（こうして，その範囲内にあることによって行政の活動としてみなされる），その上でどこまで②根拠規範（警職・食品・風営・収用・都計・建基など）の統制に服させ

るか，という問題が法律の留保原則の範囲として論じられてきたのである。

　まず立憲君主制の段階では法律の留保原則について，国民（臣民）の「自由・財産」（基本権）を制限する行政の活動には国民代表組織＝議会の同意，すなわち法律の根拠が必要であると考えられた。これが，①侵害留保説である。この侵害留保説の考え方は，現代憲法に基づく多様な国や自治体の行政活動のうち，「国民の権利を制限し，又は義務を課す」には（根拠規範としての）個別の法律又は条例の根拠が必要であるという立場から実定法において組み込まれている（参照・内11条，行組12条3項，自治14条2項）。

　これに対して⑪社会留保説は，現行憲法25条を中心規定とする「福祉国家」・「社会国家」としての位置づけ，およびそれに伴う規制行政から給付行政への重点役割の変化をふまえて，侵害行政のみならず社会保障・福祉行政などにも法律の根拠を求める見解である。⑬権力留保説は，現代の行政活動に関する行政上の法律関係が「公権力の行使」（行訴3条）によって構成される「権力関係」とそれ以外の「非権力関係」との大別を前提にして，「権力関係」の行為についてのみ法律の根拠を必要とするという見解である（原田尚彦『行政法要論（全訂第7版）』84頁以下，藤田宙靖『行政法Ⅰ（改訂第4版）』86頁以下）。この⑬権力留保説では，権力的関係においては，行政体（機関）がその相手方（＝私人）に対して「一方的に」規律・命令し，これに従わない場合には代執行や強制徴収などの行政強制を発動することが予定されるから，このような場合には当該国民の「同意」に代わり，国民を代表する議会の制定する法律の根拠をもってこれに充てる必要があるとする考え方である。⑭原則全部留保説は原則として権力・非権力関係，規制・給付行政を問わず，また行政指導などもふくめてすべての行政活動に法律の根拠を求める，という見解である（芝池義一『行政法総論講義（第4版）』45頁以下）。この⑭説は，現行憲法における「国権の最高機関」および「唯一の立法機関」としての国会（41条）の位置づけ，ならびに「法律の誠実な執行」責務を負う内閣の役割から（憲73条柱書・1号），また内閣＝行政権に対する法的・民主的統制という視点から原則的にすべての行政活動に法律の留保原則の適用を求めるというものである。

　⑮本質性（重要事項）留保説は，ドイツ連邦憲法裁判所の判決に基づき国民にとって本質的事項，すなわち基本権，基幹的組織・基本計画などについて国

民の代表機関である議会の同意＝法律の根拠を有するというもので，わが国でも最近このような見解が展開され，一定の支持をえている（大橋洋一『行政の行為形式論』1頁以下）。

▶ 諸見解の問題点と「原則全部留保」説の課題

　前述のように，法律の留保原則に関する①から⑤の見解はいずれも長所・短所をかかえているため憲法や行政法に照らしてどの見解をもって「正当」であるとして絞りこむのはなかなか難しい。したがって法律の留保原則の現代的意義はなにか，という点を中心視点にしてベターな見解を探求するほかはない。

　すなわち法律の留保原則の適用範囲についてこれら見解のうち，①説は実定法上の根拠があり，伝統的な立憲君主制下の中心的行政活動にマッチしているが，現在の行政の拡大化傾向に対してはあまりにも適用範囲が狭すぎ——初期立憲主義の法治主義の原則の段階から「進歩」が見られない——，また⑪権力留保説は，規制行政のみならず社会保障・給付行政などにおいても「権力関係」であれば適用されるというメリットはあるものの，行政全体に対しては法的根拠づけによる統制の範囲が非常に狭いため，非権力関係の行為の増大化に対して法治主義の「穴」が空くことになり，結果としてその民主制確保の面も十分ではないという難点がある。つぎに⑫社会留保説には，社会保障行政を対象とするといった，範囲・基準自体があまりにも抽象的すぎ，不明確であるため（最近のテキストでは，候補的見解としても取り上げられていないものがある），この検討結果として，⑬「原則全部留保説」が消去法的に比較的に無難な見解として浮上する（この⑬の見解について，高田敏教授（同編著『新版行政法』35頁以下）は，すべての公行政に法律の授権を原則とする，という視点から「留保」という言葉に代えて「授権」という表現を用いる）。ただこの説は「完全全部留保説」とは一線を画し，行政活動のもつ即時性・柔軟性といった長所を生かすことを重視するが，反面その「例外」（たとえば，危機管理，「想定外」の天災事変・大事故など）の確定という困難な検討課題が生まれることは避けられない。

　⑤本質性留保説については，国民にとって「侵害行政」，「権力行為」，あるいは社会・給付行政が「本質的（重要事項）」であるとすれば，あらゆる見解に妥当することになり，そのため独自見解としての意義が薄れ，他方適用基準としては「曖昧，かつ不明確」である，という批判があてはまる（なおドイツ連

邦憲法裁判所判決は，「自由と財産」侵害公式（侵害留保説）では社会国家原則に照らし狭すぎ，他方すべての行政に法律の根拠を求める「全部留保説」では議会へ負担をかけすぎるとして，基準として抽象的ではあるが「本質的利益」についてのみ，法律の根拠を求める見解＝本質性留保説を採用する）。

▶ 法律の留保原則と主要な関連判例

　法律の留保は，法律の優位とともに法治主義の中心的原則であり，法律の根拠に基づく行政の適正な運営を求めるものであることから，主観訴訟（抗告訴訟と当事者訴訟）を中心とする行政訴訟において，この原則の関連事案が訴訟類型，とりわけ処分性（行訴 3 条）・原告適格の要件（行訴 9 条）に該当しないと判断されるケースが多く，そのためこの原則に関して判例によって明確な基準が示されることは非常にまれである。

　このようななか法律の留保原則に関連する判例としては，①自動車の一斉検問と警察の権限（最判昭55・ 9 ・22刑集34・ 5 ・272），②ヨット係留施設の強制撤去（最判平 3 ・ 3 ・ 8 民集45・ 3 ・164），および③旭川市国民健康保険条例事件（最大判平18・ 3 ・ 1 判時1923・11），をあげることができる。このうち①判決は，警察法という組織規範における警察の任務規定（同 2 条）によって，しかも必ずしも法律上明確でない行政活動である警察官による一斉検問を正当化している点，また②については，民法の緊急措置（同720条）によって，旧漁港法（現漁港漁場整備法）という「法（根拠規範）に基づかない」町長のヨット係留施設の強制撤去を正当化している点で，いずれも法律の留保原則，とりわけ侵害留保説を十分「尊重」せずに事案解決を優先させたという問題性がある（ただこのケースでは，法治主義の「例外」としての「緊急措置」の問題とみることができれば，あるいはこの緊急措置規定を「根拠規範」の一種とみれば，法律の留保原則を形式的にはクリアーすることになるが）。③の判例は，「税」ではなく「保険料」という名義ではあるが両者を実質的に同義と位置づけつつも，肝腎の「保険料」の額・割合を条例自体で規定せず市長の決定・告示に再委任した旭川市国民保険税条例を適法としている点で，租税法律主義の原則（憲84条）の「地方版」たる租税条例主義の原則に照らして疑問の残る判決である。

4 形式的法治主義から実質的法治主義の原則（＝「法の支配」）へ

　この法治主義の原理は，法治国概念と同様，当初は法律＝制定法の根拠の有無をめぐる，文字どおり「形式的」な基準であった。しかし，法治国家が「実質的法治国家」への移行し，また行政活動において伝統的侵害・規制行政から社会（福祉）国家における生存権実現のための給付行政，および危機管理・安全性確保のための諸活動にその重点を移しつつありそれに伴い，法治主義・法律留保の原則に関する議論は単なる（根拠規範としての）法律の根拠の存在の必要性からその実質的な保障レベルについてのそれに向かいつつある（「憲法具体化としての行政法）・法治主義の原則）。すなわち，前記の法治主義に関わる規範の種類の選択，および法律か命令かの規範選択に際しての「過誤のない」判断が要求されるとともに，当該法律の内容が憲法・人権規定に反しないかどうかの審査，および法律の関連・付属命令（行政立法）の法律適合性の審査体制の確立が法治主義の「実質化」の保障として求められる。この実質的法治主義は，比較法的視点からすれば，前記のごとく司法の一元化・「普通法」を原則とする英米法の「法の支配」（ルール・オブ・ロー）体制に近似していることは相違いなく，両法系の一種の「混合的」色彩を帯びている。

　さらに法律の規律密度が「希薄」なため白紙委任的なもの（いわゆる「丸投げ」）であるか否か（委任の内容・目的・程度の法律による限定），これに加えて個別法令・行政活動が憲法31条，およびその具体化としての行政手続法の定める「適正手続」に適うものかどうか，を十分チェックしうるシステムを必要とする。これらの法体制が備わってはじめて「実質的法治主義」とよぶことができるが，この点わが国では，抽象的違法（憲）審査システムが必ずしも十分ではないという課題がある。

5 信頼保護・「信義衡平」の原則

　民法の「信義誠実」（1条の2）にその根拠を置く信頼保護（英米法では禁反言）は，行政法の一般原則として学説（乙部哲郎『行政法と信義則』）はもとより，今日では判例においても確立された法原則である。すなわち，行政（機関）が公式に打ち出した見解・方針・施策を市民が信頼することによって不利益や権利侵害が発生し，かつ市民に何らの過失・責任がない場合にはこれによ

って生じた損害賠償等を求めることができる，というものである。たとえば地方自治体が，特定工場の誘致といった継続的施策を決定し，その上で特定の者に対しその内容の活動を促す勧告を発する場合には，「信義衡平の原則」に照らして，地方公共団体によって当該施策を「一方的」に変更することは「信頼関係」を不当に破壊するものであり民法の不法行為（709条）に該当する，とする最高裁判決（昭56・1・27民集35・1・35）や，租税法において，納税者の「平等・公平」の要請を犠牲にしても公的見解を「信頼」した保護利益を優先させることにより，「課税処分の信義則の法理」を確立した最高裁判決（最判昭62・10・30判時1262・91）などがある。また国民年金法規定の国籍要件に欠ける者が，職員の勧誘を受けて将来の年金の給付を信頼して，保険料を支払い続けた事実がある場合，国籍要件を貫徹すべき「公益上の必要性」があるわけではないとして，「信義衡平の原則」（信頼保護）違反を認めたケースなどがある（東京高判昭58・10・20行裁34・10・1777）。

　さらに最近，原子爆弾被爆者に対する援護に関する法律等に基づき「健康管理手当」の支給認定を受けた被爆者が外国へ出国したことに伴い，その支給を打ち切られたため未支給分の健康管理手当の支払いを求める訴訟において支払い義務者（県知事）が，地方自治法236条1項の消滅時効（5年間）を主張することは「信義則」に違反し許されないとする最高裁判決が下され，注目されている（最判平19・2・6判時1964・30。なお参照，第3章「行政法と市民・民事法秩序」）。

　ただこれらの判決は，行政と市民との信頼関係の破壊・棄損という事実により直ちに「信義則」・「信義衡平」原則違反（違法性）を認めているわけではなく，「代償的措置」の有無，「公益上の必要性」，あるいは「納税者の責任」の有無との比較考量によってこの原則違反を判断しており，「原則」違反の効果をややトーンダウンさせている点が，司法審査のあり方として問題となろう。

6　比例原則

　比例原則とは，19世紀の後半のドイツにおいて法治国思想の展開を背景に，とくに警察行政――狭義の警察行政のみならず公共の秩序を維持するため国民の自由と財産を規制する一切の活動――においてその権力をコントロールするため成立した公法上の原則である。この原則は，現行憲法13条の規定などを根

拠に行政法上の一般原則として定着したものである（参照，塩野宏『行政法Ⅰ（第6版）』91頁以下）。

　この比例原則の内容としては，①広義の比例原則と，②狭義のそれとに分類され，前者①について，一般的に①適合性（目的と手段の適合性），ⅱ必要性（目的達成のための手段の最小限性），およびⅲ狭義の比例性（成果と被侵害利益との均衡）という整理が妥当であろう。比例原則の用語法としては，ドイツではもっぱらⅲについて「過度の禁止」および「過小の禁止」（三極的法関係における双方の比例性の原則）と表現する場合がある（参照・須藤陽子『比例原則の現代的意義と機能』22頁以下，萩野聡「比例性の原則」『行政法の争点（第3版）』22頁以下）。

　この比例原則の法的根拠については，①「公共の福祉」に反しない限り生命・自由，幸福追求権の「最大限の尊重」を規定した憲法13条説，②行政法の一般原則，あるいは③法治国の構造等があげられるが，「憲法の具体化としての行政法」という視点からいえば，憲法の明示的根拠である①説が妥当であろう。

　比例原則に関する具体の判例としては，行政機関による裁量行為の法的統制（違法性の基準）という局面を中心にして，「社会観念上」「著しく合理性を欠」くなどの表現（たとえば，最判平16・10・15民集58・7・1802〔水俣病関西訴訟〕）で用いられるケースがあったが，実際には著しい「比例原則違反」に限定適用されてきた。そのほか主な判例としては，①転回禁止区域における転回行為を免許停止処分ではなく，過去の違反歴などを考慮して自動車運転免許取消処分にした事案において，自動車運転免許取消処分は「適正な裁量権の行使」とした最高裁判決（最判昭39・6・4民集18・5・745），②校長に対して職務命令の撤回を要求した教員に対する懲戒免職処分を「過酷」であり，「社会通念上著しく妥当を欠」く裁量権の行使として違法とした判決（最判昭59・12・18判自11・45），および③生活保護法上の指示違反を理由とする保護廃止処分は違反が「重大な程度」に至らない「違法」とした下級審判決（福岡地判平10・5・26判時1678・72）など，がある。

　このように比例原則は，行政行為の裁量行為の「違法性の基準」を中心にして主要な行為形式，とくに行政行為の取消と撤回，行政指導，行政調査，および行政強制などにおいて適用されており行政法の一般原則になったといえる。

★コラム2 『具体化された憲法としての行政法』の現代的意義

1959年5月ドイツ連邦行政裁判所長官，フリッツ・ヴェルナーがドイツ弁護士大会で行った演説「具体化された憲法としての行政法」（その後内容は『ドイツ行政法雑誌』1959年8月号に掲載，現在ではミヒャエル・シュトライス『ドイツ公法史4巻［1945-1990年］』「第三章　行政法への影響」のなかで「1　具体化された憲法としての行政法」という見出しとして登場）は，オットー・マイヤーの「憲法は滅ぶが，行政法は残る」（『ドイツ行政法第1巻』）第3版（1924年「序言」））とともに広く人口に膾炙しており，わが国では「行政法＝憲法具体化法」として紹介されることが多い（たとえば，原田尚彦『行政法要論』（全訂第7版）9頁，宇賀克也編著『ブリッジブック・行政法』15頁）。また最近では憲法学者も，この講演の意義を改めて多面的視点から再検討している（三宅雄彦『保障国家論と憲法学』）。つまりこの命題は，憲法と行政法との「関係」についての基本的あり方を示すもので，いわば両者の「交差点」を明確に刻印する格言であるといってよい。

この講演は，ワイマール憲法から「授権法」をへて立憲主義の崩壊＝ナチス・レジームが確立された経緯から，弁護士・実務界を支配していたボン基本法の「臨時的性格」の強調・「憲法嫌疑主義」の傾向を批判し，基本法における基本権の拘束力，（多段階的）民主主義，および社会的法治国（国家像）の基本原理の重要性を説くとともに，これらはいずれも行政法レベルでの「具体化」を要することを，豊富な事例・判例をあげつつ主張したものである。

さて下って21世紀初頭における，この命題のもつ意義はどこにあるのだろうか。これはヴェルナー自身も例をあげて強調しているように，「憲法＝抽象的原則，行政法＝原則の具体化法」という意味で憲法から行政法への「一方交流的関係」，換言すれば憲法から行政法への一方通行的な「具体化」を示唆するものではなく，そこには他方，憲法原則の行政法の各規定「下から」の「充填」，つまり「憲法原則の行政法による具体化」の側面とがあることを指摘しておきたい。たとえば現行憲法における，行政権―内閣（65条），内閣の「職務」（活動）―「一般行政事務」，「法律の執行」，および「国務の総理」（73条1号）へと続く国家行政の組織―活動の流れは，行政法の基本要素・テーマの内容（行政・行政法概念，基本原理＝法治主義，行政過程としての行政活動など）にまったくと言っていいほど投映されていない。換言すれば，「行政権」などをめぐっては憲法学が独占的に，法治主義・法律の留保原則については行政法学がもっぱら探求していて，きれいに両者の「棲み分け」がされている。この点をドイツ国家法・行政法においてみるに，たとえば国家法の大家・K. Stern の大著『ドイツ国家法・第1巻』（訳書名は『ドイツ憲法』）では，法治国の基本要素としての法治主義の原則・法律の優位・法律の留保について，オットー・マイヤーから，学校関係を中心とする豊富な連邦憲法裁判所の判決まで詳細に展開し，「本質性留保説」の正当性を縷々展開している。そのページ数がなんと約20頁に及ぶ。大家のこの一項目への一瞥によって，国家法＝憲法体系における行政法への「論及」のなみなみならぬ意気込みがみてとれよう。いずれにし

てもわが国では総じて，「具体化された憲法としての行政法」という命題のもつ含意・射程効果はいまだ十分くみつくされていないように思われる。

〔中川義朗〕

Ⅳ　現代行政法の意義と特色

1　現代における行政法の意義

▶ 総説

　今日，行政は社会生活のあらゆる分野に活動の領域を広げているので，行政をめぐって多種多様の法律関係が形成される。そのため，現行法令の大部分が，多かれ少なかれ行政に関する規定を含むことになる。こうして，行政法学は，これらの多くの法令を研究の視野にいれなければならないことになる。

　このような種々の行政に関する法令すなわち行政法は，規律の対象や目的を基準に，一応，①行政体や行政機関の地位・組織，相互の関係などを規律する行政組織法，②行政組織が行う種々の行政活動を規律する作用法ないし活動法，および③行政組織の活動を国民の権利利益の擁護や合法性・合目的性の確保の見地から制約する統制法ないし救済法などに分類できる（本書の第Ⅱ部以下の構成もほぼこの分類に沿っている）。もっとも，これらの法令を行政法学の研究対象としてどのように統一的に意義づけ，またどのような体系として理解するかということになると，実は解答はきわめて困難である。すなわち，つぎにみるように，従来この問題に対する一応の通説的な考え方は存在していたのであるが，今日それは厳しい批判にさらされているのである。しかし，だからといって，従来の考え方に取って代わる新しい支配的な考え方が登場しているかといえば，そうもいえないのが現状である。

▶ 公法・私法二元論と行政法の意義づけ

　実定法の全体が，私法体系と公法体系という2つのそれぞれ独自の法体系に区分することができるという伝統的な考え方を，公法・私法二元（分）論というが，わが国の行政法の意義に関する従来の通説は，この公法・私法二元論に

立って，行政法とは「行政の組織及び作用並びにその統制に関する国内公法をいう」（田中二郎『新版行政法上巻』24頁）としてきた。つまり，行政法とは，行政に関する法のすべてではなく，そのうちの公法のみをさすとしてきたのである。

このように二元論に立って行政法を定義するとなると，当然，公法と私法をどのように区別するか，その基準が問題になるが，これについては，①主体説（行政主体──ただし本書では後に説明するように行政体という──が法律関係の当事者か否かによる区別），②権力説（公権力の行使の有無による区別），および③利益説（公益に関するものか私益に関するものかによる区別）などが主張されている。そしてわが国の従来の通説である前述の田中説は，権力説を中心としつつ利益説も併用するという形をとっている。

▶ 公法・私法二元論への批判

しかし，公法・私法二元論やそれに基づく行政法の意義づけは今日，多方面から厳しい批判を受けている。たとえば，公法としての行政法は権威法として権力支配の重要な法的道具の役割を果たしてきたとするイデオロギー的立場からの批判や，明治憲法時代と異なり司法裁判所と行政裁判所の二元的裁判制度が司法裁判所に一元化された現行憲法の下では，公法・私法を区別する根拠が失われたとする制度論的立場からの批判などが，そうである。

さらに，二元論は法解釈上の有用性という観点からも批判されている。すなわち二元論が主張する公法と私法を区別する解釈上の実益は，おおむね，①行政体と私人との間の紛争が民事訴訟になるのか行政事件訴訟となるのか，②個別の事案において，私法の規定・法原則が適用されるのか，それとも，特殊の法規・法原則が適用されるのか，という2つの問題の解決に有用だ，というところにあるが，実際にはそのような有用性は認められないのではないかと批判されるのである。すなわち，①に関しては，行政事件訴訟法で「公権力の行使」という観念が用いられ（3条・44条），また，当事者訴訟のひとつとして「公法上の法律関係に関する確認の訴えその他公法上の法律関係に関する訴訟」があげられているのは（4条），公法・私法二元論を前提とするものであり，また，そのような区別が有意義な証拠でもあるといわれるが，「公権力の行使」という観念は，行政事件訴訟法の趣旨を考慮して，同法の解釈問題としてその

意義を明らかにできるのであって，公法と私法の区別を前提としなければその意義を明らかにできないものではないし，「公法上の法律関係に関する」訴訟である当事者訴訟も民事訴訟の手続と実質的にはほとんど違わないから（行訴23条の行政庁参加，同24条の職権証拠調べ，33の拘束力および23条の2の釈明処分の特則などが適用されるにとどまる），同様に公法と私法の区別の実益を説く理由にはならない，というのである。さらに，②に関しても，個別の事案における法規定・法原則の適用の問題については，判例は，公法と私法の区別を前提とした解決をしているわけではなく，むしろ，問題となっている法律の趣旨あるいはしくみに即して解釈するという立場を採用していると考えられ，したがって，判例の立場に立つかぎり，公法・私法の区別は解釈上の有用性をもちえない，というのである。

以上のような二元論に対する批判もあって，今日では多くの行政法学者が二元論やそれに基づく行政法の意義づけないし体系化には消極的だといってよい。しかし，それでは，二元論に代わる新しい理論や体系化が模索されているかというと，一部そのような試みもみられるものの，以下のとおり大勢はそうとはいえない状況にある。

▶ 新しい動向——行政過程論・行政手法論・行政システム論

行政法学の関心が自足的な体系の構築から問題検討の場の設定へと重心が移っていったのは，二元論を基礎にした従来の行政法体系では現代の複雑な行政法現象を的確に捉えきれない，という認識があったためである。すなわち従来の考察方法は，①直接の法効果をもたない行為は視野の外におく，②それぞれの行為を他の行為から切り離して法的に評価する「局所的考察」にとどまる，③行政法関係を行政体と私人との二面関係においてとらえる，というものであったが，これでは行政が多様な手段・手法を用い，また多数の人が関わることの多い現代の行政法現象（多数の当事者が関与する行政法関係は，ドイツでは三極的・多極的行政法関係と規定される）を的確に把握できないし，個別の法効果についても正しい判定が困難である，というのである。

このような認識の下で主張されてきたのが行政過程論である。行政過程論は，行政をめぐる法現象——行為（形式）間の時間的，空間的結びつき——の動態的把握ということを重視して法的問題の検討を行おうというもので，これ

によれば従来考察の対象となっていなかった行政計画，行政指導，裁量基準，協議なども行政法学の視野に入ってくることになる。したがって，従来のように「局所的考察」にとどまることはない，ということになる。いいかえれば，行政過程論は行政実態を踏まえた法解釈論の展開を可能にするために，行政過程という，いわば検討の「場」を設定するもの，ということができよう。

　行政過程論が行政法の解釈論の枠内にとどまる傾向にあるのに対して，これをさらに進め，法の解釈問題にとどまらず政策論，立法論に及ぶ問題検討の「場」を設定しようとするのが，行政手法論や行政システム論である。これらは，行政行為，契約，行政強制などの法的行為概念ではなく，行政手法ないし行政システム（計画，組織，調整，指導，給付，監督など）という概念を用いて行政現象の機能的分析を行うところに方法論上の特徴がある。つまり行政手法論や行政システム論は行政現象の機能分析に徹することで，解釈論だけでなく，現状の批判，改善策の提示，および立法論の展開なども視野に含めるもの，といってよいであろう。

　行政過程論や行政手法論，行政システム論が行政法学に強いインパクトを与えたことは間違いない。とくに，行政過程論の成果は今日多くの行政法学者が認めるところである。一方，その成果は行政法解釈論を補完する「問題提起的意義」，あるいは「問題発見的意義」に限られ，新しい行政法体系を構築するものではないという批判もある。この批判に対しては，行政過程論の立場から，「現在のように社会的変化の大きい時代においては……他の学問領域とは異なった独自の自足的体系をつくることを使命とする…観念…自体が問題なのではないか……。現在必要なのは，……登場してくる問題について適切に検討できる場ないし視野を備え，かつ，その法現象の処理の方法を用意しておくことである」（塩野宏『行政法Ⅰ（第6版）』58頁）との反論がある。

▶ 政策過程と行政法

　近年，「地方分権推進法」(1995年)，「中央省庁等改革基本法」(1998年)，「司法制度改革推進法」(2001年) のように制度改革の手段として，あるいは，「資源の有効な利用の促進に関する法律」(1991年)，「地球温暖化対策推進法」(1998年) のように特定の政策課題実現の手段として行政法律が用いられることが多くなってきている。また，「環境基本法」(1993年)，「高齢社会対策基本

法」（1995年），「男女共同参画社会基本法」（1999年）などの「基本法」も同様の指向をもつものといってよいであろう。このような立法がなされる理由は種々考えられるところであるが，法律という手段で行政活動をプログラム化することによって，公正で透明なプロセスでの改革・政策の実現を意図していることは確かであろう。

　政策過程と行政法律との関わりは，このようなタイプの立法だけではない。2001年に制定された（施行は2002年）「行政機関が行う政策の評価に関する法律」（以下「政策評価法」という）は，政策評価という局面で政策過程に関わる行政法律である。政策評価法は，国の行政機関が主体となり，政策の効果等に関し，事前，事後，あるいは中間時点で，「必要性」，「効率性」，「有効性」などの尺度に照らして評価を実施するしくみを定めるもので（3条1項），この評価を将来の政策の企画立案やそれに基づく実施に反映させようというものである。政策評価法の目的として，「国民本位の効率的で質の高い行政を実現すること」，「国民的視点に立った成果重視の行政への転換を図ること」とならんで「国民に対する行政の説明責任（アカウンタビリティ）の徹底」があげられており（「政策評価に関する標準的ガイドライン」），この点，行政活動をプログラム化する立法と共通するものがある。

　このような立法の動向を積極的に受け止め，行政の「効率性」，「有効性」の原則などの政策評価基準を「法の一般原則」として行政法学に取り入れようとする見解がある。この見解では，「効率性」，「有効性」などは制度形成の指針を数多く含み，かつ行政活動に対する行為規範としての機能を十分に兼ね備えたもので「法の一般原則」たりうるとされる。注目すべき見解であるが，なお学説の多数の支持を受けているとまではいえないようである。その理由は，行政法学者の多数が行政法学の主たる役割は法解釈にあると考えており，この立場では，すくなくとも「効率性」や「有効性」などの政策評価の中核的概念を（行為規範であり裁判規範でもある）「法原則」と考えることは困難だからである。ただ，いずれにせよ，「政策判断や制度設計に関する諸課題……につき明確で信頼できる基準を提供できる法理論への需要……に応える」（磯部力「行政システムの構造変化と行政法学の方法」『行政法の発展と変革上巻』51頁）ために，行政法学は何をなしうるか，あるいは，なしえないかについて――行政法学のあ

り方の問題を含み——何らかの答えを用意しなければならないことは確かなように思われる。

2 行政法の特色

▶ 多様性

これまでみてきたように，現代の行政は国民生活のさまざまな領域に関係し，したがってそれに関する法である行政法も，規律する事項の点でも，法形式の点でも多種多様である。たとえば，規律事項についていえば，財政，警察，国土整備・都市計画，教育・文化，衛生，環境・公害，社会保障などの事項が行政法の対象である。また行政法の存在形式にしても，憲法や民法や刑法などと違って統一的な法典があるわけではなく，つぎの行政法の法源のところでみるように，憲法，法律，命令，条約，条例，規則という成文法源，あるいは判例，慣習法などの不文法源など，多様である。行政法はこうして多様な事項を規律する多様な法の総称であり，いわば寄木細工であることを特色とする。

▶ 権力性

かつての行政法学では，上にみた公法・私法二元論からもうかがわれるように，行政に国民に優位する地位を認め，このような行政の地位を前提として行政法をとらえる傾向が強かった。しかし，民主主義や法治主義，あるいは人権の尊重を強調する憲法の下では，このように当然のように行政に支配的・優越的地位を認めることはもちろん適切ではない。

ただそれだからといって，現在の行政法では行政と国民が完全に対等になったかというと，そうではなく，やはり行政法関係によっては，行政が一方的に命令や強制をする権限などをもち，国民を法的に拘束するケースがある（第Ⅲ部の行政行為，行政強制，第Ⅳ部の行政訴訟に関する箇所などを参照）。しかし，議会制民主主義を採用する日本国憲法の下では，このような力は行政であることから当然に認められるのではなく，法律によって行政に与えられたものと理解されなければならない。

▶ 専門性

行政法のなかにももちろん比較的簡明で，行政に関する特別な専門知識がな

くても理解できる法もある。たとえば，後でみる国家賠償法（第20章）など
は，個々のケースにそれが適用されるか否かの判断はともかく，規定のしくみ
自体は行政に関する専門知識がなくても一応の理解はできるであろう。しか
し，とくに行政作用法分野では規律対象事項の複雑さや技術性などのため，き
わめて専門性が強く，そのため行政に関する専門的知識や経験がないと理解が
困難である場合が多い。たとえば租税関係の法や建築・都市計画関係の法をみ
れば，そのことは明らかであろう。

　こうして行政法関係では，必然的に専門性を有する行政機関や，それがつく
る命令（つぎのV「行政法の法源」の箇所を参照）の占めるウエイトが大きくなる
のである。しかし，このような行政法の専門性が行政を国民や裁判所のコント
ロールから遮断することにならないよう十分な注意が必要であろう。

　なおそのほかに，行政法の特色として，公共性・公益性の支配，法令の画一
性・強行性，外観主義などがあげられることがある。

V　行政法の法源

1　法源とは

▶法源の意義

　法には憲法，法律，命令，条約，条例，判例法，慣習法など，いろいろな在
り方，すなわち存在形式がある。このような法の存在形式のことを法源とい
う。法源には，大別して法律や条例のように立法者が条文の形式で制定する成
文法源と，慣習法のように条文化されていない不文法源とがある。

　行政法源に関しては，法律，条例などの成文法源がとくに重要な地位を占め
る（成文法中心主義）。その理由は，行政活動は公権力の行使をともなうことが
多く，その場合には，議会制民主主義，法治主義の要請から国会（あるいは地
方議会）の制定する法律（条例）により明確にその要件が根拠づけられなけれ
ばならないからであり，また，公権力の行使により国民生活に侵害的に作用す
る場合ではないときでも，「わが国の民主的統治構造からして，行政の組織お
よび作用に国会（地方議会）の制定する法が広くおよぶことが妥当である」か
らである（塩野宏『行政法I（第6版）』61頁）。

しかし，他方において，行政法の分野では民法典や刑法典のような通則規定をもった統一的な法典は存在せず，しかも，行政活動の多様性に比べ成文法の整備が必ずしも十分ではなく，また，成文法が存在している場合でも成文法間に統一がとれていないことが少なくない。したがって，不文法（とりわけ条理）の働く余地も，また小さくないのである。

以下，成文法源として，①憲法，②法律，③命令，④条約，⑤条例を，不文法源として，①慣習法，②判例法，③条理（法の一般原則）を，それぞれ簡潔に説明することにしよう。

2　成文法源

▶ 憲法

憲法典はもちろん憲法の法源であるが，憲法典のなかの行政の組織や作用に関する基本原則，行政権の行使を直接・間接に拘束する人権規定，国家賠償や損失補償に関する規定（17条・29条3項）などは行政法としての性格をもっているので，そのかぎりにおいて，行政法の法源でもある。

▶ 法律

法律とは，国会が所定の手続により制定する法形式をいう。すでにのべたように，法律は行政法の法源のうち最も重要なもので，行政に関するすべての分野（行政組織，行政作用，行政救済など）において中心となる法源である。

行政組織の分野の法律としては，国に関するものとして内閣法，内閣府設置法，国家行政組織法などが，また，地方自治体に関するものとして地方自治法などがある。行政作用法分野の法律については，個別分野ごとに，いわば縦割りに整備される（食品衛生法，廃棄物処理法，風俗営業等の規制・業務の適正化法など）のが通常であるが，分野横断型の法律も存在する（たとえば，行政手続法，行政代執行法など）。行政救済分野の法律としては，行政争訟に関して，行政不服審査法，行政事件訴訟法が，また，国や地方自治体などに対する損害賠償に関しては国家賠償法がある。

▶ 命令

命令とは，行政機関が制定する法形式をいう。命令には，内閣が制定する政令（憲73条6号），内閣総理大臣または各省大臣が制定する内閣府令（内閣府7

条3項)・省令(行組12条),委員会または庁の長官が制定する外局規則(行組13条)などがある。憲法上立法権は国会に独占されているから(憲41条),行政機関が,独自に命令制定という立法作用を行うことは許されず,法律を執行するために必要な付随的細目的規定である執行命令と法律の個別的具体的委任に基づく委任命令のみが認められる(憲73条6号但書)。当然,その効力は法律に劣る。なお,命令のなかでは政令が他の形式のそれに優位する。

▶ 条約

条約とは,国家間,国家と国際機関間,または国際機関相互間において締結される合意であって国際法により規律されるものをいう(参照,憲73条3号)。条約はこのように本来国際法上の法律関係の形成や変更に関する法であるが,それが国内行政に関する具体的定めを含む場合は,それが公布されれば,行政法の法源と認められる。

▶ 条例

条例とは,地方公共団体が自治権に基づいて制定する法をいう。地方自治法は,地方議会の制定法である狭義の条例と地方公共団体の長などの執行機関が制定する法である規則を区別しているが(自治14条・15条),憲法は両者を含めて条例(広義の条例)と称している(憲94条)。

条例で定めることができる事項は広範囲にわたり,法令に違反しない限り(自治14条1項。なお,憲94条も参照),地方自治体の「地域における事務及びその他の事務で法律又はこれに基づく政令により処理することとされるもの」(地自2条2項)に及ぶ。また,条例は,行政庁の公権力発動の根拠となりうるものでもあるから,法律,命令と並び重要な行政法の法源ということができる。

3 不文法源

▶ 慣習法

慣習法とは,長年にわたる慣習が一般国民の法的確信を得て,法規範と認められるにいたったものをいう。行政法の分野でも,官報による法令の公布方法など行政の先例が慣習法になっているものや,河川の流水・河川区域内の土地の占用などのように地方住民の間で形成・維持されてきた慣行が,法律上の承認をうけ慣習法として認められる場合(河川87条)などがある。

▶ 判例法

わが国では英米法におけるような先例拘束性の原則は認められないから，判例がただちに法源だというわけにはいかない。しかし，同種の事案で同一内容の判例が繰り返される場合や最高裁判所が判断を示した場合などには，それは実質的には法源性をもつようになると考えられる。とくに行政法の分野では，通則的な統一法典が制定されておらず，また，成文法間の統一や整備も必ずしも十分ではないために，行政法の解釈や形成において判例が果たす機能は，非常に重要だといえる。

▶ 条理

条理とは，「一般社会の正義感情に基づいて，かくあるべきものと認められるもの」，「事物の本質的法則」，「社会通念」，あるいは「実定法体系の基礎となっている基本的価値体系」などをいう。条理は，一般に，法の解釈指針としての機能を有するが，行政法の分野では，成文法の整備が必ずしも十分ではないため，成文法の解釈，さらにはそれが欠けている場合の法律問題の処理において，とくに条理が行政法上の一般原則として機能する余地が大きいのである。具体的には，法律による行政の原理（法治主義），平等原則，信義則，比例原則などがこれにあたるが，これらについては当該箇所の説明にゆずる（第2章Ⅲ参照）。

★コラム3 「公法上の当事者訴訟」の活用と「公法」

2004年の行政事件訴訟法の改正で，第4条に公法上の当事者訴訟の一つとして「公法上の法律関係に関する確認の訴え」が明記された。このことが果たして「公法」の「復活」を意味することになるのか考えてみたい。

行訴法の改正前には，「公法上の当事者訴訟」は，民事訴訟とほとんど変わるところがなく，「この訴訟は，ただ公法と私法の二元というドグマを支えるためにのみ存在している」（藤田宙靖『行政法Ⅰ（第4版改訂版）』395頁）などとして，学説では，むしろ不要論が大勢であった。にもかかわらず，改正法は，この訴訟を存続させたばかりか，前述のように「確認の訴え」を明記して積極的な活用を図るという「メッセージ」を示したのである。このことは，見方によっては，立法者は，改正法によって，あらためて実体公法の存在を承認したかのようでもある。

しかし，改正法の趣旨が，積極的に実体公法の存在を承認するということではなく，「確認訴訟」を「国民の権利利益の実効的救済を確保するためのツールとして機能させる」（橋本博之『解説改正行政事件訴訟法』84頁）ところにあるのは明ら

かである。そして，「確認の利益が存する限り，確認訴訟は認められるわけで，それが公法上の法律関係に関するものであるかどうかは本質的なものではない」（塩野宏『行政法Ⅰ（第6版）』52頁）。つまり，「確認の利益」が存する場合，いずれにせよ確認訴訟は認められるのであって，確認の対象が純然たる私法上の法律関係であれば民事訴訟としての「確認の訴え」が，そうでなければ，「公法上の法律関係に関する確認の訴え」が問題になるという程度のことにすぎないのである。そうすると結局のところ，行訴法4条の改正は，「従前の如き公法と私法の区別，あるいは実体公法論の復活を意味するものではない」（塩野宏・同53頁）と考えるのが妥当であろう。

〔山下義昭〕

第**3**章

行政法と市民・民事法秩序

I　行政法関係における市民の法的地位

1　行政法上の権利

▶ 行政法上の権利とは

　私人の行為は，私人が行政法関係において行政体に対してなす行為であり，たとえば，投票という私人の行為は，選挙権に基づいているように，行政法上の権利の特徴を考えてみる必要がある。従来の行政法学では，国や公共団体に対する関係で私人に与えられた権利のことを個人的公権とよんでいた。そして，個人的公権は，一身専属的性質を有し，移転・放棄・差押え・相続などが制限され，私権とは異なる法原理—相対性・不融通性—に服すると解されてきた。しかし，今日，公法と私法の区別は原則的に否定され，むしろ，個別の法令の規定・趣旨にてらして，個別に移転・放棄の制限についても考えるべきである。たとえば，最高裁は，生活保護法の定める保護受給権などは，相続の対象となりえないと判示した（最大判昭42・5・24民集21・5・1043）。他方，地方議会の議員の報酬請求権は，譲渡が許されるとする（最判昭52・2・23民集32・1・11）。

　このような私人の権利の主なものは憲法に定められ，法律などによって保障されている。こうした私人の権利は，①参加・協働権としての参政権（選挙権，被選挙権など），②積極的請求権としての受益権・社会権（行政上の不服申立権，行政訴訟を提起する権利，行政上の損失補償請求権，国家賠償請求権，公物使用権，社会保障関係給付請求権など），および③防御権としての自由権等の３つに大別しうる。なお，これと反対に，国や公共団体が法により私人に対してもつ刑

罰権や課税権のような権利は，従来は，国家的公権とよばれてきたが，これも国家の権利ないし権能とよぶ方が適切であろう。

　行政法上の権利は，「法律上の利益」（行訴9条）として，それが侵害された場合，裁判所の保護を受ける。しかし，行政法上の権利に対して，法令が行政体の活動を規制している結果，私人が反射的に受ける事実上の利益は，反射的利益とよばれ，この反射的利益の場合は，原則として裁判所の保護の対象とならないとされてきた（最判昭37・1・19民集16・1・57ほか）。しかし，現在では，両者の区別は，しだいに相対的なものとなりつつある（くわしくは，第25章II「取消訴訟の訴訟要件」を参照）。

　また，行政法上の権利は，実体法上の権利と手続法上の権利に分類されうる。後者の例としては，①聴聞請求権，②文書閲覧請求権，③理由付記請求権，および④具体的処分基準設定要求権などがある（くわしくは，第16章の「行政事前手続のしくみ」を参照）。

2　行政法上の行為

▶ 行政法上の行為とは

　私人は，行政の相手方という立場をこえて，行政体に向けて積極的な行為を行うことがある。従来の行政法学は，このことを私人の公法行為とよび，私人相互の行為である私法行為と区別してきた。しかし，本書では，公法と私法の区別は，原則としてこれを否定した上で，これらを行政法上の私人の行為と表示し，以下では，単に，私人の行為とよぶ。具体的には，まず，各種の申請，出願，申告など，それを契機に行政体が活動することになる私人の行為がある。ついで，転入・転居・転出の届出や出生・婚姻・死亡の届出など，それに応じて行政体が特別の活動をしなくても法的効果をもつような私人の行為もある。さらに，各種公職の選挙における投票のように，私人が行政体の執行機関や議決機関の構成を決定することに関与する行為もある。

▶ 私人の行為をめぐる法的問題

(1)　権利能力　　権利能力とは，権利の主体となりうる能力をいう。自然人，および法人が権利能力を有する。外国人や外国法人も多くの場合は，権利能力を有する。たとえば，情報公開法では，外国人も行政機関の保有する行政文書

の開示請求権を有する（情報公開３条）。ただし，国家賠償法は，相互保証主義により，日本国民に対しても国家賠償を保障していない国の出身である外国人については，賠償請求権を認めていない（国賠６条）。また，鉱業権者は，条約に別段の定めがない限り，日本国民または日本国法人でなければならない（鉱業17条）。政府によれば，公務員に関する「当然の法理」として，法律上の根拠がなくても公権力の行使および公の意思の形成への参画に携わる公務員には日本国籍が必要であるとしてきた。さらに，最高裁は，憲法の国民主権原理から，「外国人が公権力行使等地方公務員に就任することは，本来我が国の法体系の想定するところではないというべきである」（最大判平17・１・26民集59・１・128）という。もっとも，「公権力行使等地方公務員」の範囲は明確とはいえず，「原則として日本の国籍を有する者が公権力行使等地方公務員に就任することが想定されているとみるべき」という表現からも，管理職などへの任用も，自治体の裁量の問題としているものと解する余地がある。

　また，これまで民法上の成年被後見人は公職選挙法11条１項１号により選挙権・被選挙権が制限されていたが，平成25年３月14日の東京地裁違憲判決（判時2178・３）を受けて，当該規定が削除された。

(2)　行為能力　　行為能力とは，単独で有効な法律行為をすることができる能力をいう。民法では，単独では有効な法律行為ができない制限行為能力者として，未成年者，成年被後見人，被保佐人，および被補助人を定めている（民20条１項）。そして，これらの者が単独でした法律行為は，原則として取り消すことができる（同５条・９条・13条・16条）。

　行政法学上の問題は，ここでの私人の行為にも，このような民法の行為能力制限の制度が適用されるかということである。たとえば，弁護士法７条は，成年被後見人と被保佐人が弁護士になる資格を有しない旨を明文で定めている。他方，道路交通法88条１項１号が普通免許は18歳から，普通二輪免許は16歳から取得できるとしているように，明文で未成年の私人の行為能力について定めている場合もある。しかし，これらのような特則のない場合も多い。学説は，一般に，特則のない場合にも，先にみた民法の制度が，少なくとも財産に関する私人の行為については類推適用されるとする（田中二郎『新版行政法上巻（全訂第２版）』111頁）。もっとも，民法における行為能力の規定は，行為無能力者

の財産法的権利についてこれを保護する趣旨なので，その他の行政法関係では別の解釈をすることも多い（塩野宏『行政法Ⅰ（第6版）』394頁以下）。

(3) 代理　　私人の行為を当人に代わって第三者が行うことができるかという問題もある。本人自らが行うべきことが規定されている場合や，代理を認める明文の規定がある場合もある。たとえば，戸籍法37条3項は，認知・養子縁組・離縁・婚姻・協議離婚などの場合の代理を禁止している。他方，国籍法18条は，国籍取得の届出・帰化の許可申請・国籍選択の宣言・国籍離脱の届出に際して，15歳未満の場合に，法定代理人が行うことを認めている。しかし，このような特則がない場合も多い。明文の定めがない場合には，結局，私人の個性と直接の関係のない行為については，代理を認めるか否かは，民法の規定が類推適用されるものと解されている（成田頼明ほか『現代行政法（第5版）』〈外間寛執筆〉122頁）。たとえば，公務員の退職願の提出・試験の受験などは，代理が認められない。なお，代理が可能な場合でも，民法110条の権限外の行為の表見代理の規定の類推適用は，認められない。たとえば，納税申告の場合，申告の相手方たる行政機関以外の第三者の信頼を保護する必要はないとされる。しかも，納税申告は，財産法上の関係ではあるが，納税義務は客観的に成立しており，税務署長との間には取引の観念が法律上存在しないので，法定代理人の同意は不要とされる。

(4) 錯誤　　錯誤とは，意思表示をした者の内心の意図と，表示された内容とが，重要な点で誤りがあることをいう。民法95条によれば，「意思表示は，法律行為の要素に錯誤があったときは，無効」となるので，行政法上の私人の行為も，錯誤による無効の主張が認められるかは，ケースによって違ってくる。たとえば，所得がないのに，所得があったものと誤解してなされた納税申告の過誤の是正について，最高裁は，「その錯誤が客観的に明白且つ重大であって」，「納税義務者の利益を著しく害すると認められる特段の事情がある場合でなければ」，法定の更正の請求の制度（国通23条）以外の方法により，記載内容の錯誤を主張することは許されない，と判示している（最判昭39・10・22民集18・8・1762）。

(5) 撤回　　撤回とは，意思表示したことを，将来に向かって無効とすることをいう。過去に遡って無効とする取消しとは，区別される。私人の行為の撤回

について，この点，通説によれば，私人の行為は，それに基づいて行政行為が
なされるまでは，原則として自由に撤回できるという（田中二郎・前掲・111
頁）。いったん提出された公務員の退職願の撤回について，最高裁は，免職処
分が有効に成立する前においては，退職願はそれ自体が独立に法的意義を有す
る行為ではないから，これを撤回することは原則として自由であるといい，た
だ，信義則に反するような特段の事情がある場合にのみ，撤回は許されないと
した（最判昭34・6・26民集13・6・846）。

(6)　私人の行為と行政行為の関係　　行政行為（このことについては第11章でく
わしく説明する）の前提としての私人の行為が，無効となったり，撤回された
場合に，それを受けてなされた行政行為の効力はどうなるのか。最高裁は，無
効の国籍離脱の届出（国籍18条により15歳以上の者の国籍離脱の届出は，本人が自ら
の意思で行わなければならないのに，本人の知らないままに父がした事例）を前提と
して行われた国籍回復申請とそれに対する大臣の許可は無効であり，本人は出
生による国籍を引き続き保有しているので，その後，国籍離脱を前提としてな
された国籍回復に関する許可も，また無効であるとした（最大判昭32・7・20民
集11・7・1314）。私人の行為が有効に成立していない場合は，それを受けてな
された行政行為は，効力をもたない。したがって，行政行為の前提としてなさ
れた私人の行為の効力が，行政行為の効力を左右することになる。なお，民法
上は，意思表示が相手方に到達した場合には，これを取り消すことはできない
とされる（民521条・524条・540条2項）。しかし，行政法上は，私人の行為が適
法に相手方に到達していても，行政行為がなされる前は，原則として撤回でき
るとされる。

　従来，私人による申請，届出等は，書面または口頭によるものとされていた
が，2003年に施行された，行政手続等における情報通信の技術の利用に関する
法律（行政手続オンライン化）により，オンラインによる申請等が認められるよ
うになった（法3条）。移動の手間が省け，便利な反面，誰かが本人になりすま
して申請することを防止するための電子署名などの電子認証の技術の発展，そ
のプライバシー対策とセキュリティ対策，電子文書の検証可能性を高める工夫
が必要となる。

〔近藤　敦〕

II 行政上の特殊な法関係

1 特別権力関係論への批判——公務員関係を中心として

特別権力関係論は，現代ドイツ行政法の通説であり，明治憲法下のわが国でもそうであった。とくに，この理論では，一般権力関係との対比において，公務員関係を特別な権力関係の中心と位置づける。一般権力関係とは，国と国民，あるいは地方自治体と住民の関係（支配服従関係）である。他方，特別権力関係は，限定された範囲の支配服従関係である。そのほかにも，刑務所と囚人，国公立学校と学生生徒，国公立病院と在院者，および公営造物と利用者などの関係が特別権力関係の例としてあげられる。この理論では，独特の法理が体系化されている。すなわち，権力主体は，たとえば，公務員の権利・自由を法律の根拠なしに制約でき，服従者の司法的救済が制限されるというものである。しかし，この理論は，もはや今日の判例では用いられていない。つまり，権利・自由の制約といっても，たとえば，公務員に対して職務上の命令を発することができるという意味であるが，これは民間企業でもみられることであり，本人の同意に基づいて職務命令に服従させていると解することができる。また，司法的救済が制限されるといっても，それは懲戒処分や分限処分に行政の裁量が認められていることに起因すると解釈すれば足りる。したがって，あえて，今日では特別権力関係という理論・用語をもちだす必要はないのである。

なお，特別権力関係に代わる新しい公務員関係の位置づけ，および公務員の各種「権利と義務」（政治活動の制限，労働基本権の制限，および職務命令服従義務）については第8章を参照されたい。

2 その他の特殊な法関係

国公立学校の在学関係が特別権力関係であったとしても，学生に対する処分は裁量権の範囲を超える場合，司法審査の対象となることを最高裁は比較的早くから認めていた（最判昭29・7・30民集8・7・1501）。やがて，判例は，部分社会の法理（部分社会が形成されている場合，市民としての権利が害されなければ，

司法審査は及ばないとする法理）を用いるようになった。たとえば，地方議会における議員の出席停止処分（最判昭35・10・19民集14・12・2633）や国立大学における学生の単位不認定（最判昭52・3・15民集31・2・234）などは，内部規律の問題として自治的措置に任されているので，司法裁判権の対象外とされている。また，大学については，私立大学における学生処分も部分社会の法理で解決されている（最判昭49・7・19民集28・5・790）。しかも，現在，国立大学は国立大学法人法によって独立行政法人化され，職員は非公務員であるため，特別権力関係を論ずる基礎が消滅したといわれる（塩野宏『行政法Ⅰ（第6版）』48頁）。ただし，独立行政法人であっても，私法人ではなく行政体であることには変わりはないことに留意すべきである。国賠法1条1項の裁判例では今も「公共団体」扱いである（たとえば，名古屋高判平22・11・4裁判所ウェブサイト）。

Ⅲ　行政法と民事法との補完

1　概説

　伝統的公法・私法二元論の下では，両者の法関係が（積極的・消極的に）接触・交錯する場合，市民社会のルールたる私法に対する公法＝国家法の優位が支配していたので，「行政法関係における民事法の適用」という形で，両者の交錯事案は，処理・解決されてきたが，こんにちでは，この公法優位の原則がくずれたため，両者は対等な部分法秩序として，相互に「補完」しながら，全体としての法秩序をどのように形成・維持してゆくか，ということになる。伝統的理論では，行政法関係のうち，①支配・権力関係を中心とする関係については，私法・民事法の適用を否定し，②管理関係，および③私的経済関係については，その部分的・全面的適用という形で処理するという「公式」（田中二郎『行政法上全訂第2版』78頁以下）があったが，そのような「公式」が判例においても否定されるなか（たとえば，租税滞納処分への民法177条の適用を肯定），「公法」，「私法」，「権力関係」あるいは「非権力関係」といった「中間概念」を媒介として解決する方法を放棄して，個別事案の特質，利害関係の実態的分析，関連法規・規定の趣旨・目的を踏まえた妥当な解決策を求めるほかはなかろう。その上で，関連判例の形成・集積を基礎とした行政法と民事法・私法との

「交錯」・「補完」のありかたがもとめられるべきである。

　市民との行政法関係や地方公共団体同士の間でも，権力・非権力をとわず民法上の法律関係が形成され，民法によって解決をみることがある。

　以下では，行政法と民事法との補完に関する主な判例を取上げ，裁判所がどのような視点からこの問題にアプローチし，事案の解決を図っているかを検討してゆくことにする。

2　表見代理規定

　村議会が借入金をなすことができるとの決議をし，村長が同村の名義で一部事務組合（特別地方公共団体）Aから借り入れをしたが，同村が債務を弁済しないので，権利承継人Xが支払を請求した事案がある。最高裁（最判昭34・7・14民集13・7・960）は次のように判示した。普通地方公共団体の現金の出納事務は収入役（現行法では会計管理者＝自治168条）の専権であるのは，地方自治法の規定上明らかであるが，収入役が金員を受領したことが主張立証されておらず，同村との消費貸借は成立していない。もっとも，民法110条（代理人が権限外の行為をした場合で，第三者が代理人の権限があると信ずべき正当な理由があるとき，代理権を与えた旨表示した者は責任を負うという規定〔表見代理規定〕）の類推適用は認められるが，本件において，村長が受領権限を有していたと信じたことについてAに「正当な理由」があったとはいえないため，Xの請求を認容した原判決を破棄差戻す，と（図表3-1）。

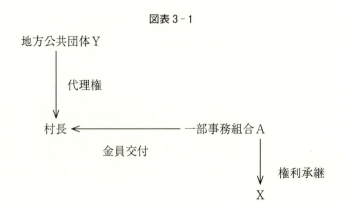

図表3-1

これは，民法の枠内で解決した事案である。その際，「正当な理由」（民110条）を解釈する上で地方自治法の規定が主要な役割を果たしており，真正面から私法と行政法が衝突しているケースではない。

3　双方代理規定

　市長が市と外郭団体の代表として両者間の売買契約を締結させたことに関して，市長などに対する損害賠償請求が争われた住民訴訟（自治242条の2）の事案がある。最高裁（平16・7・13民集58・5・1368）は，私人間の双方代理行為による契約と同じように，地方公共団体の利益が害されるおそれがあるとして，民法108条（双方代理禁止）の類推適用を認めた。ただし，議会が長の双方代理行為を追認すれば，民法116条（無権代理行為の追認）の類推適用によって，地方公共団体に当該契約の法律効果が帰属すると判示した。

　市とその外郭団体は密接な関係があり，協働関係にある場合がある。このような場合にまで，そもそも双方代理禁止の原則を適用する必要性があるのか問題となろう。この点，長の指揮監督を受けている者（たとえば副市町村長など）を外郭団体の代表に当てることによって，形式的には双方代理禁止違反は回避できるであろうが，実質的には市長による双方代理の実態には違いはなかろう。それゆえ，上記最高裁判決における藤田宙靖裁判官補足意見のごとく，この問題を解決するためには，民法108条による以外に，市と外郭団体・第3セクターなどとの取引関係を規律する行政法理が待たれるところである。

4　公物の取得時効

　伝統的学説によれば，公物は公法上の管理関係にあり，私法の適用が排除されるとされていた。公物に民法162条2項（「10年間，所有の意思をもって，平穏に，かつ，公然と他人の物を占有した者は，その占有の開始の時に，善意であり，かつ，過失がなかったときは，その所有権を取得する。」）は適用されないということである。しかし，最高裁（最判昭51・12・24民集30・11・1104）は民法の時効規定の適用を肯定した。これは，水路と水田とが混在した状態にあった本件公共用財産を，平穏かつ公然に10年以上占有を続けた原告が所有権確認を求めて出訴した事案である。この最高裁判決により，公共用財産が長年放置され，平穏か

つ公然の占有が継続したが，公の目的が害されることもなく，公共用財産とし
て維持すべき理由がなくなった場合，黙示的に公用が廃止されたとして，取得
時効が成立するとされた。この判決は，技巧的な論理であるが，公用廃止が先
行しているのであるから，道路法と民事法の衝突がなく，論理的には筋が通っ
ている。

Ⅳ　行政法と民事法との交錯

▶ 概説

　行政法と民事法とが抵触する場合，どちらの規定が優先適用されるのであろ
うか。公法私法二元論，あるいは私法に対する公法の優位性が否定されるなか
で，どの法規範・体系が優先するのかが，行政法関係と民事法との「交錯」の
問題である。ここでは，関連する主な判例をとりあげて概説する。

▶ 憲法と行政契約

　百里基地事件について最高裁（最判平元・6・20民集43・6・385）は，国が私
人と対等の立場で自衛隊基地建設のため締結する土地の売買契約には憲法9条
の直接適用はないと示した。文面上，公法私法の区別がされているようにも思
われる。しかし，これについては，地方公共団体の民法上の契約といえども，
必ずしも憲法が不適用となるものではないという批判がある（塩野宏『行政法Ⅰ
（第6版）』35頁）。

▶ 農地買収処分

　自作農創設特別措置法（以下，自創法という）に基づく農地買収処分の関係に
民法177条の規定（登記による対抗要件具備）が適用されるのかが問われた事案
がある。最高裁（最判昭28・2・18民集7・2・157）は，農地買収処分は権力的
手段による農地の強制買上げであるところ，民法177条は対等な私人相互の経
済取引を規律する規定であって，同条は適用されないという。この事案は，と
りあえず権力関係に私法が適用をみないという外観を呈している（これを民事
法に対する「公法の優位」と説明することもできよう）。

　しかし，自創法の適用に際しては，誰が土地所有者であるかが問題なのであ
って（判旨は，登記簿上の所有者ではなく，真実の所有者から買収すべきとしてい

る），民法177条の対抗力の有無は重要ではなかったとする解説（小早川光郎『行政法上』155頁）がある。しかも，本件は，真実の所有者による（旧）訴願（現行の行審法における審査請求に相当）を経ての行政訴訟である。

他方，最判昭39・11・19（民集18・9・1891）は，自創法の事案にもかかわらず民法177条を適用した（国と仮登記した第三者との）民事訴訟である。「買収処分に基づいて国が取得した所有権は，原則として，耕作者に対し自作農とするために売り渡され，その結果，右農地の所有権は，私法上の取引関係の対象に入ることが当然予想されるのであつて」，自創法により国の取得した所有権について民法177条が適用されている。この事案では，買収の効果発生後国の取得登記まで13年以上経過しており，民法177条の適用がないとすると，土地取引の法的安全性が害されるであろう。自創法によって得た買収農地の国の所有権は，何年たっても登記なしに第三者に対抗できてしまうからである。

▶ 租税滞納処分

権力関係（本来的公法関係）に属する事案であるが，私法が適用されるとしたものがある。租税滞納処分の関係に，民法177条が適用されるか問われたケースである。事案は，真実の土地所有者Xが，財産税を納入してきたが，事務を引継いだ別の税務署長Yより本件土地を差し押さえられ，公売処分（執行され，競落人への登記もされた）がされたため，Xがその無効確認等を求めたものである。本件では，訴外人がいまだ自分名義になっている本件土地を，自己の機械器具の代わりに差し押さえるよう働きかけていた事情があった。最高裁（最判昭35・3・31民集14・4・663）は，まず「滞納者の財産を差し押さえた国の地位は，あたかも，民事訴訟法上の強制執行における差押債権者の地位に類するものであり，租税債権がたまたま公法上のものであることは，この関係において，国が一般私法上の債権者より不利益の取扱を受ける理由となるものではない」ゆえ，「滞納処分による差押の関係においても，民法177条の適用がある」と前置きする。しかし，本件土地がXの所有であるものと取り扱うべきことがもっともと思われる事情があったとした。したがって，税務署長Yは本件土地にかかる登記の欠欠を主張する正当の利益を有する第三者に該当しない（背信的悪意者）として，競落人に所有権を取得させる効果は生じないと判示した（図表3-2）。

図表3-2

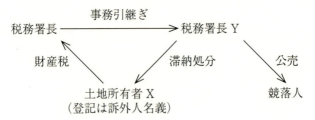

　この判決は，結果的には，登記を対抗要件と定める民法177条は適用があるとしつつも，国に対抗要件が具備されていないとした。しかし，この事案は民法177条の法理によって処理されている点で，農地買収処分事件（最判昭28・2・18民集7・2・157）とは異なる。つまり，本判決でも農地買収処分事件（最判昭39・11・19民集18・9・1891）でも，本来の公法（支配）関係に私法の適用がないという伝統的観念が崩れているのである。

▶ 公務員給与の相殺

　公務員に給与の過払いがあったとして，県が数か月後，過払い分を相殺して給与を支給した例がある。最高裁（最判昭45・10・30民集24・11・1693）は，このような相殺は賃金の生産調整の実を失わない合理的に接着した時期に行われ，また，金額，方法などにおいても労働者の経済生活の安定をおびやかすおそれのない場合にのみ認められるとした上で，労働基準法24条1項本文の法意を害しないよう慎重な配慮で臨むべきである，と判示した。公務員の給与請求権が公権であるので，はたして民法の相殺規定（505条1項本文「二人が互いに同種の目的を有する債務を負担する場合において，双方の債務が弁済期にあるときは，各債務者は，その対当額について相殺によってその債務を免れることができる。」）を適用できるのか問題となるが，最高裁はこの適用を肯定する。この点，労働基準法24条1項本文（「賃金は，通貨で，直接労働者に，その全額を支払わなければならない。」）は，使用者が賃金と相殺することを制限する規定でもあるが，本件の相殺は民法505条そのものによるものではなく，労基法24条で修正された調整的相殺であると解される（恩地紀代子「給与過払いと相殺」『行政判例百選（第6版）』75頁）。

▶ 公営住宅の使用関係

公営住宅法は，低所得者のために公営住宅を低額な家賃で供給することを規定しており，福祉政策的な意義を有する。そこで，公営住宅使用関係に，旧借地・借家法の適用があるかが問題となった。たとえば，無断増築・割増賃料未払いの公営住宅使用者に対し，都が明け渡し請求をした事案がある。判例上，特別の定めのない限り原則として借家法の適用はあり，それゆえ，信頼関係を破壊するとは認めがたい特段の事情があれば，明け渡し請求はできないことを前提としつつも，この事例では，特段の事情はないと解されている（最判昭59・12・13民集38・12・1411）。本件では，福祉政策の実施といえども，権力性にとぼしいため（このうち，せいぜい入居決定が「権力的」である），私法を適用したのは自然な結論であろう。

▶ 建築基準法65条と民法234条１項

隣接地に建物を建てたＹに対して，Ｘが，民法234条１項（「建物を築造するには，境界線から50センチメートル以上の距離を保たなければならない。」）違反であるとして，50センチメートル以内の部分の収去を請求した事案がある。最高裁（最判平元・9・19民集43・8・955）は，建築基準法65条により，防火地域・準防火地域において外壁が耐火構造の建築物は，隣地境界線に接して設けることができ，この規定は，民法234条１項の適用を排除すると判示した。理由は，建築基準法65条を，建築確認申請の審査基準を緩和する例外規定と解釈できないところ，民法234条１項の特則規定であると理解して初めて，その意味を見出しうるというものであった。

本判決は，行政法が民法に優先適用される例（特則）として位置づけることができよう。しかし，仔細に検討すると，これは，一刀両断的な公法私法二元論を用いたものではなく，相衝突する民法234条１項と建築基準法65条を合理的にすり合わせた結果といえる。

▶ 道路法４条

道路法４条（「道路を構成する敷地，支壁その他の物件については，私権を行使することができない。」）と民法177条が衝突した事案がある（最判昭44・12・4民集23・12・2407）。国が道路敷地の所有権を得たが，同地の所有権と登記を有する第三者から明け渡しを請求された事案である。最高裁によって，道路管理者が

対抗要件を欠いていても，取得者は制限つきの状態で同地を取得したのであるから，損害賠償・損失補償を請求しえないとされた。

これに続き，背信的悪意者に対しては，道路管理者（市）が登記を有さなくても道路の供用開始決定は無効でなく，供用後に背信的悪意者から土地を転得した者も，道路法上の制限付きの土地を取得したにすぎないとする判例がある（最判平 8 ・10・29民集50・ 9 ・2506）。それゆえ，転得者に対し道路管理者は道路の敷地であることの確認と，妨害物の撤去を求めることができるとされた。ただし，転得者が背信的悪意者から土地を取得し登記を経た場合でも，道路管理者との関係で転得者自身が背信的悪意者と評価されないのであれば，道路管理者に対して所有権取得をもって対抗できると示されている。

これらいずれの判決でも，道路にかかる土地の所有権を取得しても，道路法 4 条の制限付きの権利を取得したにすぎないということである。当然の社会的要請のようであるが，判決は，国・道路管理者が登記を経ることを怠るのを助長しないか，あるいは道路の外観をなしていない場合でも，土地所有権の取得者は保護されないのか，という問題が伏在している。

▶ 消滅時効

国と普通地方公共団体の金銭債権・債務については，「他の法律に規定がないものは」， 5 年で時効消滅する（会計30条，自治236条 1 項）。「他の法律」が特別法（例，国民健康保険法110条 1 項，道路法73条 5 項）を含むのは当然であるとしても，民法が，これに含まれるのかが問題となる。

国に対する金銭債権の消滅時効について，民法167条 1 項（10年）が適用されるとした最判昭50・ 2 ・25（民集29・ 2 ・143）がある。それによると， 5 年の消滅時効（会計30条）は，行政上の便宜（国の権利義務を早期に決済することなど）を考慮する必要のある金銭債権に適用がある。この点，公務員に対する安全配慮義務懈怠に起因する国の損害賠償義務は，偶発的なもので行政上の便宜を考慮する必要がないものであるから，私人相互間の損害賠償関係と同様であって，会計法30条は適用されないとされた。

これに対し，公法上の債権債務について，会計法30条が適用されるとする見解があるが，これは公法・私法二元論を前提にすることになり，公法私法を明確に分ける基準がないとする現在の通説からすれば肯定しにくい見解である。

しかし，公法私法の区分を排したとしても，依然，会計法と民法のいずれを適用してよいか判断できる明確な基準がなく不都合であることから，主体説（行政体か私人かを基準とする説）も主張されている（阿部泰隆『行政法解釈学Ⅰ』207頁）。

▶ 消滅時効の援用

消滅時効の援用に関しては，最高裁によると，金銭債権の時効消滅について普通地方公共団体はその援用を要しない（自治236条2項後段。国についても同様の規定として会計法31条1項。「金銭の給付を目的とする国の権利の時効による消滅については，別段の規定がないときは，時効の援用を要せず，また，その利益を放棄することができないものとする。国に対する権利で，金銭の給付を目的とするものについても，また同様とする。」）とされているのは，法令に従い適正かつ画一的な処理が，事務処理の便宜と住民の平等的取扱いの理念に資するからである。この趣旨にかんがみると，普通地方公共団体に対する債権に関して消滅時効を主張することが信義則に反し許されない場合は極めて限定される（最判平19・2・6民集61・1・122）。

しかし，被爆者援護法などに基づく健康管理手当の受給権について，県は原告が出国したとの一事により，通達に基づく失権の取扱いをした事案で，最高裁は次のように判示した（通達については，第10章Ⅰ参照）。「通達の明確な定めに基づき健康管理手当の受給権について失権の取扱いをされた者に，なおその行使を期待することは極めて困難であった」。県が消滅時効を主張して健康管理手当の支給を免れることは，違法な通達を定めた国からの事務の委任を受けた県が，受給権者による権利の不行使を理由に支払義務を免れようとするに等しい。したがって，県の消滅時効の主張は，特段の事情のない限り信義則に反し許されない，と（最判平19・2・6民集61・1・122）。

Ⅴ　行政法規違反と私法上の効力

▶ 概説

行政法等の法律に違反する法律行為が全て無効となるのではない。伝統的学説・判例では，行政法規を取締規定（一定の行為を禁止する規定）と強行法規（法律の規定と異なる特約を無効とする規定）とに分けて，強行法規違反の私法上

の行為が無効となると解されてきた。以下，これに関する主な判例をとりあげて検討する。

▶ 取締規定違反

　取締規定とされた例として，精肉を販売した相手である販売会社代表取締役個人が代金を支払わないので，売主が出訴した事案がある。最高裁（最判昭35・3・18民集14・4・483）により，食品衛生法の取締対象であるかはともかく，同法は取締規定にすぎず，本件代表取締役が食肉販売営業許可を受けていなくとも本件売買契約の効力は否定されるものでないとされた。同様に，道路運送法に反する違法な運送事業の過程で締結された運送契約によって得られたであろう利益を賠償請求できるかが問われた事案でも，当該運送契約が私法上当然無効となるものではないと判断されている（最判昭39・10・29民集18・8・1823）。

　これらの判決にみられるように，取締規定は警察上の制限であるが，これに反する法律行為の効力を剥奪することを目的としていない。

　しかし，有毒物質が混入していたアラレ菓子の取引が，食品衛生法違反であるとの理由だけで無効となるものではないが，公衆衛生を害することはみやすき道理であるから，無効（民90条「公の秩序又は善良の風俗に反する事項を目的とする法律行為は，無効とする。」）であるとした判例がある（最判昭39・1・23民集18・1・37）。すなわち，取締規定違反の場合でも法律行為は効力をつねに維持できるものではない，ということである。

▶ 強行法規違反

　強行法規違反の典型例として，臨時物資需給調整法・加工水産物配給規則に統制された煮干いわしを販売した無資格者が，代金を支払わない買主を相手に出訴した事案がある。最高裁（最判昭30・9・30民集9・10・1498）は，同調整法・同規則は所定の機関による取引の効力のみを認め，無資格者の取引の効力を認めない趣旨である（強行法規）とした。

　他方，信用組合と金銭消費貸借契約を締結するに当たって，別口貸付や定期預金の契約を条件づけられた零細業者が，民法90条（公序良俗）に該当し，独占禁止法19条「事業者は不公正な取引方法を用いてはならない」に反しているとして，債務不存在の確認を求めた事案がある。最高裁（最判昭52・6・20民集

31・4・449）により，独禁法19条に違反する契約の私法上の効力は，強行法規違反であるからといって直ちに無効となるものではないところ（独禁法20条が，同19条に違反する行為について，公正取引委員会による弾力的な措置を予定していることからして，即無効とするのは同法の目的に合致しないため），別口貸付と定期預金の契約は民法90条違反とはいえないが，実質金利が利息制限法の利率を超える部分は違法であり無効になる，と判示された。

　つまり，本判決は，強行法規に違反する契約であっても，私法上当然無効となるものでないとした判決である（ただし，本件は独禁法ではなく，利息制限法で処理された事案であるとして，独禁法違反の契約が有効であるとしたものであるかには異論がある（舟田正之「独禁法違反の法律行為」『行政判例百選Ⅰ（第6版）』30～31頁））。

▶ 取締規定と強行法規の区別説への疑問

　こうしてみると，取締規定（警察法規）と強行法規（統制法規または効力規定）を区分できるのか疑問なしとしない。この問題をめぐっては，統制法規違反の契約について履行前では無効と解し，履行後では無効であることから生じる請求権を生じさせないという学説がある。現在は，取締規定か強行法規かの区別自体難しいのであるから，法令の趣旨や目的を考慮して，それぞれの事件に妥当な解決を目指すべきであるとする見解が支持されている。これは，法令違反の非難の程度，取締規定の趣旨，および取引の安全などを総合的に考慮するものである。確かに，この一般論は正しい。しかし，区別そのものを放棄するという結論だけに甘んずるのではなく，取締規定と強行法規とが区別されてきたという歴史的事実をふまえながら，学説を展開していく必要がある（これら学説の推移については，宇賀克也・大橋洋一・高橋滋編『対話で学ぶ行政法』8頁以下参照）。

Ⅵ　行政行為（許認可）と法律行為の交錯

▶ 概説

　行政行為のうち，認可とは，第三者の法律行為を補充して効力を完成させる行政行為である（第11章「行政行為」参照）。それゆえ，原則として認可を欠く私法上の法律行為には効力がないとされているが，例外的な事例もあることに

注意してほしい。以下，これに関連する代表的判例をとりあげて検討する。

1 農地移転の許可

　Ｘは，知事の許可を条件に，農地を買い受ける契約を締結したが，売主が同地を知事の許可をえて二重売買し移転登記をしてしまったため，Ｘが所有権移転行為の無効の確認請求をした事案がある。最高裁によると，知事の許可を受けていない農地の所有権移転行為には効力がないが（農地法3条4項），知事の許可を得ることを契約の条件としたことは，法律上当然必要なことを約定したにとどまり，Ｘの売買契約における知事の許可は停止条件ではなく，仮に，この法定条件に民法の類推適用があったとしても，民法130条（「条件が成就することによって不利益を受ける当事者が故意にその条件の成就を妨げたときは，相手方は，その条件が成就したものとみなすことができる。」）によって，Ｘが所有者となるものではない（最判昭36・5・26民集15・5・1404）とする。

　本件は，認可が農地の所有権移転行為の効力要件となっているため，典型的な認可の事例である（法令上の名称は「許可」の制度である）。本件において法定条件に民法130条の適用—この規定を適用すれば知事の認可制度をくつがえしかねないが—は否定された。しかし，本件で民法130条が適用されていたとしても，Ｘは登記を得ていないから，いずれにせよ，第三者に対抗できなかったであろう（民177条）。

2 保険約款の認可

　船舶保有会社と保険会社がその締結する船舶海上保険契約の免責事由から海賊の襲撃等による場合をあえて抹消していたが，認可を得ていなかったところ，海賊によって船舶を沈没させられた船舶保有会社が保険金を求めて出訴した事案がある。最高裁（最判昭45・12・24民集24・13・2187）は次のように判示した。認可されてない保険約款の変更が常に効力を有しないわけではない。船舶海上保険を利用する者の多くは，一般の火災保険や生命保険と違って，必ずしも経済的に劣弱とはいえない。それゆえ，保険契約の内容の行政的監督は補充的なものにすぎず，認可がないだけでただちに約款が無効とされるものではない。よって，約款が強行法規や公序良俗（民90条）に違反し，または，とくに

不合理なものでない限り，保険契約は効力を有する，と。

　本件では，船舶海上保険についてであるが，無認可の約款がその効力を有すると判断された。この点，本最高裁判決は保険約款の認可というものを許可（法律による禁止の解除行為）と解する多数説と軌を一にしている。

★コラム4　被爆者援護法判例

　最判平19・2・6被爆者援護法事件（第3章Ⅳ）の関連判例があり，健康管理手当を支給されていた韓国人被爆者が出国によって日本国内に居住も現在もしなくなっても，受給権は失わないとされている（最判平18・6・13民集60・5・1910）。

　被爆者援護法関連の事例は古くよりある。たとえば，原爆医療法上，日本国内に現在するという要件を満たさないと同法の給付を受けることができないところ，この要件に関して，韓国からの不法入国者が服役中の場合でも，国内に現在するという要件に該当すると最判昭53・3・30（民集32・2・435）は解した。

　さらに，最判平27・9・8（裁判所ウェブサイト）は，被爆者が韓国で受けた医療にかかる医療費の支給申請を知事によって却下された事案で，国外で受けた医療にも被爆者援護法の支給要件が満たされると判示した。この判決については，国外の医療機関が日本の行政の監督下にあるのでないから，不正請求や過剰給付が懸念される。これに対しては，罰則を強化することや，症例等に応じた上限額を設定することなどが考えられよう。上限額設定についても，法治行政の原則から立法によらねばならないのかは，同最判からは一見して導きえない。

　さて，最高裁は，戦争被害の補償について立法者に委ねられている事柄であり，広い立法裁量を認めてきた（最判昭43・11・27民集22・12・2808在外財産没収事件，最判昭62・6・26裁判所ウェブサイト民間人被災者請求事件，最判平9・3・13民集51・3・1233シベリア抑留事件など）。ただし，原爆による健康障害が特異かつ深刻なことにかんがみ，戦争損害補償立法のなかでは厚い補償をしている。なぜ原爆を投下したのでない日本が被爆者援護をするのかという正当性問題に関しては，戦争遂行主体であった国が自らの責任で救済をはかるということが判例で言及されている。このように，被爆者援護法制の根底には，社会保障法のみならず国家補償的な配慮がある，と最高裁は述べている。

　しかし，国家補償的配慮はあくまで法律解釈の枠内での指針であり，それを超えて裁判所が独自に憲法29条3項を根拠にした結果責任の思考で（くわしくは，第21章Ⅲを参照）被爆者への補償を創造することは判例法理からしても許されないであろう（この点，最判平27・9・8は，被爆者援護法18条1項の要件論に終始している）。他方で，予防接種禍への補償制度は，国家が損失を受けた者に危険を設定したという理由で憲法29条3項から直接導かれる可能性は残っている。

〔松塚晋輔〕

第Ⅱ部

行政体と行政組織のしくみ

第4章

行政体の意義と種類

I　行政体の意義

▶ 行政体とは

　従来の行政法学では，行政の担い手のことを行政主体といい，その相手側の国民のことを行政客体とよんできた。しかし，このような行政主体という言葉の使い方は，それが何か国民に優位する地位にあるように受け取られかねず，国民主権の下では適切でないといわれる。このため，今日，行政体という言葉を用いる傾向にある（芝池義一『行政法総論講義（第4版補訂版）』5頁，室井力編『新現代行政法入門(1)（補訂版)』26頁）。また，行政客体は，国民に限らず，外国人や法人を含む。そこで，本書では，行政主体を行政体とよび，行政客体を私人とよぶことにする。

　行政体の中心となるのは，国と地方公共団体である。また，政府関係企業，公共組合，地方公社，独立行政法人などその他の行政体もある。行政体は，そのままで活動できるわけではない。行政体の仕事（これを第5章でみるように事務という）を実際に担当するポストのことを行政機関とよぶ。そして，行政機関を構成する自然人のことを公務員という。公務員は，同時に行政体に雇用されている者として行政体に対して給与請求その他の権利をもち，または義務を負う。これらについては，第7章と第8章でのべることにする。

Ⅱ　行政体の種類

1　国

　憲法65条が「行政権は，内閣に属する」と定めているのは，国が行政体であることを当然の前提としている。これを受けて，国が行政体の一種として訴訟の当事者または参加人となるときは，法務大臣が国を代表することになっている（国の利害に関係のある訴訟についての法務大臣の権限等に関する法律1条）。

　従来，私人の自由な活動を抑制する国の規制行政が必要以上に多く，行政の権限が国に集中していることが問題とされてきた。このため，通商・通信・交通・航空の分野などを中心に国の許認可件数が削減され，「自由化」といった「規制緩和」が進んでいる。また，地方公共団体にもっと行政権限を移譲する地方分権のため，地方分権推進法や地方分権推進一括法が制定された。とりわけ，2000年4月に施行された改正地方自治法では，国の役割を「国際社会における国家」の存立にかかわる事務，全国的に統一して定めることが望ましい国民の諸活動，および全国的規模・視点での施策・事業に限定し，地方分権の範囲を拡大したことが注目される（自治1条の2第2項）。

2　地方公共団体

▶ 普通地方公共団体

　地方公共団体とは，一般に都道府県および市町村をさし，例外的に特別区なども地方公共団体に含まれる。地方自治法は，普通地方公共団体と特別地方公共団体を区別している。前者が，都道府県と市町村であり，後者は，特別区，地方公共団体の組合および財産区である（自治1条の3）。

　都道府県は，市町村を包括する広域の地方公共団体として，①広域にわたるもの，②市町村に関する連絡調整に関するもの，③その規模または性質において一般の市町村が処理することが適当でないと認められるものを処理する（自治2条5項）。市町村は，基礎的な地方公共団体として，この都道府県が処理する事務を除いた地域における事務などを処理するものとする（同2項・3項）。市町村にできるだけ地域の事務を配分していこうというのが，最近の傾向である。

都道府県と市町村は上下関係ではなく，対等な関係である。地方分権推進一括法は，この対等な関係をより徹底させるために，市町村は，事務の処理に関し，法律またはこれに基づく政令によらなければ，国または都道府県の関与を受ける必要はない旨を保障している（自治245条の2）。

▶ 特別地方公共団体

地方自治法が特別地方公共団体として定めているのは，特別区，地方公共団体の組合，および財産区の3種類である（かつてはこの3種類に加えて地方開発事業団があったが，平成23年の法改正により廃止された）。

(1) 特別区　特別区とは，都の区のことをいう（自治281条1項）。現在のところ，東京都にある23区だけをさす。政令指定都市の区である行政区とは区別される。特別区は，地方公共団体であるが，行政区は，地方公共団体ではない。特別区は，原則として市と同じ位置づけである（同283条1項）。市長に相当する区長，市議会に相当する区議会が，特別区には置かれる。区長の選任については，当初，公選制であったが，1952年の地方自治法の改正により，区議会が都知事の同意を得て選任する間接選挙制に改められた。そして，地方公共団体の長の直接選挙を定めた憲法93条2項に反するとの訴えが裁判所に提訴されたが，最高裁は，特別区が憲法93条2項の「地方公共団体」と認めることはできないとして，公選制の廃止を合憲とした（最大判昭38・3・27刑集17・2・121）。その後，住民運動の高まりなどにより，1974年に，ふたたび地方自治法が改正され，区長公選制が復活して現在にいたっている。

(2) 地方公共団体の組合　地方公共団体の組合とは，複数の地方公共団体が事務の全部または一部を共同処理するために，地方公共団体が組合員となって設立した組織である。組合という組織自体が，独立の法人格をもつ。関係する自治体の種類と共同して処理される事務の範囲により，一部事務組合と広域連合の2種類がある（自治284条1項）。

一部事務組合は，普通地方公共団体および特別区がその事務の一部を共同処理するため，その協議により規約を定め，総務大臣ないし都道府県知事の許可を得て，設けることができる（自治284条2項）。具体例として，市と隣接する町村が共同して，ゴミ処理，上下水道，消防，病院，学校，公営競技などの運営が一部事務組合として行われている。

広域連合は，普通地方公共団体および特別区が，広域にわたり処理すること
が適当と思われる行政サービスの一部を共同で行うことを目的として設置する
組織である。広域計画を作成し，その実施に必要な連絡調整を図り，その事務
の一部を広域にわたり総合的かつ計画的に処理するため，その協議により規約
を定め，総務大臣ないし都道府県知事の許可を得て，設けることができる（自
治284条3項）。現在，市町村の介護保険制度の共同処理などに広域連合が活用
されている。広域連合は，その住民または組織する自治体の長による選挙で広
域連合の議員や長を選ぶ組織形態，住民の直接請求権が認められている点など
において，一部事務組合に比べて，自治体の住民の意見を尊重したものとなっ
ている。

(3)　財産区　　財産区とは，市町村や特別区内に，それとは独立の法人格を与
えられ，財産や公の施設の管理処分等を行う権限を認められた組織である（自
治294条）。市町村の合併の際に，旧市町村が所有や管理していた土地や財産を
新市町村に引き継がずに，旧市町村の地域で管理，処分するために設置され
る。具体例として，財産区がもつ財産は，山林原野が多く，その他，土地，用
水路，ため池，温泉，墓地，公会堂，公民館などがある。これらの不動産のほ
かに，これらを売却して得た現金なども財産区の財産に含まれる。財産区の構
成員は，合併後の転入者も含む区域内のすべての住民である。財産区の財産の
管理運用に当たる財産区議会の議員は，区域内に住む区民の投票によって選ば
れる。

3　その他の行政体

▶ 政府関係企業・公共組合・独立行政法人

　行政体の主なものは，国と地方公共団体であるが，そのほかにもさまざまな
行政体がある。

　まず，政府関係企業（今村成和『行政法入門（第9版）』27頁）とか，営造物法
人（原田尚彦『行政法要論（全訂第7版補訂版）』51頁）とか，政府関係特殊法人
（塩野宏『行政法Ⅲ』（第4版）107頁）といわれるものがあった。これらは，公の
目的に供される人的物的施設の統一体で，財団的性格を有する法人である。具
体的には，日本道路公団，沖縄振興開発金融公庫のように公団，あるいは公庫

などと呼ばれていた。その行う事業は行政であるが、国が自ら直接に行うよりも独立採算の企業経営方式による方が実効的であるとして、政府や自治体の財政支援のもとに、独立の法人として活動していた。ただし、これらの組織は、国民生活金融公庫や中小企業金融公庫などが株式会社日本政策金融公庫に移行したように、民営化の方向に向かいつつある。

　つぎに、公共組合は、特別の法律に基づいて、公共的な性格を有する事業の遂行を目的として組織された法人である。一定の目的をもった人の結合体である社団的性格を有する。具体的には、土地改良区、土地区画整理組合、市街地再開発組合のように地域的事業を行うもの、健康保険組合、共済組合、厚生年金基金のように社会保険事業を行うものがある。公共組合は、一定の資格をもつ者への組合への強制加入、組合費の強制徴収、および組合に公権力性が認められるとともに、国の監督を受ける。

　さらに、独立行政法人は、国の行政組織改革の一環として、国の特別機関・施設等を国から分離して、独立の法人格を有する行政体へ組織換えしたものである。中央省庁等改革基本法に基づき、1994年に独立行政法人通則法が制定され、国が主体となって実施するような事業ではないが、民間にゆだねた場合、実施されないおそれがある事業を独立行政法人が実施する（独立行政法人2条1項）。主務大臣による3年ないし5年の中期目標の指示に基づき中期計画を策定し、企業会計原則の下に、業務を効率的に運営し、第三者機関の評価を受ける必要がある（同30条・32条）。2003年には、地方独立行政法人法も制定され、地方公共団体が主体となって実施するような事業ではないが、民間にゆだねた場合、実施されないおそれがある事業を地方独立行政法人が実施する（地独行2条1項）。地方独立行政法人の具体的な業務としては、試験研究、公立大学法人、地方公営企業、社会福祉事業、公共施設の管理などがある（同21条）。国または地方公共団体のいずれにおいても、公務員の身分を有する特定独立行政法人と、その身分を有しない独立行政法人の2種類がある。100近い独立行政法人の大多数は、非公務員型（非特定型）である。独立行政法人は、企画立案機能をになう省庁から実施機能を分離することにより、行政の効率化・透明化を期待する意義がある。しかし、国の行政組織の分身的性格が強く、省庁の見かけだけのスリム化と責任体制の曖昧さの問題がある。

加えて，90の国立大学・共同利用機関は，2003年の国立大学法人法により，国の直属の「機関」から切り離された，国立大学法人となった。その意義は，大学の財政の効率的運営と自主性・自律性を強化する点に求められる。しかし，国立大学の法人化はそもそもは公務員の定数削減のために着手された改革であり，従来の大学の自治や学問の自由（憲23条）への侵害，法人の理事への文部官僚の天下り，実利に乏しい研究分野の弱体化，評価機関の客観性・透明性の問題などが危惧されている。

▶ 地方公社

　地方公社は，地方公共団体が出資し，その行政目的に資するために設立・運営するものである。その形態としては，社団法人，財団法人，および株式会社などのほか，いわゆる地方3公社とよばれるものがある。すなわち，特別の法律に基づく地方道路公社（地方道路公社法），地方住宅供給公社（地方住宅供給公社法），および土地開発公社（公有地の拡大の推進に関する法律）がある。地方3公社以外のものは，行政体でも，民間でもないとして，一般に第3セクターとよばれ，地方公共団体が出資したり，役員を派遣したりする官民混合型である。具体的には，鉄道やバスなどの公共交通機関，駐車場の施設運営，まちづくり事業など，さまざまな分野に及んでいる。しかし，各地の第3セクターは，バブル経済の崩壊後，経営が厳しい状況に追い込まれたものも多く，事業の整理縮小が問題となっている。

〔近藤　敦〕

第5章

国とその組織

I　国の行政組織（内閣，府，省，委員会，庁）

▶ 総説

　国の行政組織は，その頂点に立つ内閣のもと，府，省，庁，委員会により構成される。内閣は行政権の行使について，国会に対し連帯して責任を負い（憲66条3項），内閣の存立は，衆議院の信任に基づく（同69条）。すなわち，現行憲法は，権力分立を前提として，議院内閣制を採用しているのである。

　これに対し，天皇主権下の明治憲法時代には，行政権も統治権を総攬する天皇に属していた。内閣制度は存在したが，それは憲法上の存在でも，法律上の存在でもなく，天皇の勅令である内閣官制により設置されたにすぎなかった。内閣は天皇の信任のみに基づき，各国務大臣はそれぞれ天皇に対し，輔弼の責任を負ったのである。

　しかし，国民主権下の日本国憲法では，内閣は憲法上の機関となり，行政権は内閣に属し（同65条），内閣の組織は法律で定める（同66条1項）。この内閣を頂点とする行政組織は，憲法および国会の制定する法律によって組織されている。従来は，国家行政組織法が国の組織の枠組み法的な位置を占めていたが，1998年の中央省庁等改革基本法が内閣の機能強化，国の行政組織の効率化等の基本方針を定めている。そして1999年にこの基本方針をふまえて，中央省庁改革関連法（内閣法の改正，内閣府設置法，国家行政組織法改正，各省庁設置法，独立行政法人通則法など）が制定されている。

▶ 内閣

　内閣は，合議制の機関である。その構成は，首長である内閣総理大臣と14

（特別に必要がある場合17）人以内の国務大臣から成る（内 2 条）。内閣総理大臣は国会議員のなかから，国会の議決で指名され，天皇によって任命される（憲67条 1 項・6 条 1 項）。国務大臣は内閣総理大臣によって任免されるが，その過半数は国会議員でなければならない（憲68条 1 項）。国務大臣には，具体的な行政事務を分担管理する主任の大臣（主務大臣，各省大臣，行政大臣）のほかに，特定の行政事務を担当しない無任所大臣も置くことができる（内 3 条）。

　内閣がその職権を行う会議を閣議という（内 4 条 1 項）。この閣議の意思決定方法については明文の規定はない。多数決をもって閣議決定とする説もあるが，一般には全員一致とされる（苦米地事件，東京高判昭29・9・22行裁 5・9・2181）。

　内閣の権限は，一般行政事務，法律の誠実な執行，国務の総理，予算の作成，政令の制定など，憲法上定められた事務を行うほか（憲73条），内閣法や内閣府設置法，国家行政組織法など，個別の法律によって定められている。内閣の重要な任務は，行政と政治の結び目として，行政の最高の政策決定や行政各部の総合調整をすることにある。しかし，各省のセクショナリズムが強い縦割行政の実態は「省あって政府なし」といわれている。

　内閣には，内閣の事務を助ける補助部局がある。これには，閣議事項の整理などにあたる内閣官房，法令の作成にかかわる内閣法制局，危機管理に関する安全保障会議，人事行政にあたる人事院（後述）などがある。内閣官房の主任の大臣は内閣総理大臣である（内26条 1 項）。しかし，その補佐役としての内閣官房長官には，国務大臣があてられ（内13条 2 項），報道機関に対するスポークスマン役を果たしたり，行政各部や各会派との調整役を果たす。さらに，内閣官房を補佐し，内閣の重要政策に関する事務を助けるために内閣府がおかれている（内閣府 2・3 条）。内閣法制局は，政府提出法案・政令の予備審査をし，法律問題についての法制意見や政府統一見解の作成を行う。

　国の行政は，内閣によって統一的に遂行されるとしても，現実に国の行政事務のすべてを内閣が行うことは不可能である。そこで，国家行政組織法 3 条は，国の行政機関として，省，委員会および庁（いわゆる 3 条機関）を設け，国の行政事務を分担管理させている。2001年 1 月からの中央省庁の再編に伴い，現在では，1 つの府（内閣府），11の省がある。国家公安委員会は内閣府の外局

であるものの，国務大臣がその長にあてられ（警察6条1項），東日本大震災により2011年から2021年までは復興庁が設けられているため，「1府13省庁」体制となっている。

▶府・省

　府および省は，内閣の統括のもとに，行政事務を分掌する基本的機関である。その設置および廃止は，法律で定められる（内閣府設置法，外務省設置法など）。内閣府の長は，内閣総理大臣である（内閣府6条1項）。各省の長は，各省の大臣であり，国務大臣のなかから内閣総理大臣が任命するが，内閣総理大臣が自らこれにあたることもできる（行組5条）。各省の主任の行政大臣の権限は，機関の事務の統括，職員の服務の統督（同10条），法律・政令の制定改廃の閣議請求（同11条），府令・省令の制定（内閣府7条3項，行組12条），告示・訓令・通達の発布（行組14条）などである。2001年1月からの行政組織改革により政務次官制度が廃止され，新たに「大臣の命を受け」政策および企画を推進するため各省にそれぞれ1〜3名の副大臣・大臣政務官が設置されることになった（同16条・17条）。府・省の所掌事務を遂行するため，内部部局として官房および局，部，課および室を置くことができる。また，必要がある場合は法律の定めるところにより，地方支分部局を置くこともできる（後述の『地方支分部局』参照）。内閣府および国家行政組織の官房および局の総数は当分の間97以内と法定されているが（同23条），これは内部部局の設置が政令事項とされたことと関連し，行政組織の肥大化を防止するためである。

▶委員会・庁

　委員会および庁は，内部部局（内局）で処理することが不適当な場合に，府・省の外局として置かれる（行組3条3項）。委員会（行政委員会）は合議制の行政機関であり，庁は府や省と同じく独任制の行政機関である。委員会は，政治的中立性・専門技術性・利害調整の要請という行政事務の質的理由により設置される。たとえば，国家公安委員会，公安審査委員会，中央労働委員会は，それぞれ内閣府，法務省，厚生労働省の外局である。庁は，主として行政事務の量的理由から設けられている。たとえば，国税庁，海上保安庁，消防庁は，おのおの財務省，国土交通省，総務省の外局である。委員会は，権限行使について独立性が認められ，内閣や大臣の指揮監督を受けない。庁は所轄大臣の指

揮監督を受ける。委員会の長は委員長，庁の長は長官とし（同6条），国務大臣がこれらにあてられることもある（たとえば国家公安委員会委員長）。

戦後，行政委員会制度は，行政の民主化のために，アメリカの制度をモデルにとり入れられた。委員会は，行政的権限のほか，準立法的権限や準司法的権限を有する。また，委員の任命に両議院の同意を要求したり，委員会の構成に政党的偏りが生じないように制限を設けているものもある（独禁29条，労働組合法19条の3など——またつぎの会計検査院と人事院の箇所も参照）。かつて，たとえば，公正取引委員会は，行政権が内閣の指揮監督を通じて国会の統制に服すべきであるとする憲法の責任体制（憲65条・66条・72条）を損ない違憲ではないかとする国会議員らの批判もあった。しかし，学説は一般に，職務の特殊性，構成の民主性，および人事や予算を通じた最小限度の国会の統制などを理由に，行政委員会を合憲と解している。

II　その他の国の行政組織

▶ 会計検査院

その他の国の行政組織の主なものとしては，会計検査院と人事院があるが，そのうち会計検査院は，国の会計を検査する合議制の機関であり，国会とならんで重要な財政統制機関である。すなわち国会は，内閣の作成した予算と決算の審議・議決（憲86条）により，財政の民主的統制を行ない，会計検査院は，憲法上内閣から独立した地位を与えられて（憲90条2項，会検1条），国の収入支出の決算を確認するのである。検査は，合法性のほかに，経済性・効率性・有効性の基準からなされる。会計検査院は，3人の検査官からなる検査官会議と事務総局によって組織される（会検2条）。検査官は，両議院の同意を経て内閣が任命する（同4条）。このうち，互選された長も内閣により命ぜられる（同3条）。

検査官の任期は7年であり，再任は1回にかぎり認められる（会検5条）。検査官は，裁判官に準ずる身分保障が認められている（同8条）。会計検査院の権限は，国の収入支出の決算の検査を行うほか，国の会計職員の懲戒処分の要求，違法・不当な会計処理に関する是正改善処置，法令・制度・行政に関する

改善処置の要求（同31条・34条・36条）などである。また、会計検査院は、会計検査院規則の制定（同38条）のような準立法的権限と会計経理取扱いの審査判定（同35条）のような準司法的権限を有する。

▶ 人事院

人事院は、国家公務員法に基づき、内閣の所轄のもとに設置される中央人事行政機関である。人事院は、法律上内閣から独立した地位を与えられ、会計検査院ほどではないが、権限行使の独立性が保障されている（国公3条3項）。これは、人事行政の専門技術性と科学的合理性の要求に応じ、その公正と不偏不党性を確保するためである。人事院は、3人の人事官によって組織され、うち1人は総裁として命ぜられる（同4条1項・2項）。人事官は、両議院の同意を経て、内閣がこれを任命する（同5条1項）。人事官の任命にあたっては、厳しい制約が課されており、そのうち2人が、同一の政党に属してはならないし、同一の大学学部を卒業したものであってもならない（同条5項）。

また、人事官は、その身分を保障されており、国会による弾劾を受けた場合、12年（3期）以上連続して勤務した場合などを除いて罷免されない（国公8条）。人事院は、国家公務員の給与その他の勤務条件や人事行政の改善に関する勧告などのほか（同3条2項）、人事院規則の制定（同16条）のような準立法的権限と職員に対する不利益処分の審査（同90〜92条）のような準司法的権限をもつ。

▶ 附属機関

なお、国の行政機関たる府、省、委員会および庁のうち、府については内閣府設置法37〜42条により、その他については国家行政組織法8条以下に基づき、それぞれの所掌事務の範囲内で、法律または政令の定めるところにより、「審議会等」（行組8条）、「施設等機関」（同8条の2）、「特別の機関」（同8条の3）などを設けることができる（これらを一般に8条機関というが、それは国家行政組織法のみが規定する場合である）。

第1に、審議会として、たとえば、厚生労働省に付置された学識経験者などからなる合議制の薬事・食品衛生審議会があるが、これは、行政委員会とは違って、自ら行政処分を行う対外的な決定権はなく、厚生労働大臣に参考意見を提供する諮問機関である。近年、法律または政令によらない不正規の審議会や

不必要な審議会がみられることがあり，行政責任の不明確，行政運営の非効率をまねく弊害が指摘されている。

　第2に，施設等機関として，たとえば，法務省に付置された刑務所などがあるが，今日では，財務省の造幣局などのように，独立行政法人に変更されたものも多い。

　第3に，特別の機関として，外務省の在外公館，総務省の中央選挙管理会などがあるが，今日では，文科省の所管であった国立大学は，国立大学法人に変更された。

▶ 政府系特殊法人・指定法人・公益法人

　国と地方公共団体とは別の法人格を有するが，実質的に行政事務を行っている法人が多数存在している。そのなかには，独立行政法人や国立大学法人とは別に，法律により，直接設立されている政府系特殊法人がある。公団・事業団・公庫などのさまざまな名称が使われたが，2001年から2006年までの特殊法人改革基本法により，多くは民営化や独立行政法人化がなされている。また検査検定などの行政事務を主務大臣の指定を受けて代行する指定法人もある。行政事務を存立目的としない私人が行政活動に携わる「公私協働」を一般財団法人・一般社団法人・株式会社が行うようになっている。さらに，かつての指定法人は，公益法人が通例であった。公益法人は，形式的には民間団体であるが，その中には政府からの委託研究などを行うことが業務の中心であるものも少なくない。

　2006年に制定された行政改革推進法は「簡素で効率的な政府を実現すること」を目的とし，つぎの5つの重点分野を定めている。①政策金融改革では，政府系金融機関を統合再編する。②独立行政法人改革では，国の歳出の削減を図るために組織と業務を見直す。③特別会計改革では，特別会計の統廃合を行う。④総人件費改革では，10年間で国家公務員総人件費の対GDP比の半減，5年間で，職員数の5％以上削減を目標とする。⑤資産，債務改革では，国有財産の売却や剰余金の見直しなどによって，10年間で国の資産の対GDP比の半減を目安とするものであった。

▶ 地方支分部局

　地方支分部局は，府，省，委員会および庁といった国家行政組織法3条機関

（行組 9 条。府については内閣府 2 条によって設置）の地方における出先機関である。たとえば、内閣府の沖縄総合事務局、総務省の郵便局、法務省の法務局などが、その例である。地方自治を尊重する立場から、国の行政機構をいたずらに肥大化させないために、地方支分部局の設置は法律の定めるところにより（行組 9 条）、また、その経費は国が負担しなければならない（自治156条 4 項）。実務上の問題点として、たとえば、補助金の交付について地方公共団体は、国の地方支分部局と本省に二重の説明をしなければならないことが指摘されている（小高剛『行政法各論』301頁）。さらに、交通通信手段の発達した現在では、存在理由の低下したものもある。国と地方の二重行政の弊害が指摘され、現在、地方支分部局の整理統合が問題となっている。

Ⅲ　国と地方公共団体との関係

▶ 地方自治の本旨

　明治憲法が地方自治を保障する規定をもたなかったのに対し、日本国憲法は第 8 章を地方自治の保障にあてている。そこでは、地方公共団体の組織と運営に関する事項は「地方自治の本旨」に基づいて法律で定めると規定している（憲92条）。このため、地方公共団体に関する法令の規定は、「地方自治の本旨」に基づいて、解釈・運用されなければならない（自治 2 条12項）。ここにいう、「地方自治の本旨」とは、理念としては、団体自治と住民自治の 2 つの要素からなるといわれる。団体自治とは、地方の行政を国から独立した団体が自主的に処理することをいい、住民自治とは、地方の行政を住民が自主的に処理することを意味する。団体自治は、自由主義と地方分権の原理に支えられ、住民自治は、民主主義の原理により基礎づけられる。

　また、違憲立法審査における裁判規範としては、「地方自治の本旨」とは、国の法律をもってしても侵すことのできない地方自治の本質的内容、または核心部分を意味する（成田頼明「地方自治の保障」『宮沢還暦 5 巻』239頁以下）。この見解は制度的保障説とよばれ、学説では通説的地位を占める。これは、歴史的伝統的に形成されてきた地方自治制度が国家制度として憲法上保障されたと解する点で、地方自治権は、国の立法に由来するとする、かつての伝来説になぞ

らえて，憲法伝来説ともいわれる（原田尚彦『〈新版〉地方自治の法としくみ（改訂版）』21頁）。これに対し，地方自治の強化が叫ばれる今日，地方自治権は地方公共団体の固有の権利であるとする固有権説を継承発展させた新固有権説もある（手島孝『憲法学の開拓線』260頁以下，鴨野幸雄「地方自治論の動向と問題点」公法研究56号4頁以下）。こうして，国と地方公共団体との役割分担をめぐる議論は，「地方自治の本旨」という不確定概念をめぐって，争われてきたが，いずれの説をとるにしても，憲法の基本的人権の保障と国民主権の原則に従って，「地方自治の本旨」を解釈し，地方公共団体の自治事務を確定することがもとめられているのである（杉原泰雄『地方自治の憲法論』153頁以下）。

▶ 一般的関係

　一般に，行政権は内閣に属するのであるが（憲65条），地方の行政については，地方の住民の自治に委ねるべく，地方公共団体が存在する（同8章）。この点，明治憲法下では，地方公共団体はいわば不完全自治体であり，国の一般的・後見的監督の下に置かれ，国は主として権力的な手法で監督した。

　しかし，日本国憲法下では，地方公共団体は，国とは別個の法人格を有し（自治2条1項），独自の機関により，自己の地方的事務を自主的権限によって処理する。そこで，国家より存立の目的を与えられた公法人であるかのような「地方公共団体」という用語よりも，自立的な統治主体である「自治体」という用語を使うべきであるとの問題提起がなされている（兼子仁『自治体法学』16頁）。また，行政学では，自治体を「中央政府」に対する「地方政府」としてとらえ，国と地方公共団体との関係を「政府間関係」として理解するようになっている。

　1999年の地方分権推進一括法に基づいて，従来の国と地方公共団体との上下・主従関係の象徴であった国の機関委任事務（都道府県の約7割の事務，市町村の約4割の事務）がすべて廃止され，新たに自治事務と法定受託事務に再編成された（法定受託事務については，第6章のⅡを参照）。従来の包括的な指揮監督権に代わり，国の地方公共団体への関与の方法は，対等・協力関係に近づく形で法定された。

　地方自治法の定める「関与」の方法として，①「助言・勧告」，②「資料の提出の要求」，③「是正の要求」，④「同意」，⑤「許可・認可・承認」，⑥「指

示」，⑦「代執行」，⑧「協議」，および⑨「裁定その他の行為」がある（自治245条1項）。

国の関与には3つの原則（細かくいえば，さらに2つの基本原則）が定められている。第1に，法定主義の原則により，国の関与が個別的・恣意的にならないように法律またはこれに基づく政令に基づく関与でなければならない（自治245条の2）。第2に，一般法主義の原則により，個別法における関与も，地方自治法の定める必要最小限度の原則などの基本原則にのっとり規定されなければならない。基本原則としては，国が関与する場合，行政目的を達するための必要な最小限度のものとし，地方公共団体の自主性・自立性に配慮しなければならないという必要最小限度の原則がある（同245条の3第1項）。また，国は自治事務の処理については，特別な場合を除き，「同意」，「許可，認可又は承認」，および「指示」の関与を避け（同245条の3第2項〜第6項），法定受託事務の処理については，「代執行」の関与を可能な限り避けるという権力的関与抑制の原則もある（同245条の8）。第3に，公正・透明の原則により，関与に関する手続については，書面主義，許認可等の審査基準，標準処理期間などを定めて公表する必要がある（同247条〜250条の6）。

主務大臣は，知事の法定受託事務の管理・執行に違法・怠慢がみられる場合は，①是正勧告，②指示，③高等裁判所への職務執行命令訴訟の提起，④勝訴判決後の代執行という手続をとることができる（自治245条の8第1項〜第8項）。知事は，高等裁判所の判決に対して最高裁判所に上告することができるが，それは執行停止の機能を有しない（同第10項）。

▶ 国地方係争処理委員会

地方公共団体が，国の行政機関の関与に不服がある場合には，総務省に設置される国地方係争処理委員会（自治250条の7）（以下「委員会」という）に審査の申出をすることができる。5人の委員からなる委員会は，是正の要求・許認可の拒否その他公権力の行使，不作為および協議について審査の申出の対象とする（同250条の13）。したがって，助言・勧告および資料の提出の要求などの法的拘束力のない非権力的な関与は審査の対象から除かれる。また，法定受託事務に対する代執行も，職務執行命令訴訟による紛争処理が行われるため，委員会の審査の対象外とされている。委員会は，自治事務に関するものはその違法

性および不当性について，法定受託事務に関するものは違法性についてのみ審査する。審査の結果，違法・不当があれば，国の行政庁に対し必要な措置を講ずべきことを勧告し，違法・不当がなければ，理由を付して地方公共団体に通知し，公表する（同250条の14）。さらに，この委員会の審査・勧告に不服がある場合には，地方公共団体は高等裁判所に提訴することができる（同251条の5）。これは，行政事件訴訟法の機関訴訟の一種である（行訴6条）。

▶ 地方分権の課題

　地方分権推進法に基づく分権推進計画を経て2000年4月より地方分権推進一括法が施行され，都道府県で約7割を占めていた機関委任事務の廃止，権力的「関与」に対する審査機関としての国地方係争処理委員会の設置，国の「関与」の法定主義，および権力的「関与」方法抑制主義の原則により地方分権は大きな進展をみせつつある。しかし他方では，真の地方分権実現のため残された課題も少なくない。すなわち，いわゆる「3割自治」に象徴される国中心の税財源制度の見直しや中央省庁行政官の地方への出向（天下り）制度の改善など，地方分権推進法に基づく分権改革では全く手がつけられないまま存置された。そのため，改正地方自治法では新設された第1号法定受託事務について「地方分権を推進する観点から検討を加え，適宜，適切な見直しを行う」（同付則250条）こと，および「国と地方公共団体との役割分担に応じた地方税財源の充実確保の方途について，……検討し，その結果に基づいて必要な措置を講ずる」（同251条）ことを政府に義務づけているので，政府はもとより地方公共団体・住民も地方分権の実質化へ向けて絶えず努力することが重要な課題となろう。

　地方公共団体の自主財源の強化策として，2004年度からいわゆる「三位一体の改革」が唱えられた。これは，①国庫補助金の削減，②国から地方への税源移譲，および③地方交付税交付金の見直しを同時に行なう改革であったが，十分な成果をあげておらず，国の財政再建のために地方交付税交付金の大幅な削減がみられる一方，税源移譲は小額にとどまり，自治体の財源不足をもたらした。地方行政の広域化をめざし，合併を推進するために，旧市町村合併特例法（1995年に改正，2010年に廃止）により合併特例債などの政策誘導が図られた結果，多くの市町村の合併が進んだ。行財政の効率的運営，高齢化に対応したまちづくりを可能とするなどの合併のメリットが指摘される。反面，行政サービ

スの低下，コミュニティの崩壊などのデメリットもいわれる。さらに，現行の都道府県制に代わり，全国を7～9のブロックに分け，広域行政・地方分権を担う道州制を展望する声も大きくなっている（第28次地方制度調査会答申）。道州制の意義としては，広域行政の推進に適し，財政運営の効率性などのメリットがいわれる。他方，国との権限・事務・財源の調整が課題であり，住民自治が困難になるなどの問題もある。

　なお，2009年8月以降の民主党政権は，国と地方の協議の場を法制化し，内閣官房長官や全国知事会長などの地方6団体の代表との協議の場を設けた（2011年）。また，民主党政権は，地域のことは地域に住む住民が決める「地域主権」を確立すべく，国から地方への「ひもつき補助金としての国庫支出金」を廃止し，基本的に地方自治体が自由に使える「一括交付金」にすること，二重行政の無駄を解消し，住民のニーズに適切に対応するために，国の出先機関を整理統合し，事務と権限を国から地方自治体に移管すること，地方自治体の自主性を強化するために，国が細かく基準を定めている法令による義務付けや枠付けの撤廃・削減を検討している。しかし，地方分権を「地域主権」とよぶことは，主権のもつ最高性・独立性を曖昧にするので，適当ではないとおもわれる。また，2012年11月以降の自民党政権は，地域主権に代わる政策スローガンを求め，2014年9月からは地方創生担当大臣を置いた。しかし，地方の住みよい環境を確保して，人口減少に歯止めをかける「地方創生」の目的のための具体的な政策がこれまでのところとぼしい。また，地域振興と国際競争力向上を目的として国家戦略特区（コラム5参照）の取組みを推進している。

★コラム5　国家戦略特区——住民自治の視点から

　2012年の第2次安倍内閣の成長戦略の1つとして，「国家戦略特区」がある。2013年に制定された国家戦略特別区域法1条（以下「特区法」という）によれば，「産業の国際競争力を強化するとともに，国際的な経済活動の拠点を形成する」ために，国家戦略特区を定める。2002年の小泉内閣の「構造改革特区」が，自治体や民間の発意により規制緩和の特例を認めた地域再生の実験を全国の構造改革に活かし，2010年の管内閣の「総合特区」が，規制緩和を超えた税制・金融・財政支援も加えた地域主体の活性化をはかるといった具合に，ボトムアップの発想がこれまでは中心であった。「国家戦略特区」は，国が主導して自治体・民間と連携して規制改革に取り組み，国全体の改革のモデルを創出する国家プロジェクトである。

しかし，たとえば，東京圏では，外国人を含めた開業の促進のために，「東京開業ワンストップセンター」で定款の認証ができるようにする。関西圏などでは，未承認の医薬品の保険外併用療養を特定の病院で認める。秋田県仙北市などでは，株式会社の特例農業生産法人による農産物の生産・加工を認めるなど，これまでのところスケールの大きな改革につながる内容とはなっていないように思われる。

　「世界で１番ビジネスのしやすい環境」を目標に，内閣府に設置した国家戦略特別区域諮問会議により国主導で進められた国家戦略特区は，雇用，医療，農業における「岩盤規制」の突破口を開くためには，スピード感のある改革実績が必要である。しかし，特区ごとの自治体・民間事業者の意見集約が進まず，関係機関の調整に手間取っているのが現状である。また，国家戦略特区は，「強いものをより強く」する発想で，インフラ環境が未整備な途上国の経済のカンフル剤としては有効な手法であるとしても，成熟度が高い日本では，特区内外の格差の拡大をまねく問題が指摘されている。

　さらに，住民の意思を問うことなく，国主導の特区の改革を特区法で推し進めることは，住民自治の理念に反する問題もある。特定の自治体のみに適用される特別法については住民投票における住民の過半数の同意を必要とする憲法95条に反するとの指摘もみられる。この地方特別法住民投票制度の趣旨は，他の自治体との差別を防止することと，住民の権利義務がその意思に反して差別されることを防ぐ点にある。住民生活よりも企業の利益を優先する規制改革によって住民に不利益を課す特区法が，住民の同意を求めることなく，制定されることがないよう，住民自治の視点からのチェックが必要である。

〔近藤　敦〕

第6章

地方公共団体

I　地方公共団体の行政組織

1　長，議会，委員会，委員

▶ 長と議会の二元代表制

国は議院内閣制を採用しているが，地方公共団体のしくみはこれと大きく異なる。憲法93条2項は，地方公共団体の執行機関である長と議事機関としての議会の議員を住民の直接選挙で選ぶこととしている。このように，地方公共団体においては，長と議会の二元代表制が採用されている。とくに，地方公共団体の長が住民の直接選挙で選ばれ，住民に対して直接責任を負うため，首長制（首長主義）ともいわれる。もっとも，後に説明するように，議会による不信任決議とこれに対する長の議会解散権の制度（自治178条）があり，議院内閣制の要素も一定程度で取り入れられている。

▶ 長

都道府県の長として知事，市町村の長として市町村長が置かれ（自治139条），長は地方公共団体を統括し，代表する（同147条）とともに，地方公共団体の事務を管理し，執行する（同148条）。このように，長は，包括的な事務処理権限を有しており，この点が他の執行機関と異なる。

▶ 議会

議会は，地方公共団体の住民が直接選挙で選んだ代表からなる議決機関である（憲93条）。普通地方公共団体にはこのような議会を置くことが原則であるが（自治89条），町村は，条例で議会を置かず，選挙権を有する者の総会（町村総会）を設けることができる（同94条。もっとも，現在では，町村総会を置く地方公共

団体は存在しない）。

　議会は，地方自治法96条1項各号が定める議決事項（たとえば，条例の制定改廃，予算）を審議し議決するほか，当該地方公共団体の事務の管理等の検査（自治98条1項），当該団体の事務の監査の請求（同98条2項）および調査（同100条1項）などの権限を有する。

▶ 委員会・委員

　地方自治法は，執行機関多元主義を採用しており，長のほかに委員会および委員（行政委員会）を置くこととしている（自治138条の4・180条の5）。その例として，政治的中立性が強く要求され長から職権行使の独立性を保障されたもの（選挙管理委員会，人事委員会，公安委員会，教育委員会，監査委員など），専門技術的知識が必要とされ外部の学識経験者の判断にゆだねることが適当なもの（収用委員会など），利害関係人の直接参加の要請が大きいもの（農業委員会，海区漁業調整委員会など）があげられる。このうち，監査委員のみが複数人ながら単独で行動する独任制の機関である。

2　長と議会との関係

▶ 再議

　地方公共団体の長は，議会の議決等に異議があるときは，再度の議決（再議）を求めることができる場合がある。

(1)　一般的再議　　議会の議決に異議があるとき，長は，その議決の日から10日以内に理由を示して再議に付すことができる（自治176条1項〜3項）。

(2)　特別的再議　　①議会の議決・選挙がその権限を超えまたは法令・会議規則に違反すると認めるとき（同176条4項〜8項），②法令負担経費等の義務的経費を削除または減額する議決がなされたとき（同177条1項1号・2項），③非常災害対策に必要な経費または感染症予防に必要な経費を削除または減額する議決がなされたとき（同177条1項2号・3項），長は，理由を示して再議に付さなければならない。

▶ 不信任の議決・議会の解散

　以上のような首長制を基本としつつも，長に対する不信任決議，それに伴う議会の解散など，長と議会との間には議院内閣制に類似する諸制度もみられ

る。

　議会が長の不信任議決をした場合，長は10日以内に議会を解散できる。不信任議決をなすには，議員の３分の２以上の出席と出席議員の４分の３以上の同意が必要である。これに対抗して，長が議会を解散し，選挙後にはじめて招集された議会で，議員の３分の２以上が出席し，過半数の同意により，再び不信任の議決がなされた場合，長は失職する（自治178条）。

▶ 長の専決処分

(1)　**法定の専決処分**　①議会が成立していないとき，②地方自治法113条但書に該当する場合でなお議会を開くことができないとき，③特に緊急を要するため議会を招集する時間的余裕がないとき，④議会が議決すべき事件を議決しないとき，長は議決事件を処分できる（自治179条１項）。これらの専決処分をした場合，長は，次の議会に報告し，承認を求める必要がある（同179条３項）。

(2)　**議会委任の専決処分**　議会の権限に属する軽微な事項で，あらかじめ議会が議決により指定したものは，長が専決処分できる（自治180条１項）。この専決処分をした場合，長は，議会に報告するだけで足りる（同180条２項）。

Ⅱ　地方公共団体の事務と権能

1　事務

▶ 事務の区分

　第１次分権改革による成果である1999年の地方自治法改正以前は，地方公共団体において処理される事務として，自治事務と機関委任事務の２種類があった。自治事務（1999年改正前地方自治法では，自治事務とは，法令上の用語ではなく，法令上の用語であった公共事務，行政事務，団体委任事務を統括する概念であった）は，本来的な地方公共団体の事務であったが，これについても国から出された無数の通達に事実上拘束されていた。また，機関委任事務とは，都道府県知事や市町村長を国の行政機関と見立て，国に帰属する事務を都道府県知事や市町村長に行わせるしくみである。機関委任事務を処理するかぎりでは，都道府県知事や市町村長は，国の行政機関に編入されることになるから，首長は，

主務大臣の下級機関に位置づけられた。さらに，都道府県から市町村長に対する機関委任事務も存在した。この結果，機関委任事務においては，都道府県知事は主務大臣の指揮監督を受け，市町村長は主務大臣と都道府県知事の指揮監督を受けるので，本来は対等であるはずの国・都道府県・市区町村の関係が，その順に上命下服の関係に変容してしまっていたのである。

こうした弊害が指摘され，1999年の地方自治法改正により，機関委任事務はすべて廃止された。これに伴い，地方公共団体が処理する事務は，自治事務と法定受託事務に再編された。かつての機関委任事務は，主に自治事務と法定受託事務に分配され，一部は国の直接執行事務に編成されたり，事務自体が廃止されたりした。

▶ 自治事務

自治事務とは，地方公共団体が処理する事務のうち，法定受託事務以外のものをいう（自治2条8項）。このように，地方自治法は，自治事務を積極的に定義していない。

自治事務には，法令に根拠をもつものおよび法律により実施が義務づけられているもの（法定自治事務）と法令には根拠をもたずに条例などに根拠をもつもののように地方公共団体が自らの政策判断で実施するもの（法定外自治事務）がある。たとえば，法定自治事務には，介護保険法の実施，住民票の写しの交付などがあり，法定外自治事務として，公園の造営，乳幼児医療費補助などが多くみられる。

自治事務の処理については，地方公共団体の自主的な意思が優先され，国は原則として処理基準を定めることはできない。

▶ 法定受託事務

図表6-1　法定受託事務の種類

	本来の役割	適正な処理の確保	受託先
第1号法定受託事務	国	国	都道府県または市区町村
第2号法定受託事務	都道府県	都道府県	市区町村

法定受託事務とは，法律またはこれに基づく政令により，国または都道府県が本来果たすべき役割にかかわる事務で，都道府県ないし市区町村に処理を委

託するものである。このうち，国が本来果たすべき役割にかかる事務で，国において その適正な処理を確保し，都道府県または市区町村が処理するものを第 1 号法定受託事務といい（自治 2 条 9 項 1 号・別表第 1），都道府県が本来果たすべき役割にかかる事務で，都道府県においてその適正な処理を確保し，市区町村が処理するものを第 2 号法定受託事務という（自治 2 条 9 項 2 号・別表第 2）。たとえば，第 1 号法定受託事務であり都道府県が受託するものとして旅券の交付，第 1 号法定受託事務であり市町村が受託するものとして戸籍の管理，第 2 号法定受託事務として都道府県知事選挙の投開票事務があげられる。

　法定受託事務の処理については，主務大臣または都道府県の執行機関は，事務の処理を委託する地方公共団体に対し，必要最小限度の処理基準を定めることができる（自治245条の 9）。

2　権能

▶ 地方公共団体が有する各種の権能

　上述した事務を処理するために，地方公共団体はさまざまな権能を有している。たとえば，自治立法権，自治行政権，自治財政権，および自治組織権などである（憲94条）。このうち，ここでは，自治立法権についてのみ概観しておくことにしよう（ほかの権能についてくわしくは原田尚彦『新版 地方自治の法としくみ（改訂版）』，宇賀克也『地方自治法概説（第 6 版）』などを参照）。

▶ 自治立法権（憲94条）

　上述したように，憲法94条は，地方公共団体が法律の範囲内で条例を制定することを保障している。憲法94条にいう条例が，形式的意味の条例（地方自治法上の条例）のみを意味するのか，それとも，それにくわえて長の規則，その他執行機関の規則等をも含むのかが問題となるが，後者が多数説である。また，条例を法律の委任を受けて制定される行政立法の一種と説明する見解がみられたが（田中二郎『新版 行政法中巻（全訂第 2 版）』142頁），条例は，「公選の議員をもって組織する地方公共団体の議会の議決を経て制定される自治立法であって，行政府の制定する命令等とは性質を異にし，むしろ国民の公選した議員をもって組織する国会の議決を経て制定される法律に類するものである」（最大判昭37・5・30刑集16・5・577）という見方が一般的である。

ところで，自治立法権を具現化するものとして，地方自治法は，地方議会が制定する条例（自治14条・96条1項1号），長の制定する規則（自治15条），行政委員会の規則・規程（自治138条の4第2項）の3種を定めている。

▶条例

　地方公共団体の議会は，上述した自治立法権に基づいて，条例を制定することができる。もっとも，地方議会の条例制定権については，以下のような限界がある。

　第1に，当然のことではあるが，条例は最高法規である憲法に違反してはならない。したがって，憲法が保障する権利を制約するような条例は違憲無効となりうる。ただし，罪刑法定主義（憲31条・76条6号但書），財産権法定主義（憲29条2項），租税法律主義（憲84条）については，憲法上法律に留保されているが，条例の法律に類する性格を根拠にして，いずれも条例による規律が認められている（判例として，罪刑法定主義について最大判昭37・5・30刑集16・5・577，財産権法定主義について最大判昭38・6・26刑集17・5・521，租税法律主義について最大判平18・3・1民集60・2・587）。

　第2に，条例は，当該自治体の地域の事務に関して（自治2条2項），法令に違反しないかぎりにおいて制定できる（自治14条1項）ものであるから，法令上国の事務（たとえば，裁判制度）や性質上国の専管に属する事項（たとえば，一般私法秩序の形成）については，条例でもって規律することはできない。

　第3に，条例は，法律の範囲内で制定することができ（憲94条），さらに，法令に違反しないものでなければならない（自治14条1項）。この条例と法令の抵触に関する問題が，従前よりおおいに議論されている。この問題について，かつては，法律先占論とよばれる議論が妥当していた。法律先占論によれば，法律がいまだ規制していない領域に関しては，条例の制定は自由であるが，すでに法律の規制がある領域に関しては，法律と別の目的で規制するか，法律と同じ目的で別の対象を規制する条例（いわゆる横出し条例）のみが許され，同一目的，同一対象について法律よりも規制を強化する条例（いわゆる上乗せ条例）は許されないことになる。その後，この問題に関するリーディング・ケースとなっている徳島市公安条例事件最高裁判決（最大判昭50・9・10刑集29・8・489）は，以下のように述べて，上乗せ条例を制定することの可能性を開いた。すな

わち，同判決は，「条例が国の法令に違反するかどうかは，両者の対象事項と規定文言を対比するのみでなく，それぞれの趣旨，目的，内容及び効果を比較し，両者の間に矛盾牴触があるかどうかによってこれを決しなければならない」という一般論を示したうえで，上乗せ条例について，「法令が必ずしもその規定によって全国的に一律に同一内容の規制を施す趣旨ではなく，それぞれの普通地方公共団体において，その地方の実情に応じて，別段の規制を施すことを容認する趣旨であると解されるときは」当該法令に抵触しないとした。この判決を受けて，今日では，法律の趣旨が全国一律の同一内容の規制をするのではなく，全国の最低基準の規制を定める場合，上乗せ条例も認められるという見解が有力になっている。

この徳島市公安条例事件最高裁判決後，法律と条例の問題に関して，次のような判決がある。①河川法の規律対象とする適用・準用河川以外のいわゆる「普通河川」を管理規制する高知市普通河川等管理条例について，「普通河川」の管理規制を施さないとの河川法の規定・趣旨からこの条例を違法とする判決（最判昭53・12・21民集32・9・1723），②地域の良好な生活環境を守るため，旅館業法より厳しい規制，すなわちあらかじめ町長の同意を求め，とくに住宅地・病院・教育文化施設など「不適当な」場所については，町長は同意しないものとする規定を設けた長崎県飯盛町（現在は諫早市）の「旅館建築規制条例」を同法違反とした判決（福岡高判昭58・3・7行裁34・3・394），③町長が指定する水源保護地域内にある事業所等の設置操業によって水道の水源が枯渇するおそれがある場合，町長が認定処分を行い，罰則をもってその設置を禁止する三重県（旧）紀伊長島町（現在は紀北町）の「水道水源保護条例」事件について，条例を廃棄物処理法に違反しないと判示した原審・高裁判決（名古屋高判平12・2・29判タ1061・178）に対して，すでに設置手続を進めていた事業者の権益を損ない，かつ事前の協議・指導などの配慮義務を町が尽くしていないとの理由で，条例違法論には触れず，当該認定処分を違法と判示した最高裁判決（平16・12・24民集58・9・2536）などである。

いずれにしても，条例が「法律の範囲内」（憲94条）か否かは，地方分権時代のもと，法令の内容自体・解釈は国と地方公共団体との役割分担の原則（自治1条の2第2項）に沿うものでなければならず，そのうえで，当該の法令の趣

旨・目的，およびそれが「地域の実情に応じて別段の厳しい規制を許容する趣旨であるか」否かを総合的に判断して検討・審査されなければならない問題である。

▶ 規則

地方公共団体の長は，法令に違反しないかぎりにおいて，その権限に属する事務に関し，規則を制定することができる（自治15条1項）。また，各行政委員会も規則・規程を定めることができる（自治138条の4第2項）。

行政委員会の規則・規定が，条例もしくは長の規則に違反してはならないことが明文で定められているから（自治138条の4第2項），その優劣関係は明らかであるが，条例と長の規則との関係が問題になりうる。条例は民主的な合議制機関である議会の制定法であるのに対して，長の規則は独任制の機関による行政立法であること，条例のみが住民の直接請求の対象になること，条例は懲役を含む刑罰を設けることができるのに対して長の規則は過料のみであること（自治14条3項・15条2項）から，条例は長の規則の上位法源であるとされている。

Ⅲ　住民と地方行政

▶ 住民

市町村の区域内に住所を有する者は，当該市町村の住民である（自治10条1項）。住所を有することが住民の要件であるので，国民とは異なり，国籍は要件とされないし，法人も住民たりうる。住民には地方自治法上の諸権利が保障され，地方行政に一定程度直接参加できる。たとえば，以下に概観するような，直接請求，住民投票，住民監査請求，住民訴訟などの制度が憲法や地方自治法により規定されているとともに，法律上制度化されていない方法により住民の意見が地方行政に反映される方法がいくつかみられる（たとえば，住民参加など）。

▶ 住民の選挙権

地方公共団体の長およびその議会の議員は，当該地方公共団体の住民により直接選挙で選ばれるということが憲法上規定されている（憲93条2項）。これを

受けて，地方自治法11条は，日本国民たる普通地方公共団体の住民がこの選挙権を有すると規定している（なお自治18条・19条も参照）。このように，憲法93条2項は国民ではなく住民に地方参政権を認めているように読める一方で，地方自治法がこれを日本国民に限定しており，この相違が問題となりうる。最高裁は，立法政策として，日本国籍を有しない住民に地方参政権を付与することを許容する立場を明確にしている（最判平7・2・28民集49・2・639）。この最高裁判決以降，とりわけ永住者等には，地方公共団体の長およびその議会の議員の選挙権を認めるべきという立法提案が多くなされているが，実現にはいたっていない。

▶ 直接請求

直接請求とは，選挙権を有する者の連署をもって，その意思を直接地方自治に反映させることを請求する制度である。直接請求には，以下のものがある。

(1) 条例の制定改廃の請求　　選挙権を有する者は，その総数の50分の1以上の者の連署をもって，その代表者から，地方公共団体の長に対し，条例の制定または改廃の請求をすることができる（自治74条1項）。地方公共団体の長は，この請求を受理した日から20日以内に議会を招集し，意見をつけてこれを議会に付議する（同74条3項）。したがって，条例の制定改廃の請求は，あくまでも議会審議を求める請求であり，請求の内容が議会で否決されることも考えられる。

(2) 事務監査請求　　選挙権を有する者は，その総数の50分の1以上の者の連署をもって，その代表者から，地方公共団体の監査委員に対し，当該地方公共団体の事務の執行に関し，監査の請求をすることができる（自治75条1項）。有効な監査請求を受けた場合，監査委員は，当該請求事案について監査を行い，監査の結果に関する報告を決定し，これを代表者に送付し，かつ，公表するとともに，議会および長などに提出しなければならない（自治75条3項）。

なお，事務監査請求は，後述する住民監査請求（同242条）とは異なるものであることに注意が必要である。住民監査請求は，財務会計行為に限定された監査請求であり，住民1人でも監査請求が可能であるのに対して，事務監査請求は，議会を含む地方公共団体の事務の執行全般であり，選挙権を有する者の50分の1以上の者の連署が必要である点が主たる相違点である。

(3) 議会の解散請求，議員・長などの解職請求　選挙権を有する者は，その総数の３分の１以上の者の連署をもって，その代表者から，地方公共団体の選挙管理委員会に対し，当該地方公共団体の議会の解散の請求（自治76条１項），当該選挙区に属する地方公共団体の議会の議員の解職の請求（同80条１項），当該地方公共団体の長の解職の請求（同81条１項）をすることができ，また，地方公共団体の長に対し，副知事もしくは副市町村長，選挙管理委員もしくは監査委員または公安委員会の委員の解職の請求をすることができる（自治86条１項）。なお，必要な連署の数「３分の１以上」は，それぞれ各規定の括弧書きのなかで大規模な地方公共団体において①有権者数が40万を超え80万以下の場合と，②有権者が80万を超える場合，とに分けてそれぞれ緩和されている。

　議会の解散と議員および長に対する解職請求について直接請求が成立した場合，選挙権を有する住民の投票に付され，その過半数の同意があったときに解散ないし解職が成立する（自治78条・83条）。また，副知事もしくは副市町村長などの議会の同意に基づく任命役員に対する解職請求について直接請求が成立した場合，議会に付議され，議員の３分の２以上の者が出席し，その４分の３以上の者の同意により失職する（同87条１項）。

▶ 地方特別法における住民投票

　ひとつの地方公共団体のみに適用される特別法は，当該地方公共団体の住民の投票においてその過半数の同意を得なければ，国会は，これを制定することができない（憲95条。なお自治261条・262条をも参照）。こうした住民投票が定められているのは，国が特定の地方公共団体を特別に取り扱うような不平等を是正するためであるとされている。しかし，この住民投票の実施例は，1949年から1951年の間の15本（広島市平和記念都市建設法，長崎国際文化都市建設法，旧軍港市転換法など）のみと少なく，とくに1952年以降は全く実施されていない。

▶ 住民監査請求

　地方公共団体の住民は，その長・委員会・委員・職員の違法または不当な公金の支出，財産の取得・管理・処分，契約の締結・履行，債務その他の義務の負担，公金の賦課・徴収の懈怠，財産管理の懈怠（これらをまとめて「財務会計行為」とよぶことが多い）があると認めるときは，これらを証する書面を添えて，監査委員に対して，当該行為の防止・是正その他必要な措置を講ずること

を請求することができる（自治242条）。この制度が住民監査請求である。

　なお，住民監査請求と直接請求としての事務監査請求との相違点は，すでに述べたとおりである（▶ 直接請求(2)事務監査請求）。

▶ 住民訴訟

　住民監査請求の結果に不服のある住民は，その後，さらに訴訟を提起して，①違法な財務会計行為の差止め，②取消し・無効確認，③違法確認，④損害賠償請求権ないし不当利得返還請求権の行使の義務づけを請求することができる（自治242条の２）。この訴訟を住民訴訟という。この住民訴訟は，納税者の信託財産である地方公共団体の財産の適正な管理を求めるアメリカの納税者訴訟（taxpayers' suit）を範にとって導入された訴訟であり，行政運営の客観的適正さを確保することを目的として法律で特別に定められた客観訴訟（民衆訴訟）の一種である（行訴５条）。なお，不当な財務会計行為は，住民監査請求の対象となるが，住民訴訟の対象とはならない。

　さて，住民訴訟の訴訟形態は上記①〜④の４つである（自治242条の２第１項１号〜４号に対応し，それぞれ「１号請求訴訟」，「２号請求訴訟」，「３号請求訴訟」，「４号請求訴訟」とよぶことが多い）。すなわち，１号請求訴訟は，執行機関・職員の対する財務会計行為の全部または一部の差止め請求，２号請求訴訟は，行政処分である財務会計行為の取消しまたは無効確認請求，３号請求訴訟は，公金の賦課・徴収あるいは財産の管理にかかる不作為の違法確認請求，４号請求訴訟は，損害賠償請求権ないし不当利得返還請求権の行使の不作為にかかる義務づけ請求である。

　この４つの訴訟形態のうち，もっともよく利用されるのが４号請求訴訟である。そして，４号請求訴訟は2002年の地方自治法改正により現在のしくみになったのであるが，この法改正に対しては批判も多くみられるので，以下では，改正前と改正後の訴訟のしくみを概観しておく。改正前の４号請求訴訟では，違法な財務会計行為を行った職員個人やその相手方を被告として，地方公共団体に代位して直接に損害の回復を求めるしくみであった。これに対して，改正後の４号請求訴訟は，地方公共団体の執行機関等を被告として，違法な財務会計行為を行った職員個人やその相手方に損害賠償請求ないし不当利得返還請求を行うことを求める義務づけ訴訟である。そして，この訴訟において原告の請

求が認められ，地方公共団体の執行機関等に対して損害賠償または不当利得返還の請求を命じる判決が確定した場合，地方公共団体の長は，当該判決確定日から60日以内に，当該請求にかかる損害賠償・不当利得返還の請求をしなければならない（自治242条の3第1項）。さらに，違法な財務会計行為を行った職員個人やその相手方が，判決確定後60日以内にこの請求に任意に応じないときは，当該地方公共団体があらためて損害賠償・不当利得返還請求の訴訟（いわゆる「第2段階訴訟」）を提起する。このように改正後の4号請求訴訟は，2段階的構造になっている。

　この制度改正の理由として，地方公共団体が直接被告となることによって説明責任が果たせること，違法事由への組織的対応が可能になること，長や職員が個人として被告になることによる負担を軽減することなどがあげられている。これに対して，新制度は煩瑣（はんさ）な2度手間になるうえに，第2段階訴訟に住民が関与できないことから，住民による統制機能・財政健全化機能が弱まるという問題点が指摘されている。

▶ 議会は住民勝訴後の損害賠償請求権を放棄できるか

　くわえて近時，第1段階訴訟において原告勝訴となっても，その後，議会が損害賠償請求権ないし不当利得返還請求権を放棄する議決をする例がみられるようになり，改正後の4号請求訴訟が十分に機能しているとはいえない状況にある。こうした議会による請求権放棄は，権利を放棄することを議決事件とする地方自治法96条10号に基づいて行われている。一般的に，地方議会の住民代表的性格を重視すれば放棄議決は有効となりやすく，住民訴訟の意義ないし目的を重視すれば放棄議決は無効となりやすいが，住民訴訟制度の目的を没却化するものであり，安易に認められるべきではないだろう。この問題については，下級審レベルでも見解が分かれていたが，近時，最高裁判所は，請求権放棄の議決をするにあたって，住民による直接選挙を通じて選出された議員により構成される議会の裁量権に委ねられるとしたうえで，個別の事案における具体的事案を総合的に考慮するという，裁量権の逸脱・濫用を審査する判断枠組みを提示した（最判平24・4・20民集66・6・2583，最判平24・4・20判時2168・45，最判平24・4・23民集66・6・2789）。

▶ その他の住民参加制度

　以上の地方自治法に規定がある諸制度のほかにも，行政プロセスに住民の意見を反映させる住民参加に資する制度がいくつか存在する。たとえば，公聴会，意見書の提出，パブリックコメント（意見公募手続・第6章Ⅳ参考）などがあげられる。また，ほとんどの自治体で制定されている情報公開条例は，住民参加を実質化させるための住民の知る権利の実現に役立つものであるし，オンブズパーソン制度（第22章参照）は，住民からの苦情の処理を行うとともにその後の行政改善に活かされるものである。

　また，近時，自治体運営の基本的原則を定める「自治基本条例」も，多くの地方公共団体で制定されている。この条例のなかで，多様な住民参加の制度が定められるようになっている。上述したパブリックコメント，市民説明会，住民投票などを定める自治基本条例もある。これらを通じて，住民参加型のまちづくりがめざされている。

▶ 条例に基づく住民投票

　上述した地方自治特別法の住民投票や直接請求に伴う住民投票のほかに，住民参加のための条例に基づく住民投票がある。たとえば，原子力発電所の設置の是非を問う住民投票条例が制定され，実際に住民投票が実施されたこともあった。条例に基づく住民投票には，このような個別事項につき住民にその是非を問う個別事項型と「市民参加条例」と一般的に呼ばれる常設型がある。このような住民投票条例には，民意がより直接的に反映される点で望ましいという評価がある一方で，間接民主主義を採用している現行法と「整合しない」あるいはそれとのバランスをとる必要があるという慎重な意見もある（たとえば，参照，「名護市米軍ヘリポート基地建設住民投票条例」に関する那覇地判平12・5・9判時1746・122）。さらに，住民投票の結果の拘束力について，間接民主主義をとる現行法上は，住民投票の結果を「尊重する」という表現に一般になっているが，それだけでは，住民投票の意義が薄れてしまうので，それを「実質化」し一定の法的拘束力を与える方法（たとえば「尊重」できない場合に首長に説明責任を課すなど）が模索されている。

★コラム6 大阪都構想と指定都市都道府県調整会議

2015年5月17日，大阪市を廃止し5つの特別区を設置するといういわゆる大阪都構想の実現を問う住民投票が行われ，反対が賛成をわずかに上回り，特別区の設置は否決された。さて，この大阪都構想とはいったいどのようなもので，今回行われた住民投票はいかなる根拠に基づいて行われたものだったのかを振り返ってみよう。

大阪都構想はすでに1950年代から議論が行われていたが，議論が活発になされるようになったのは，2010年からである。この年，橋下徹氏が率いた大阪維新の会は，大阪府全域を大阪都とし，大阪市と堺市の政令指定都市（およびその周辺）を廃止して特別区として再編し，大阪都に一体化することを提唱した。これにより，大阪市と大阪府の「二重行政」の解消，特別区という基礎的自治体が住民に身近な行政サービスを提供できるようになるなどというメリットが生じるとされた。

こうした大阪都構想の実現には，法律上の手当が必要であったので，2012年8月，議員立法により，「大都市地域における特別区の設置に関する法律」が制定された。この法律は，特別区を設置するための諸手続を定めており，一定の場合に住民投票の実施を必要とし，有効投票総数の過半数の賛成を必要としていた。

今回の住民投票は，橋下徹前大阪市長のポピュリズム的政治手法への批判やとりわけ中高年層における伝統的な「大阪市」という名称への愛着，大阪都構想実現の不確実性などが投票結果に影響したといわれているが，大阪府や大阪市などのような大規模な地方公共団体の抱える「構造的問題」は，きわめて広範かつ複雑なものであり，大阪「都」の実現によってすべての問題がただちに解決できるような代物でないことも事実であろう。

とくに，国と地方自治体との関係（いわゆる3割自治の問題）のみならず，府県と市町村の財源の配分をめぐる不均衡の問題などにみられるように，大都市側において都道府県・国に対する不満が強い。これに対して，国・財務省側に現在の「構造的問題」にメスを入れ改革に向けて踏み出す兆しは全くみえない。

最近，都道府県と政令指定都市の「二重行政」を解消するために，地方自治法が改正され，「指定都市都道府県調整会議」が設置されたり，両地方公共団体の首長の求めによる「協議」・「勧告」の制度が整えられたりした（自治252条の21の2〜4）。もっとも，これまでの国の行政機関と地方公共団体との連絡調整会議・協議や国地方係争処理委員会と同様，この調整会議の設置も，そこでの形式的な協議にとどまるかぎり，国と地方公共団体，都道府県と大都市間の「構造的問題」の根本的解決にはつながらないと思われる。

〔児玉　弘〕

第7章

行政機関

I　行政機関の意義と分類

1　はじめに——「機関」とは何か

　行政機関の話の前に，機関とは何かということから始めることにしよう。

　団体や法人がその名前で活動したり，あるいは法的な行為をしようとしても，団体や法人それ自体は頭も手足ももたないから，それらに代わって団体や法人のために行為するもの（者）が必要である。たとえば株式会社は，株主総会や取締役などの「機関」をもっている（会社295条以下）。これらの機関が会社の経営方針を決め，また会社を代表して他社との契約を結んだりしている。そしてそのような行為の法的効果（権利・義務の得喪や損益の発生）は会社に帰属するのである。

　国も同様である。行政体としての国が行政を行うときには，国に代わって行政を行う機関が必要であり，それが行政機関である。

2　2つの「行政機関」概念

▶行政機関の2つの意義

　これまでにのべてきたように，国や地方公共団体などの行政体は，自らの行政責任を果たすために，それぞれ行政組織を有している。これらの行政組織の行為は，それが所属する行政体の行為とみなされ，またその行為の効果は，その行政体に帰属する。そのような府，省，委員会，庁，といった行政組織のことを行政機関というが（参照，内閣府5条，行組3条），同時にまたこれらの行政組織内で事務を担当する権限のある地位またはポストのことも，行政機関とい

う。

　このように，行政機関という概念は，2通りの意味で使われているのであるが，一般に，前者すなわち省や庁のような行政組織全体をさしていう場合，これを国家行政組織法上の行政機関概念，もしくはアメリカ的な行政機関概念といい，後者すなわち権限を与えられている地位やポスト，つまり後述の行政（官）庁や補助機関等をさして行政機関という場合には，行政官庁法理論による行政機関概念，もしくはドイツ的な行政機関概念といっている（佐藤功『行政組織法（新版）』54頁以下。なお，塩野宏『行政法Ⅲ（第4版）』28頁以下も参照）。

　行政機関についてこのような概念の混在が生じたのは，戦後の立法過程にその原因がある。つまり戦前においては，行政機関概念は，行政官庁法理論で統一されていたのであるが，戦後の行政組織の法制化の過程では，連合国総司令部の指導もあって，組織を全体として観念するアメリカ的な行政機関概念に基づいて作業が進められた。しかし，こうした行政機関概念の変更は，行政作用法には及ばず，そちらは戦前からの法律をそのまま引き継いだものが多かったこともあって，旧来の行政官庁法理論に基づく用語法がそのまま使われ，その結果2種類の行政機関概念が並存することになったのである。

▶ 行政官庁法理論による行政機関の分類

　行政官庁法理論に基づく行政機関概念は，行政体の意思を決定し，それを国民に対して表示する権限を与えられた機関を行政庁（国の場合にはとくに行政官庁とよばれる）と称し，それ以外の機関をこのような行政庁との関係を基本として位置づけるという分類法をとる。具体的には，行政組織の長が行政庁と観念され（もっとも組織の長でなくても行政庁となることもある——くわしくはつぎの3を参照），この行政庁を中心として，それを輔佐する内部部局は補助機関といわれ，行政庁の諮問に応えたり，あるいは自ら行政庁に意見を具申する（ただし，その意見に行政庁は拘束されない）ものは諮問機関とよばれ，行政庁が意思決定を行なう際にそのものの意見に拘束される場合それは参与機関とよばれる（たとえば，電波監理審議会・検察官適格審査会など）。また，国税の徴収職員のように，行政庁の意思決定に基づいて，行政体の意思の実現を行うものを執行機関といってきた。このように，行政組織内の地位ないしポストに注目して，行政機関の意義を考え，分類するのが，行政官庁法理論に基づく行政機関概念で

ある。

　伝統的な行政官庁法理論に基づくこのような行政機関概念は，国民に対して，行政権限と責任の所在を明らかにしておく，という観点からみれば，それに適合的な考え方であったということができよう。しかし，実際の事務の処理や権限の行使は，補助機関が中心となっており，そうした実態を必ずしも映し出すものではない。

　ただ，伝統的な行政官庁法理論は，現在もなお，行政作用法を中心にして採用されているので，以下では，この行政官庁法理論に基づいた行政機関を中心にみていくことにしよう。

3　行政庁の種別
▶ 行政庁の分類

　上にみたように，行政庁とは行政体のためにその意思を決定し，それを外部に表示する権限をもつ機関であり，この行政庁概念を基準にして行政機関は分類されるのであるが，行政庁自体もいろいろな観点から分類される。ひとつは行政作用法上の行政庁，行政組織法上の行政庁，および行政救済法上の行政庁という分類である。

　すなわち，行政体のために意思を決定し，それを外部に表示する権限をもつ機関を行政庁と定義すると，当然，法律がそのような権限を与えた機関が行政庁となるが，このような権限の授与は行政作用法によって行われるから，これを行政作用法上の行政庁という。

　そして通常こうした権限は，大臣，地方支分部局長あるいは知事・市町村長といった，それぞれの行政組織の長に与えられるが，このように行政組織のトップを念頭に行政庁という場合，これを行政組織法上の行政庁という。

　本来，行政組織法上の行政庁と行政作用法上の行政庁とは重なっているべきである。つまり，行政組織法上の行政庁に権限が与えられるのが原則である。しかし，今日，特定の事務については，組織の長ではなく，それに関する専門的な知識をもち，特別の資格をもった職員が行政庁となることがある。建築主事や労働基準監督官などがその例である。また，短時間に行政処分をしなければならない場合などにおいては，第一線の係官に処分権限が与えられる場合も

ある（上陸許可の証印をする入国審査官など）。これらは，行政の実態にあわせて権限の配分を行ったものということができ，そのかぎりでは望ましいことであるが，反面，行政官庁法理論の一貫性を欠くことになった。

さらに2004年改正の行政事件訴訟法では被告を当該処分等をした行政庁の所属する国または公共団体とするようもとめているが，訴状には，当該処分等をした行政庁を記載するものとしている（11条3項）。また2014年改正の行政不服審査法は，「行政庁の処分に不服がある者は」，「審査請求をすることができる」（2条）とし，その審査請求は「処分庁等（処分をした行政庁（以下「処分庁」という。）又は不作為に係る行政庁（以下「不作為庁」という。）をいう。以下同じ。）に上級行政庁がない場合または処分庁が主任の大臣」等の場合は「当該行政庁等」に（4条1号），「主任の大臣が処分庁等の上級行政庁である場合」は「当該主任の大臣」に（同条3号）することになっている。これを行政救済法上の行政庁とよぶことができる。このなかには本来行政機関ではないものも含まれている。議員を除名した地方議会が，その例である。

そのほかに行政庁の種別としては，行政庁が1人の公務員によって構成される独任制行政庁と複数の公務員によって構成される合議制行政庁との区別や（行政庁の多くは独任制であるが，内閣や行政委員会は合議制行政庁の例である），管轄する地域が全国に及ぶ中央行政庁と一部の地方にかぎられる地方行政庁との区別などがある。

なお，ひとつの行政組織内において行政庁が階層的に構成されるとき，上級機関の地位にある行政庁を上級行政庁といい，下級機関の地位にあるものを下級行政庁という（たとえば，国税庁においては，長官，国税局長，税務署長という行政庁が置かれているが，それぞれに上下の関係に立つ）。

II　行政庁の権限の委任と代理

1　権限の委任
▶委任とは
大臣など行政組織法上の行政庁には，多くの権限が与えられているが，その1つひとつを大臣自らが行使することは実際には不可能である。そこで，第一

次的に行政庁に配分された行政権限を，下級行政機関に二次的に配分するシステムが必要となる。そのひとつが，権限の委任である。今日多くの法律が，行政庁がその権限を他の機関に委任することを認めている（たとえば，河川98条は，同法に定める国土交通大臣の権限の一部を，政令により，地方整備局長または北海道開発局長に委任することができると規定している）。その場合，権限は委任行政庁から受任行政庁に移り，受任行政庁は自己の名と責任で，この権限を行使する。権限の委任は権限の再配分であるから，法律に根拠がなければ行うことができず，また委任した旨を一般に公示する必要がある。

　大臣からの権限の委任は，地方支分部局の長に向けてなされることが多いが，その内部部局（つまり補助機関）に委任する例もないわけではない。この場合，後述の内部委任とは異なって，受任機関が行政庁となることに注意しなければならない。また地方自治法は，普通地方公共団体の長が，その補助機関である職員に，権限の一部を委任することができることを包括的に認めている（153条1項）。

　合議制の行政庁，つまり外局としての委員会や地方公共団体における行政委員会の権限の委任については，その権限がもともと合議制である委員会に配分されていることの意義を没却するような，独任制機関への権限の委任は許されないといえよう（たとえば，地教行組25条1項は，「教育委員会は，教育委員会規則で定めるところにより，その権限に属する事務の一部を教育長に委任し，又は教育長をして臨時に代理させることができる」としているが，同時に第2項で教育長に委任することができない事項を列挙している）。

▶ 権限の内部委任──専決と代決

　上のように，法令によって権限の委任が認められている場合でなくても，実際には行政組織の内部規定によって，補助機関が分担して権限を行使しているのが実態である。この場合には，権限の委任と異なり，権限の行使は行政庁の名で行われ，決裁した補助機関は表面に出てこない。これを専決という。さらに，行政庁が出張や休暇で不在のとき，緊急を要する案件を補助機関が一時的に代わって決裁する場合がある。これを代決という。代決の場合も，対外的にはそのことは表示されず，行政庁の名で権限行使が行われる。専決では，権限行使の判断が恒常的に補助機関に委ねられているのに対し，代決は臨時的なも

のである点で，両者は異なる。

　権限の内部委任は，行政作用法上権限が組織の長（つまり行政組織法上の行政庁）に集中している現行法制下では，ある面では必然的な現象である。しかし，法律の文面・法令上の権限の所在と実際の権限の行使とが大きくかけ離れることにもなり，好ましいことではないし，法治主義の原理からして問題となる。また，合議制行政委員会の職員の処分権限の委員長（または会長）による専決など，公平・慎重審議・決定という法の趣旨を損なうような専決・代決の方法は，違法と解すべきであろう。

　さらに，専決権者が違法な決裁を行った場合，たとえば財務会計上の違法行為を行ったような場合，一体誰がどのような責任を負うのかという問題がある。これについては，たとえば，改正前の地方自治法242条の2第1項4号に基づく代位請求住民訴訟（住民が当該地方公共団体に代位して「当該職員」に対して損害賠償等を求める，いわゆる4号請求）において，誰が「当該職員」にあたるかという形で問題となった。最高裁は，地方公共団体の長や地方公営企業の管理者など，法令上権限を与えられた者の責任については，専決権を与えられた補助職員が，長などの権限に属する当該財務会計上の行為を専決により処理した場合には，長などは，その補助職員が当該違法行為をすることを阻止すべき指揮監督上の義務に違反し，故意または過失によりその違法行為を阻止しなかったときにかぎり，賠償責任を負うものと判示した。また，地方公共団体の内部で，訓令などの事務処理上の明確な定めにより，当該財務会計上の行為につき専決権を与えられた職員も，「当該職員」にあたるとされた（最判平3・12・20民集45・9・1455および1503）。したがって，長などは専決権を任された職員に対する指揮監督上の責任を問われるのであり，当該違法行為それ自体の責任は専決権を有する職員が負うこととされた。ただし，2002年改正の現行地方自治法では住民訴訟制度（第6章Ⅲ，第24章Ⅲ参照）が改められ，このような場合いずれも執行機関としての長を被告として，長や補助職員に対して損害賠償を求め，あるいは賠償命令を出すよう，請求することになっている（242条の2第1項）。

2 代理

▶ 代理の意義とその種類

　代理とは，権限行政庁が何らかの理由によって権限行使ができないとき，他の機関が行政庁に代わって決裁を行うことをいい，権限庁とともに代理機関の名も表示して当該行為が行われる。代理には代理関係の発生原因により，法定代理と授権代理の2つのケースがあるが，いずれも委任の場合と異なり，権限の移動は生じない。

　そのうち法定代理は，代理されるべき行政庁，代理者，そして代理の要件などが法律によって定められている場合をいう。被代理庁に事故があったり，欠けたりした場合にこの代理が行われるのが通例であり（たとえば，自治152条），代理の範囲は被代理庁の権限のすべてに及ぶと解されるが，たとえば，副知事や会計管理者の選任のような，知事に固有の権限（同162条・168条）は，代理になじまない。

　授権代理は，被代理庁が代理機関を指定して，その者に自己の権限の一部を授権することによって生ずる（授権代理の場合は権限の全部を授権することは許されないと解されている）。授権代理に法令の根拠を要するかどうかについては学説の対立があるが，一般には明示の根拠は要しないと解されている。

Ⅲ　行政機関相互の関係

1　行政庁と補助機関

▶ 行政庁の補助機関に対する権限

　すでに述べたように，行政体にはいろいろな種類があるし，またひとつの行政体にも，さまざまな行政機関がある。こうして多種多様な行政機関が存在し，また相互に独立対等な場合もあるし，上下の関係にある場合もあるわけであるが，それらは，必要がある場合にはできるだけ連係を図り，また一体性をもって行政目的の達成に努めなければならない。そこで，多種多様な行政機関が，いかなる原理に従ってそれぞれの関係を取り結んでいるかが，問われなければならないが，そのことをまずひとつの行政組織における行政庁と補助機関の関係からみてみよう。

行政庁は，ほとんどの場合，自己を輔佐する補助機関によって支えられている。そして，補助機関は階層的に上下関係をもって構成される。たとえば，国家行政組織においては，事務次官—局長—（部長）—課長—……という系列となる。そしてこれらの補助機関が行政庁の権限である事務を分掌し，あるいは権限を行使することになる。行政庁は，これらの補助機関に対して，「事務を統括し，職員の服務について，これを統督」し（行組10条），あるいは「その補助機関たる職員を指揮監督する」（自治154条）。また，訓令・通達を発し，内部規程に基づいて権限を各機関に内部委任し，代理を命じ，人事権を行使する。

2 同一行政組織内における行政庁相互の関係

▶ 上下の行政庁相互の関係

同一組織内における上下の行政庁間には，一体となって行政目的の統一的遂行にあたり，また行政庁の意思の統一を図るために，権限の委任と監督という2つの関係がある。

(1) 権限の委任 すでにのべたように，上級行政庁は，法令に基づいて自己の権限の一部を下級行政庁に委任することができる。あるいはまた，その補助機関に対して，基準を定めて権限を分担管掌させることができる（内部委任あるいは専決・代決）。さらに，場合によっては，異なる行政組織の行政機関に権限を委任することもある。ただし，この場合は，権限の委任によって委任庁と受任庁との間に上下の関係が生ずるわけではない。

(2) 権限の指揮監督 上級行政庁は，下級行政庁の権限行使に対して指揮監督権を認められていると解される。これは，下級行政庁の権限行使の適法性と合目的性を保障するとともに，国の意思の統一的実現を図るためである。この監督権は，つぎのようなものを含むといわれている（参照，塩野宏『行政法Ⅲ（第4版）』39頁以下）。

まず第1は，監視権である。これは「報告を徴し，書類帳簿を検閲し，実地に事務を視察する等の権限」（田中）とされる。

第2に，許認可権があげられる。これは，一定の事項について，下級行政庁が権限行使する際に，あらかじめ上級庁の承認を得ることを義務づけるものである。ここでいう許認可や承認という行為は，後で述べる行政行為としての許

可や認可ではなく，内部行為としての上級庁の事前の同意であり，抗告訴訟の対象とはならないといわれている（参照，最判昭53・12・8民集32・9・1617）。予防的監督の一種である。

　第3に訓令権がある。これは上級行政庁が下級行政庁の権限行使のありようを，指示や基準を含む訓令・通達を発することによって，指揮監督するものである。訓令権は，裁量権の行使や新たな事例への対応等，全国的に統一的な行政を行うために必要とされる。ただし，訓令はあくまでも内部的規律であるから，下級行政庁が訓令に反する行為をしても，それは当然に違法となるものではない（この点は上記の許認可の場合も同様である）。

　第4に，取消し・停止権がある。上級行政庁は，不服申立てにおける審査庁となったときに，下級行政庁の処分を取り消したり変更したりすることができるが，このような申立てを待たずに上級行政庁が自主的な判断（職権）で，これを行えるかどうかについては，争いがある。明文の定めを要しないとする説もあるが，法の根拠が必要とする説も有力である。明文の定めの例としては内閣法の，行政各部の処分または命令に対する内閣総理大臣の中止権についての定め（内8条）や，地方自治法の，「普通地方公共団体の長は，その管理に属する行政庁の処分が法令，条例又は規則に違反すると認めるときは，その処分を取り消し，または停止することができる」との定めがある（自治154条の2）。いずれにしろ，これは許認可と異なり，事後的，矯正的監督手段である。

　最後に，下級行政庁相互の主管権限争議の裁定権がある。すなわち，下級行政庁相互の間に権限をめぐって紛争のあるときには，それらが共通に属する行政組織の長たる行政庁が，これを裁定する。国の場合には，各省大臣の間で紛争のあるときには，内閣総理大臣が閣議にかけてこれを決する（内7条）。

3　国と地方公共団体の行政機関相互の関係

▶ 国の関与と法定主義

　2000年3月31日まで存在した機関委任事務においては，国の事務を委任された地方公共団体の機関は，国の機関とされ，主務大臣の指揮監督下にあるものとされた。このような関係は，同年4月1日の地方分権推進一括法の施行によって消滅し，国の機関と地方公共団体の機関とが上級・下級の関係で結ばれる

ことは基本的になくなった。とはいえ，地方公共団体の機関が国の関与を免れているわけではなく，新しく設けられた法定受託事務・自治事務についてそれぞれ権力的・非権力的関与を受けることが規定されている（この関与についてくわしくは，第5章Ⅲを参照）。

4 対等な行政庁相互の関係

▶ 相互の権限の尊重

　対等の関係にある行政庁間では，互いの権限を尊重しなければならないとされ，複数の行政庁の権限にまたがる事項については，「協議」によって（たとえば，河川35条は，河川の流水の占用許可（23条）や河川区域内の土地の占用許可（24条）を行うにあたって，国土交通大臣が関係行政機関の長に協議しなければならないと規定する），解決が図られることになっている。しかし，これまでも国の省庁間における縦割行政の弊害が指摘されてきたところであり，内閣の総合調整機能や，国会の政策決定機能の強化が必要であろう。

★コラム7　「庁」という字

　庁という字は，「廳」という字の略字である。广（まだれ）に聽という字が入り，役人が人民から聞き取りをする家をさすようになり，役所，官衙を意味するようになったという（新漢語林）。日本では，庁の使用は，勘解由使庁（地方行政の監査を掌った機関），検非違使庁（京都の警察を掌った機関）などが古い例であろう。それぞれ長官あるいは別当以下の官職からなる組織をいう。庁という字のこうした使い方は，今日まで使い続けられ，国家行政組織法でも，国の行政機関の1つの種類を表すものとして使われるほか，県庁，支庁（自治155条），警視庁，東京消防庁などの地方公共団体の行政機関にも使われる。

　こうした使い方と異質なのが，行政官庁もしくは行政庁という場合の「庁」である。さらに「官庁」という言い方自体が「省」などの行政組織全体を意味して使われるから，なおさらわかりにくい。本文でも述べたように，行政庁とは一般に，各省大臣など，行政組織の中の1つのポストのみをさしていう。したがって，気象庁というように，全体をさして行政機関といい，そのうちの気象庁長官のみをさして行政（官）庁というと混乱するように思う。しかも，こうした行政庁をさらに「権限庁」「処分庁」「不作為庁」「上級庁」「下級庁」などと呼び分けたりもするから，学生諸君も大変である。

　かつて美濃部博士は，次のように書いていた。「独任制の官廳に在りては法律上の決定権は長官にのみ属するものなるを以て厳格に言えば長官のみが官廳を構成す

るものなりと雖も，其の事務を補助するためには数多くの補助機関が之に付属し，官廳の権能は其の補助を待ちて行わるるものなるを以て，長官及び補助機関の全体を一体として思考し，之を一の官廳なりと称するを妨げず」（『行政法撮要　上巻』，原文は片仮名）。長官が官廳であるが，全体も官廳と称して良いというのでは，やはり概念の把握が困難になるのもやむをえないところであろう。

〔高橋　洋〕

第**8**章

行政体の人的要素——公務員

I　公務員の意義・種別・任免

1　公務員の意義と種別

▶ 公務員の概念

　前章でみたように，行政体が行政を行うというとき，それを実際に行っていたのは行政機関であった。そしてその行政機関を担うのは生身の人間であるが，その人間は行政体と一定の勤務関係にあり，その法的関係に基づくさまざまな権利義務を有している。このような行政体との勤務関係に着目するとき，それらの者を公務員という。つまり公務員とは，一般に，国や地方公共団体などに勤務し，それらの機関の地位にある自然人である。この勤務関係は，本質的には一般企業における労働者のそれと異ならないが，その職務の特殊性に基づくさまざまな制約が課せられているとともに，他方で，また一定の身分保障も法定されている。

　憲法は，このような公務員の選任や任務につき，明治憲法が，天皇大権のひとつとして官制大権を定め（明憲10条），官吏を天皇の官吏として天皇とその政府に忠誠を誓う存在としたのに対し，公務員の選定罷免権は国民固有の権利であるとし（憲15条1項），また，「すべて公務員は，全体の奉仕者であつて，一部の奉仕者ではない」（同2項）と規定して，現行憲法下での公務員が，明治憲法下の官吏とはまったく異なる基盤と性格をもつことを明らかにしている。

▶ 特別職公務員と一般職公務員

　国家公務員法および地方公務員法は，国家公務員の職と地方公務員の職を，特別職と一般職とに分け，一般職公務員にのみ公務員法を適用することとして

いる。特別職公務員には，行政機関以外の公務員，政治的任用職，臨時・非常勤の職員などがあげられているが，明確な基準は示されていない。国家公務員の場合，一般職か特別職かについて争いのあるときには，人事院が決定することとなっている（国公2条4項）が，地方公務員法にはそのような規定はない。

▶ その他の公務員の種類

特別職と一般職との区別以外に，つぎのような公務員の種別を考えることができる。

(1) **国家公務員と地方公務員**　国によって任用され，国の行政機関として公務に従事し，国から給与等を受けている者を国家公務員といい，地方公共団体とそのような関係にあるものを地方公務員という。ただし，都道府県の公務に従事していても，警視正以上の階級の警察官（地方警務官という）は国家公務員とされ（警察56条），また，2000年3月31日まで，地方自治法施行規程69条の指定する健康保険法や厚生年金法，あるいは職業安定法などの施行に関する事務に従事する職員は，都道府県知事の指揮監督を受けながら身分は官吏（国家公務員）とされ（旧地自附則8条），これを地方事務官といっていた。この制度は，戦後地方自治法施行による都道府県の完全自治体化にともなう暫定的な措置であったが，半世紀以上にわたって存続してきた。しかし2000年4月施行の地方分権推進一括法により，それらの事務の多くが機関委任事務から国の直接執行事務とされたのに伴い，地方事務官制度は廃止され，職員は指揮監督上も国家機関として位置づけられた。

(2) **現業公務員と非現業公務員**　一般職公務員のうち，国の行政執行法人などまたは地方公共団体の経営する企業，および特定地方独立行政法人に勤務する公務員（行執法労2条，地公企2条，地公労3条），ならびに単純な労務に雇用される地方公務員（地公労附則5項）は，現業公務員とよばれ，労働関係について，争議権は否定されているものの，団結権と団体交渉権が認められ，さらに，現業地方公務員については政治的行為に関する制限条項の適用もない（地公企39条2項，地公労17条，地公労附則5項，なおⅡ2参照）。現業公務員以外の公務員は，非現業公務員である。

また，このほかにその職の特殊性に基づいて公務員法の特例が別に法律で定められ，一般の公務員法とともに，このような特例法の適用をうける公務員を

特例公務員ということもある（たとえば，教育公務員特例法が適用される教育公務
員など）。

　以下では，主に一般職非現業公務員を念頭において，概説することにする。

2　公務員の任用

▶ 成績制

　公務員の任用については，歴史的にいくつかの類型を指摘することができる
が，今日の日本でとられているのは，成績制ないし資格任用制（merit system）
というシステムである。この制度は，公務員を任用するに際しては，情実によ
るのではなく，本人の能力によるというものである。国家公務員法は「職員の
任用は，この法律の定めるところにより，その者の受験成績，人事評価又はそ
の他の能力の実証に基いて行わなければならない」（国公33条1項，同旨・地公15
条）として，能力による任用を原則とすること，すなわち成績制を採用するこ
とを明らかにしている。

▶ 人事院・人事委員会・公平委員会

　公務員の人事を公正かつ科学的に行うために，国については人事院が，地方
公共団体においては人事委員会ないし公平委員会が置かれる。人事院は，人事
官3人からなる独立行政委員会であり，その職責は，大きく分けると，まず第
1に，国家公務員の勤務条件や人事行政の改善などについて勧告を行うこと，
第2に，試験などの公務員の任免に関すること，さらに，勤務条件に関する措
置要求や公務員に対する不利益処分に対しての不服申立てを審査・決定するこ
と，そして4番目に，その所掌事務について規則を制定すること，などをあげ
ることができる（国公3条ほか）。都道府県や政令指定都市などに置かれる人事
委員会についてもほぼ同様であるが，公平委員会は，その職責が，主に勤務条
件に対する措置要求および不利益処分に対する審査・決定に置かれている（地
公8条）。

▶ 昇任

　公開の試験制度は，有能な人材を広く集めるために合理的であるとともに，
国民に対して，公務員になる機会を平等に開放する点でも必要な制度である。
しかし，現実には，採用の段階では，広く試験制度がとられているものの，昇

任にあたっては，競争試験を原則としつつも（国公37条1項），「勤務実績に基く選考」による昇任（同条2項）を行うことができることとされており，昇任試験はあまり行われていないのが実態である。この選考においては，人事権者の裁量の余地が大きく，結局採用時における試験の区分（たとえば，国家公務員採用総合職試験，一般職試験の区分）が生涯にわたってつきまとうことになる。

3　公務員の免職

▶ 免職

　免職を広く公務員が公務員たる身分を喪失することと解すると，その意味での免職には，辞職，定年退職，失職，分限免職，懲戒免職などの類型が存する。それらについて，順次みていくことにする。

　辞職は，公務員本人の意思によって，公務員たることを辞めることであり，依願退（免）職ともいわれる。法に規定はないが，公務員関係が強制によるものでない以上，辞職が認められるのは当然であろう。ただし，公務員に非違行為があり，懲戒免職がなされるべき場合には，辞職願を留保し，懲戒免職にすることや，停職や戒告の処分をした上で辞職を認めることも可能である。

　定年退職については，かつては，公務員法に定年の規定がなく，法的には本人の意思で辞めないかぎりいつまでも勤務することが可能であったが（もっとも，勧奨退職制がとられ，退職金の割増しなどの優遇措置を通じて退職を事実上強制する措置がとられていた），81年の法改正によって定年制が導入され（85年実施），一部の例外を除いて，60歳が定年と定められた（国公81条の2第2項）。ただし，高級公務員ないし役職者については，組織の新陳代謝・活性化を理由として，定年年齢以前の退職が勧奨退職として行われており，そのことが天下りのひとつの理由ともなっている。

　失職とは公務員法が定める欠格条項（国公38条，地公16条）に該当し，当然にその身分を失うケースである。この場合には，任命権者があらためて処分する必要はないとされる。分限免職とは，法律上の一定の事由（国公78条，地公28条）に基づいて公務員の身分を失わせる行為であるが，公務員個人の非行もしくは違法行為を前提としない点で，懲戒免職とは異なる。懲戒免職は，公務員の義務違反もしくは違法行為に対する懲罰として行われる処分である（なお後

述のⅡ2および3を参照）。

Ⅱ　公務員の権利と義務

1　公務員の勤務関係

▶ 新しい考え方

　かつては，公務員の勤務関係は，ドイツ公法学の理論に基づいて特別権力関係であるとされた。この特別権力関係論（第3章参照）は，官吏としての特権と無定量の忠誠義務からなる戦前の官吏制度に適合的な理論であった。しかし今日においては，公務員について国家公務員法および地方公務員法などの法律が詳細な定めを置き，また，公務員に対する不利益処分に対しては，不服申立前置主義をとりつつ，取消訴訟の提起を認めているから（国公90条〜92条の2，地公49条の2〜51条の2），伝統的特別権力関係論は実定法上も根拠を喪失し，判例でも，特別権力関係論に立った理由づけはみられなくなってきている。その任命行為を行政行為（いわゆる設権行為）ととらえるにせよ，あるいは形式的行政行為ととらえるにせよ，公務員の勤務関係それ自体については，労働契約関係ととらえることができよう。ただし，公務員の職務の特殊性に基づいて，法令によって，一般私企業労働者とは異なる一定の特別の扱いがなされることにも合理性があることはいうまでもない。判例は，現業公務員の勤務関係も基本的には公法上の関係であることを否定することはできないとしている（最判昭49・7・19民集28・5・897）。

2　公務員の権利

▶ 給与請求権

　公務員は，その労働に対する対価として，給与を支給される権利を有する。給与は，国家公務員の場合，法律により定められる給与準則に基づいて（国公63条1項），地方公務員の場合は，条例に基づいて（地公25条1項）支給される。条例に基づかない，いわゆる熊本市の昼窓手当が違法とされた例がある（最判平7・4・17民集49・4・1119。ただし，福岡高判平5・2・23判時1465・82は，同手当の支給は条例による市長への委任の範囲内であるとして違法ではないとしている）。

そのほか，金銭的給付に関する権利としては，公務災害補償請求権（国公93条，国家公務員災害補償法，地公45条，地方公務員災害補償法），退職手当・年金請求権（国公107条ほか）などがある。

▶ 分限上の権利

　公務員がその意に反して降任，休職，免職されるのは，法律に定められた場合にかぎられる。これを分限処分という（分限とは公務員の身分についての変化という意味である）。降任，免職にあっては，①人事評価または勤務の状況を示す事実に照らして，勤務実績がよくない場合，②心身の故障のため，職務の遂行に支障があり，またはこれに堪えない場合，③その他その官職に必要な適格性を欠く場合，④官制もしくは定員の改廃または予算の減少により廃職または過員を生じた場合であり（国公78条，地公28条1項も同様），休職については，①心身の故障のため，長期の休養を要する場合，②刑事事件に関し起訴された場合（国公79条，地公28条2項）である。こうした身分上の保障は，公務員が，さまざまな圧力に抗して公務を適正に遂行するためのものである。

▶ 労働基本権

　公務員も憲法でいう「勤労者」（憲28条）であり，労働基本権の保障が及ぶものと解されるが，現状においては，大きな制限の下に置かれている。すなわち，警察職員，消防職員，海上保安庁の職員，刑事施設の職員，自衛隊員は，労働三権のすべてを否定され，一般職・非現業の公務員は，団結権はあるが，団体協約を結ぶ権利がなく，現業公務員は，団結権と団体交渉権までは認められているが，他の公務員同様争議権を否定されている。このような制限の根拠としては，公務員の地位の特殊性および職務の公共性，公務の停廃が国民全体の共同利益に重大な影響を及ぼすこと，勤務条件が法定されていること，代償措置があること（人事院勧告）などがあげられているが（最大判昭48・4・25刑集27・4・547），公務員も「勤労者」であることから，このような広範な労働基本権の制限は違憲の疑いが強い。

▶ 市民的・政治的権利

　公務員も一市民としては，他の市民と同等の市民的・政治的権利を享受しうるはずであるが，現実にはその政治活動について大きな制約がある（国公102条，地公36条）。この点も憲法上の重要な争点である（最判昭49・11・6刑集28・

9・393, さらに最判平24・12・7 刑集66・12・1337)。

3 公務員の義務

▶ 公務員の義務とその違反に対する制裁

国家公務員法は, その第7節で「服務」について規定し, 多くの公務員の義務を定めている (服務とは公務員の勤務のあり方を意味する)。それは, ①服務宣誓義務 (97条), ②法令遵守, 職務命令遵守義務 (98条1項), ③争議行為の禁止 (98条2項・3項), ④信用失墜行為の禁止 (99条), ⑤守秘義務 (100条), ⑥職務専念義務 (101条), ⑦政治的行為の制限 (102条), および⑧私企業からの隔離 (103条) などである。

これらの義務に違反すると, 刑罰を科されたり (たとえば, 守秘義務違反, 争議行為のあおり等の場合), あるいは懲戒処分を受けることがある。懲戒処分は, 免職, 停職, 減給, 戒告の4種類であるが, それは, ①国家公務員法または同法に基づく命令違反, ②職務上の義務に違反し, または職務を怠った場合, および③国民全体の奉仕者たるにふさわしくない非行のあった場合に行われることになっている (82条)。公務員の私生活上の非違行為を理由に懲戒処分が行われることが少なくないが (たとえば飲酒運転など), 行政体には, 公務員の私生活まで管理する権限があるのか疑問視する見解 (室井力, 阿部泰隆) もあり, このような懲戒処分のあり方には問題がある。

また, 刑法によって, 一定の行為が犯罪とされ, 処罰される場合がある。公務員職権濫用罪 (刑193条), 特別公務員職権濫用罪 (刑194条), 特別公務員暴行陵虐罪 (刑195条), 収賄罪 (刑197条), およびあっせん収賄罪 (刑197条の4) などがその例である。

さらに, 1999年8月に国家公務員倫理法が成立した (2000年4月1日施行)。この法律は, 高級官僚に対する相次ぐ贈収賄事件や「過剰接待」事件を契機として制定されたものである。そこでは, 公務員が遵守すべき倫理原則として, ①職務上知りえた情報について国民の一部に対してのみ有利な取り扱いをするなど, 国民に対して不当な差別的取扱いをしてはならないこと, ②常に公私の別を明らかにし, その地位や職務を自らや自らの属する組織のための私的利益のために用いてはならないこと, ③権限の行使にあたって, 国民の疑惑や不信

を招くような行為をしてはならないことが掲げられ（3条），そのような原則の実現のために，本省課長補佐級以上の地位の公務員については，贈与などを受けた場合の報告義務やその公開制度，そして本省審議官級以上の高級公務員については，株取引や所得等の報告義務が課されることになった。

4 公務員制度の改革の動向と問題

▶ 制度改革の動き

近年，公務員制度は大きな改革・変化の波を受けつつある。そのひとつは，独立行政法人化による，その職員の公務員としての身分の喪失および変更である。第2は，行政改革の一環としての，公務員法の改正を中心とする公務員制度改革の動きである。以下では，簡単にこれらの骨子を紹介するとともに，その問題点について検討しておくこととしたい。

▶ 独立行政法人化と非公務員化

2014年6月に成立（2015年4月1日施行）した改正独立行政法人通則法は，役職員を公務員とするかどうかで分けていた，それまでの特定独立行政法人（役職員が公務員）と非特定独立行政法人との二分法から，中期目標管理法人，国立研究開発法人そして行政執行法人の三分法とし，行政執行法人のみその役職員を公務員とすることにした（くわしくは第5章IIを参照）。行政執行法人は2015年4月1日現在7法人であり，その常勤職員数は約7300名である。これら職員は一般職の公務員とされるが，「行政執行法人の労働関係に関する法律」（「公共企業体等労働関係法」を改正した「国営企業労働関係法」を改正した「国営企業及び特定独立行政法人の労働関係に関する法律」をさらに改正した「特定独立行政法人等の労働関係に関する法律」を改正したもの）が適用され，団結権，団体交渉権は認められたが，争議権の禁止は依然として維持されている。その他の2種類の独立行政法人の職員は公務員ではなく，それぞれの法人と雇用契約を結ぶ労働者である。ただし，その「役員及び職員は，刑法その他の罰則の適用については，法令により公務に従事する職員とみな」される，いわゆる「みなし公務員」たる地位にある。また，国立大学については，国立大学法人法が制定され（2003年7月），その教員は，国家公務員たる文部教官から非公務員たる国立大学法人職員となった。

▶ 公務員制度改革の動向

公務員制度改革の動きは，2000年12月に閣議決定された行革大綱に公務員制度改革が盛られたのに続き，2001年3月には内閣官房行政改革推進事務局公務員制度等改革推進室によって「公務員制度改革の大枠」がつくられ，ついで同年6月に「公務員制度改革の基本設計」，そして同年12月に「公務員制度改革の大綱」が相次いで閣議決定されるなど，急ピッチで進められた。しかし，経済産業省のキャリア組官僚が中心となって立案されたといわれるこれらの構想には批判も強く，2004年の新行革大綱には公務員数の削減は盛られたものの，制度改革そのものは先送りされた。しかし，2008年に至り，国家公務員改革基本法が成立した。そして，同法に基づいて内閣に国家公務員制度改革推進本部が置かれ，再び制度改革が動き出すことになり，政府は，2011年の通常国会に国家公務員制度改革関連4法案（国家公務員法改正案，国家公務員の労働関係に関する法律案，公務員庁設置法案，および関係法律の整備等に関する法律案）を提出した。

▶ 改革案の内容

2000～2001年の改革案の柱は以下のようなものであった。すなわち，①人事院の権限を縮小し，各省大臣を「人事管理権者」として制度上明確に位置づけること，②職員の配置に関して「能力等級制度」を設けて，能力主義に基づいた職員管理を行うこと，③関連して，能力主義の観点から給与制度も変更すること，④「国家戦略スタッフ」というポストを創設し，官僚を含めて内外から国家の重要政策の企画立案・総合調整などに従事する職員を任用・配置すること，⑤天下り規制の見直し，などであった。

それに対して，2008年の改革基本法で取り上げられたのは，主として，政治主導の幹部人事の確立を図るということである。その内容としては，第1に内閣官房に「国家戦略スタッフ」を，各府省に「政務スタッフ」を置くとして，優秀な国家公務員の抜擢人事を行うことを明らかにし（5条1項），第2に「事務次官，局長，部長その他の幹部職員」と「課長，室長，企画官その他の管理職員」とを一般職員から区別し，特に幹部職員の任用については，「内閣官房長官が，その適格性を審査し，その候補者名簿の作成を行うとともに，各大臣が人事を行うにあたって，任免については，内閣総理大臣及び内閣官房長官と

協議したうえで行う」として，幹部職員の人事を内閣総理大臣（官房長官）の下に一元化すると同時に，幹部職員および管理職員の任用にあたっては，府省横断的な人事や，「国の行政機関の内外から」人材の登用に努めるとして，いわゆる政治的任用職としての運用も視野に入れている（5条2項，なお6条5項）。そして第3に，幹部職員等の各府省ごとの定数の設定や改定，あるいは幹部候補育成課程に関する統一的な基準の作成や運用を図るなど，幹部職員等を内閣官房において一元的に管理することとし（5条4項），そのための機関として内閣人事局を置くこととしている（11条）。第4に，こうした幹部登用の入り口としての採用試験を見直して「イ　総合職試験，ロ　一般職試験，ハ　専門職試験」とするとしている（6条1項）。そして第5に，これらの幹部職員等を「総合的かつ計画的に育成するための仕組み」を整備するとしている（6条3項）。こうした幹部人事を独立に取り上げて整理したことが，この改革基本法の大きな特徴である。

　その一方で，職員に対しては「倫理の確立及び信賞必罰の徹底」（9条）を求めるとともに，「職員が意欲と誇りを持って働くことを可能とするため」（10条）の措置を講ずるとして，アメとムチを使い分けている。さらに労働基本権について，「協約締結権を付与する職員の範囲の拡大に伴う便益及び費用を含む全体像を国民に提示し，その理解のもとに，国民に開かれた自律的労使関係制度を措置する」（12条）として，非現業公務員への団体交渉権・協約締結権の付与に前向きの姿勢を示した。

　また，この改革基本法は，前述のように内閣に内閣総理大臣を本部長とする「国家公務員制度改革推進本部」を置くとしたが，そこでの議論をふまえて，国家公務員制度改革関連法案が2011年6月に国会に提出された。この法案は衆議院の解散によって審議未了となったが，その後2014年4月に至って，「国家公務員法等の一部を改正する法律」が成立した。当初の案に比べると，その内容は後退したものとなったが，主眼である幹部職員の人事を内閣が掌握するという「改革」は成立した。以下その主な内容をみておこう。

　改正法には，国家公務員法の一改正等，本則だけで計17本の法律の一部改正を規定し，附則でさらに恩給法他30本以上の法律の一部改正が盛られている。そのうち重要と思われるのは，国家公務員法の改正，内閣法の改正，そして自

衛隊法の改正である。国家公務員法の改正では、第3章第2節に新しく第6款「幹部職員の任用等に係る特例」が挿入され、第1に、内閣総理大臣（およびそれを委任された内閣官房長官）が幹部職員（庁の長官、各省事務次官、局長もしくは部長、ないしそれに準ずる者（国公34条1項6号））や「幹部職の職責を担うにふさわしい能力を有すると見込まれる者として任命権者が内閣総理大臣に推薦した者」等について、その「適格性」を審査し、適格と認めた者を「幹部候補者名簿」に記載し（国公61条の2）、幹部職への任用は、そこに記載されている者の中からすることとし（同61条の3）、さらに任命権者は任用の際には、内閣総理大臣及び内閣官房長官との協議に基づいてするとされた。同様のことが自衛隊についても適用される（自衛31条の3他）。そして内閣法の改正によって内閣に官房副長官を局長とする内閣人事局が置かれ（内21条）、適格性審査など、幹部職員の「一元管理」を行うこととなった。

　こうした幹部職員の内閣による任用管理は、その適格性審査に政治的視点が持ち込まれ、従来の成績制による人事の原則を、政治的任用に大きく変化させることにもなりかねない。政権交代による幹部職員の大幅な交代が可能になるとすれば、新政権の政策の実施には好都合であろうが、時の政権の政策に迎合する幹部職員を大量に生み出しかねず、逆に政権交代時に混乱をもたらしかねない。キャリア制度の下でそれほど大量の交代要員がいるとも思えないからである。この幹部職員任用制度は、両刃の刃であることをみておく必要がある。

　反面で、2011年の改革関連法案に盛られていた人事院の廃止や国家公務員の団結権および団体交渉権の承認は見送られた。しかしこれを機に、人事院制度の功罪について、十分な検討を行うことが求められよう。

★コラム8　独立行政法人の職員の身分

　人事院の『公務員白書』（平成27年版）によると、一般職国家公務員の数は、平成10年代前半の約80万人から平成27年度の約34万2千人まで、急速に減っている。これは、国立大学が国立大学法人に移行したこと（12万6千人）、そして郵政公社の民営化（約25万4千人）の影響が大きい。独立行政法人の発足もこの流れのなかにある。公務員の身分が維持されたものもあるが、2015年4月1日現在7法人約7300人にとどまっていることは、本文でもふれたところである。さらに社会保険庁を改組した日本年金機構のように特殊法人化されたものもある。

こうして数だけは減った国家公務員なのであるが，しかし，民営化されたものも含めて，業務が不必要となって組織そのものが廃止・解消されたものは少ない。業務は必要なのであるから，国庫からの支出によって維持されているのが実情である。ウィキペディア（「独立行政法人」で検索されたい）によれば，98独立行政法人のうち92法人に合わせて2兆8千億円余が支出されている。そうすると，独立行政法人だけに話を絞っても，行政執行法人以外の91法人は，身分上は公務員ではなくなっても，やっていることも給料の出所も何も変わっていないということである。そうすると，法律の規定1つで公務員の身分を与えたり，奪ったりということの合理性がどこにあるのかという問題が出てくるだろう。最高裁は，公務員に対して労働基本権を制限することの合憲性の説明として，「公務員の地位の特殊性と職務の公共性にかんがみるときは，これを根拠として公務員の労働基本権に対し必要やむをえない限度の制限を加えることは，十分合理的な理由がある」（最判昭48・4・25刑集27・4・547〔全農林警職法事件〕）と述べるのであるが，その合理性については厳格な審査が必要だということである。

　また，日本は公務員の数がそんなに減らさなければいけないほど多いのか，という問題もある。前田健太郎『市民を雇わない国家』（東京大学出版会，2014年）は，人口比において日本の公務員数はOECD加盟国中最低であり，その要因が人事院勧告制度による公務員給与の増大圧力によって，日本が早くから公務員の増加に歯止めをかけてきたことにあるという，興味深い結論を示している。

〔髙橋　洋〕

第Ⅲ部

行政活動の法的しくみ

第**9**章

行政活動とは何か

I 概　説

▶ 現代の行政活動の多様化とその手段

　われわれの日常生活は，国や地方公共団体などの行政活動ときわめて密接に関係している。19世紀的自由国家の下においては，行政は市民の私的自治に介入すべきではなく，その役割は国家の法秩序を維持するための必要最小限度の権力行使に限定されていたが，現代国家においては，資本主義社会の社会的・経済的矛盾を背景に，国家理念は自由国家から福祉国家へと変容し，行政は，従来の秩序維持行政活動にとどまらず，積極的に国民の生活のなかへ入り込み，国民の社会権（憲25条）の実現をめざして行われるさまざまなサービス提供活動の重要性が高まっている。このような現代の行政活動の役割に応じて，また，環境権，景観権，知る権利，プライバシー権など国民の新しい権利意識の展開にもよって，行政活動の対象領域は拡大し，さらにその目的を達成するための手段も複雑・多様化している。

　こうして実際の行政活動においては，行政行為や行政強制など命令・強制をともなう権力的手段や，行政指導や行政契約など命令・強制をともなわない非権力的手段が，各々の行政目的に応じて用いられているが，とくに，現代行政においてはさまざまな分野において，非権力的手段が用いられる行政活動が増大している。また，権力的手段か非権力的手段かにかかわらず，行政活動には一般に行政庁独自の判断に委ねられる裁量の余地が認められるが，行政内容の複雑化・専門技術化にともなって行政裁量の範囲も拡大し，それにより弾力的な行政活動が行われている。さらに，行政活動の多くは，その過程に着目すれ

ば，行政計画，行政指導，行政行為など複数の段階の活動から構成されており，また，その効果の面からみると，相手方には利益処分（または不利益処分）であるが，第三者にとっては不利益処分（または利益処分）となる三極的行政法関係における二重効果的行政行為（複効的処分）もある。

Ⅱ　行政活動の展開とその種類

▶ 総説

　このように現代の行政活動は，行政目的の複雑・多様化に応じて，さまざまな手段により行われているが，それらは，2011年3月11日東日本大震災・福島第一原発事故に伴い，市町村長が立入制限・禁止・退去を命じることができる「警戒区域」（災害対策基本法63条）の設定などのように，従来一般的に，行政が国民よりも優越的な立場から国民の意向にかかわりなく一方的な判断で命令・強制する「権力的活動」と，そのような命令・強制をともなわず，国民と対等の立場において国民との意思の合致を図りながら行われる「非権力的活動」とに大別されている。さらに，権力的活動には行政立法，行政行為，行政上の強制執行，即時強制，および行政罰などが，非権力的活動には行政契約，行政指導および行政調査などの手段が含まれるとされ，また，行政計画は，国民に対して拘束力をもつか否かにより，前者に属する拘束的計画と後者に属する非拘束的計画とに分けられる。

　ここでは，これらの行政手段が実際の行政活動においてどのように用いられているかを，権力的活動の典型例のひとつとされてきた消防行政を取りあげて考察することとする。

▶ 権力的活動

　消防行政は，「火災を予防し，警戒し及び鎮圧し，国民の生命，身体及び財産を火災から保護する」（消防1条）ことを直接の目的とする行政活動であり，この目的を実現するためにさまざまな作用がみられるが，火災予防作用のなかで最も典型的なものとして，「防火対象物の改修等の命令」がある。消防法はこれについて，「消防長又は消防署長は，防火対象物の位置，構造，設備又は管理の状況について，火災の予防に危険があると認める場合，……火災が発生

したならば人命に危険であると認める場合その他火災の予防上必要があると認める場合には，権原を有する関係者……に対し，当該防火対象物の改修，移転，除去，工事の停止又は中止その他の必要な措置をなすべきことを命ずることができる。」（同5条1項）と規定している。

この命令は，前述の権力的活動のなかにあげた「行政行為」の1つであり，そのうち「防火対象物の改修・移転・除去」は作為義務を命じる「下命」，「工事の停止・中止」は不作為義務を命じる「禁止」と称される種類の行政行為である。この命令の発動の要件は，「必要があると認める場合」とされ，その内容については，「防火対象物の改修・移転……」と複数の手段があげられ，さらに命令発動の有無については，「命ずることができる」と規定されていることから，この命令は行政庁に自由な判断の余地が認められている「裁量行為」であり，法律の機械的執行として行われる「羈束行為」と区別される。

この命令の相手方が命じられた措置を講じない場合は，「2年以下の懲役又は100万円以下の罰金」（消防39条の3の2第1項）に処せられる。このように行政上の義務に違反したことに対して制裁として科せられる罰が，「行政罰」とよばれ，消防当局からの告発に基づいて裁判所が科すことになる。行政上の義務違反に対する制裁としては，この行政罰のほか，危険物の貯蔵所等の設置に係る許可の取消し（同12条の2）や違反事実の公表（通達による違反公表要綱がある）などがある。

しかし，告発により相手方に行政罰を科したとしても，火災の危険性は依然として存続しているため，場合によっては「行政上の強制執行」の手段がとられることもある。この強制執行は行政上の義務すべてについて許されるのではなく，あくまで法律の根拠があるものに限られ，現行法上は代替的作為義務（第三者が本人に代わってすることのできる義務）についての強制執行（代執行）は認められるものの，その他の義務については個別法に根拠がないかぎりは許されず，その実例も少ない。したがって，この命令により命じられる義務のうち，防火対象物の改修などは代替的作為義務であるから強制執行は可能であるが，その使用の禁止などは不作為義務であるから強制執行は許されず，せいぜい行政罰により間接的に実効性が担保されるにとどまる。

このように，行政上の強制執行は，相手方の義務の不履行を前提として行わ

れるが，消防行政のなかには，目前急迫の必要上あらかじめ義務を命じることなく直接国民の身体や財産に実力を加える作用もある。これは「即時強制」とよばれるが，消防法29条が規定するいわゆる破壊消防（延焼防止・人命救助のために火災が発生せんとし，または発生した消防対象物および土地を処分・使用制限することなど）がその典型例としてあげられる。即時強制は緊急避難的な性質をもつとはいえ強制であることにかわりはなく，その行使には法律の根拠が必要である。

▶ 非権力的活動

　以上のように，火災の予防上危険な建物等に対しては，行政行為（下命・禁止）や行政上の強制執行などの権力的手段が用意されているが，そのような消防法令に違反する事実が発見されても，直ちに命令が発せられることは実際上はまれであり，通常は勧告，警告などの名称による是正のための「行政指導」が先行している。行政指導は，相手方に一方的に義務を課すような権力的活動と異なり，相手方の任意の協力や同意を得て行政目的を達成しようとする非権力的活動のひとつであり（行手32条），この場合のような規制的指導のほかに，防災指導において法令の知識を提供したり，消防用機器の利用を指導したりするなどの助成的指導もある。

　消防当局には，行政指導を行う前段階として，火災予防上危険な実態の把握のために，建物等への立入検査や関係者への質問の権限が認められている（消防4条）。この立入検査や質問は，一般に「行政調査」とよばれるが，行政調査である質問は，元来強制的に応答させるという性質のものではなく，また立入検査もそれ自体は行政目的達成のための手段というよりは火災予防の見地からの情報収集であることから，これらについては実力行使は許されず，その実効性は罰則により担保されるにすぎないと解されている（同4条による立入検査を拒否・妨害した者は，同44条2号により30万円以下の罰金または拘留に処せられる）。

　そのほか消防当局の行う非権力的活動としては，消防自動車や消火用ホースなどの物品を購入したり，消火栓や防火水槽などの施設を設置・修理してもらうなどの，いわゆる「行政契約」があげられる。これは基本的には私法上の契約と異ならないが，公正を期すために締結手続に一定の制約がある。

Ⅲ　行政過程としての行政活動

▶ 概説

　行政活動は，たとえば租税の賦課処分や公務員の懲戒処分のように，行政庁と処分の名宛人との間の法律関係を規律する「二面関係」としてとらえられるのが一般的であるが，現代の行政活動においては，たとえば産業廃棄物処理施設の設置許可（廃棄物処理法15条1項）や原子力発電所の設置許可（原子炉等規制法23条1項・43条の3の5第1項）のように，行政庁と事業者との間の法律関係にとどまらず，当該施設の設置により生命・健康，生活環境への影響を受ける付近住民の権利利益の保護の必要性という問題が生じることから，このような行政活動は，行政庁，処分の名宛人および処分に関して利害関係を有する第三者との間の「三面（極）関係」としてとらえられる。この場合，第三者の権利利益の保護は，当該処分の手続への参加および争訟手続による救済の可否という観点から考察される必要がある。

　さらに行政法学においては，行政立法，行政行為，行政指導など個々の行為形式の法効果を考察することも重要ではあるが，現実の行政においては複数の行為形式が結合して用いられるのが通常であることから，行政過程における法現象を全体的に動態的に考察することが必要である。ここでは，その典型例として，都市計画の策定と建築確認を中心とする「まちづくりの行政」の流れをみてみよう。

▶ 行政過程としての都市計画

　都市計画を策定するにあたり，まず都道府県は，一体の都市として総合的に整備・開発・保全する必要がある区域を都市計画区域として指定する（都計5条1項）。その際，都道府県は，あらかじめ，関係市町村および都道府県都市計画審議会の意見を聴くとともに，国土交通大臣に協議し，その同意を得なければならない（同5条3項・5条の2第2項）。都市計画区域または準都市計画区域（同5条の2第1項）内では，開発行為をしようとする者は都道府県知事などの許可が必要とされ（同29条），住居を建築しようとする市民は，その計画が建築基準関係規定に適合するか否かについて建築主事または指定確認検査機関の

建築確認を受ける必要がある（建基6条1項4号）。また都市計画区域において
は，第1（2）種低層（中高層）住居専用地域，第1（2）種住居地域，商業地
域，工業地域など12種類の用途地域について，建築可能な建築物が限定される
などの規制が行われ（都計8条，建基48条），建築確認の際の基準となる。つぎ
に都道府県または市町村は，このような都市計画の案を作成しようとする場合
において必要があると認めるときは，公聴会の開催等住民の意見を反映させる
ために必要な措置を講ずるものとされ（都計16条1項），さらに都市計画を決定
しようとするときは，その旨を公告し，当該都市計画案を2週間公衆の縦覧に
供しなければならず，関係市町村の住民および利害関係人は当該都市計画案に
ついて意見書を提出することができる（同17条1・2項）などの住民参加手続が
準備されている。さらに，できるだけ早期の住民参加を図るために，土地所有
者等に都市計画の決定・変更を提案する権利が認められ（同21条の2第1項），
住民公募した意見や提案を都市計画の策定に反映させるパブリック・コメント
手続を条例により制度化する自治体も増加している。

　都市計画法に基づく工業地域指定の決定（都計8条1項1号）や地区計画の決
定・告示（同12条の4第1項）などは，判例上，当該地域内の個人に対する具体
的な権利侵害を伴う処分があったものとは認められないとの理由で抗告訴訟の
対象たる「処分性」を有しない，とされている（最判昭57・4・22民集36・4・
705，同平6・4・22判時1499・63）が，一律に「処分性」を否定することには，
裁判を受ける権利（憲32条）から問題があろう。

▶ 行政過程としての建築基準

　前述の建築主事などによる建築確認を受けることにより，建築主は適法に建
築物を建築することが可能となる。そして建築主は工事を完了したときは建築
主事の検査を申請し，建築主事は当該建築物およびその敷地が建築基準関係規
定に適合していることを認めたときは検査済証を交付しなければならない（建
基7条）。他方，市町村長など特定行政庁（同2条35号）は，建築基準関係規定
に違反した建築物などについて，当該建築物の建築主などに対して，当該建築
物の除却，移転，改築，使用禁止などを命ずることができる（同9条1項）
が，このような措置を命じようとする場合は，その相手方に対して，意見書の
提出や意見聴取の機会を与えなければならない（同9条2項以下）。この命令

は，行政行為のうち作為命令，もしくは不作為命令（禁止）に該当し，行政庁に権限を附与する裁量行為に属するといえよう。また，命令が発動される前には行政指導が行われ，相手方の任意の協力により適法な状況をつくり出すのが一般的であるが，措置を命じられた者がそれを履行しないときは，特定行政庁は行政代執行法に基づき代執行を行うことができ（同9条12項），また命令に違反した者に対しては行政罰（3年以下の懲役または300万円以下の罰金）が科される（同98条1項1号）。

Ⅳ　行政活動における裁量性と被拘束性

▶ 意義

　さまざまな行政活動の中で典型的な権力的活動である行政行為は，さまざまな観点から分類することができる。たとえば，書面など一定の形式をとることを要するか否かにより要式行為と非要式行為の区別，出願・申請など相手方の協力を要する行為と行政庁の職権で行われる行為の区別，その対象により対人行為（たとえば自動車の運転免許）と対物行為（たとえば違法建築物の除却命令）の区別などもある。また，行政行為は相手方に対して利益を与えるか，不利益を与えるかという相手方に対する法律効果の観点から，授益的行政行為と侵益的行政行為とに区別される。この区別は，行政行為の取消し，撤回の許否の問題（第11章Ⅶ「行政行為の取消しと撤回」参照）などにおいて一定の判断基準となる。また，建築確認のように，相手方には授益的であるが，第三者である周辺の住民にとっては侵益的な効果をもつ（あるいはその逆の効果をもつ）行政行為もあり，それらは二重効果的行政行為とよばれている。さらに，行政行為に対する法律の拘束の程度の観点から，行政行為が法律の規定どおりに行われねばならず，行政庁の任意的な判断が許されない羈束（きそく）行為と，行政行為の要件や内容などについて行政庁に一定の範囲で自由な判断の余地が認められる裁量行為とに区別される。

　行政行為は，国民の権利義務に関する行政庁の一方的判断による行為であるため，法治主義の原理からすれば，行政庁の恣意的判断を許さず法律の規定に基づいて行われるべきである。実際，たとえば，公安委員会は，風俗営業の許

可につき，許可の申請者が一定の事由に該当する場合は，「許可をしてはならない」（風営4条1項）と規定されているように，許可を与えるか否かについて行政庁の裁量の余地がまったくない場合も多く，こうした

図表9-1　羈束行為と裁量行為

羈束行為	裁量行為	
	羈束（法規）	自由（便宜）
司法審査が及ぶ		原則として司法審査が及ばない

法律の機械的執行として行われる行政行為を羈束行為とよんでいる。

　しかし，現実の行政はきわめて複雑かつ流動的であって，法律があらゆる場合を予想して規定することは事実上不可能である。むしろ行政庁が個々の具体的ケースに適切かつ臨機応変に対処できるように，行政行為の要件や内容などについて行政庁に判断の余地を認め，その専門的・技術的判断に委ねることが必要な場合もある。このため法律は，行政行為の要件，内容などについて行政庁に裁量を認めていることがあり，このような行政行為を裁量行為とよぶ。たとえば，道路の占有などの許可を取り消したりすることができる場合として，「道路に関する工事のためやむを得ない必要が生じた場合」（道路71条2項1号）と規定することにより，行政行為を行う場合の要件について，また，食品衛生法の規定に違反した場合は，営業の「許可を取り消し，若しくは営業の全部若しくは一部を禁止し，若しくは期間を定めて停止することができる」（食品22条）と規定することにより，行政行為の内容（行為の選択），および行政行為を行うか否かの決定について，行政庁の裁量を認めている（前者は要件裁量，後者は効果裁量とよばれる）。このほかに，行政行為をいかなる時期に行うかについての「時の裁量」，いかなる手続をとるかについての「手続の裁量」という考え方も提起されている。

▶ 羈束裁量と自由裁量の区別

　一般に羈束行為は，法律の規定に従って行われる行為であるから，その過誤は違法の問題として裁判所の審査に服するが，裁量行為においては，裁量を誤ったか否かは当・不当の問題であり，合法・違法の判断をその任務とする裁判所の審査権は及ばないことになる。しかし単純に，裁量行為に対して裁判所はまったく審査権をもたないとすることはできないとして，かつての学説は，裁量行為を司法審査が及ぶ羈束（法規）裁量行為と司法審査が及ばない自由（便

宜）裁量行為とに二分して考えてきた（表参照）。そして両者の区分の基準については，法律が行政行為の要件を明確に規定していれば覊束裁量行為とし，要件をまったく規定せず，あるいは公益概念をもって規定している場合は自由裁量行為とする要件裁量説と，行政行為の国民の権利利益に対する効果の内容により，原則として侵益的行為は覊束裁量行為，授益的行為は自由裁量行為とする効果裁量説がとなえられた。しかし，戦後憲法の下では，法律の要件・効果規定のいずれについても自由裁量行為が成り立つというのが判例・学説である（たとえば，外国人在留許可の更新について法務大臣の自由裁量行為を認めた最大判昭53・10・4民集32・7・1223〔マクリーン事件〕）一方，たとえば，土地収用法による補償金の額は「相当な価格」（71条）という不確定概念によって定められるが，これは，「通常人の経験則及び社会通念に従って客観的に認定され」，行政庁に裁量は認められない（最判平9・1・28民集51・1・147）。

　もっとも，自由裁量行為といえども本来公益の実現をめざす行為であるから，行政庁のまったく恣意的な判断が許されるわけではなく，少なくとも法律により認められた裁量の範囲内で行われるべきであろう。この点について，行訴法30条は，「行政庁の裁量処分については，裁量権の範囲をこえ又はその濫用があつた場合に限り，裁判所は，その処分を取り消すことができる」と規定し，また，義務付け訴訟（行訴37条の2第5項）および差止め訴訟（同37条の4第5項）においても，訴えに係る処分などについて，裁量の範囲の踰越または裁量権の濫用が認められる場合には司法審査の対象とされることが規定されている。このため元来裁量行為に対する司法審査の有無という観点から考えられた覊束裁量行為と自由裁量行為との区別の実益はなくなり，両者は単に裁量権の範囲に広狭の差異がある相対的な区別にすぎないと解される。

▶ **違法裁量**

　このように裁量権の踰越・濫用の法理により，裁量行為についても裁判所の実体的審査が行われるわけであるが，この踰越・濫用の認定の一般的基準としては，要件の判断に関する事実誤認（最大判昭53・10・4民集32・7・1223〔マクリーン事件〕），根拠法律の目的と異なる目的や恣意的・報復的目的からの裁量権の行使（東京地判昭44・7・8行裁20・7・842，最判昭53・5・26民集32・3・689〔個室付浴場事件〕），比例原則（実現されるべき目的とそのためにとられる措置と

の間に合理的な比例関係があること）や平等原則（特定の個人を合理的な理由なく差別しないこと）に違反する裁量権の行使などがあげられる。また，規制権限の行使（その有無や時期）について裁量が認められていても，その不行使により国民の生命・身体に対する切迫した危険が予想されるなど，それが著しく合理性を欠く場合には違法性を帯びると解される（裁量権収縮の理論）。さらに，裁量行為に対する司法審査は，このような実体的審査のほかに，相手方に対する聴聞の実施や公聴会の開催など，法令上の手続の履行の適正さ（最判昭46・10・28民集25・7・1037〔個人タクシー事件〕）や，委員会などにおける調査・審議の内容の適正さ（最判平4・10・29民集46・7・1174〔伊方原発訴訟〕）という処分に至る判断過程にも着目して行われる。

★コラム9　裁量統制における手続的審査方式

　裁量行為に対する司法審査は，行政庁の判断結果の内容それ自体に対するコントロールにとどまらず，行政庁の判断形成過程が適正に行われたか否か（行政庁の独断や他事考慮の有無，要考慮事項の考慮の有無やそのための調査審議の適否など）を審査する手続的コントロール方式を採用する判決が増えており（たとえば，東京高判昭48・7・13行集24・6＝7・533〔日光太郎杉事件〕，最判平4・10・29民集46・7・1174〔伊方原発訴訟〕，最判平18・2・7民集60・2・401〔呉市学校施設使用不許可事件〕，最判平18・11・2民集60・9・3249〔小田急高架訴訟〕など），鞆の浦訴訟（広島地判平21・10・1判時2060・3）もその1つである。

　この事案は，広島県および福山市が，歴史的な港湾施設や建造物が残る景勝地として知られる鞆の浦の一部の公有水面を埋め立てて道路用地や駐車場用地などとして整備する事業のために埋立免許の申請をしたことに対して，近隣住民等が埋立ては鞆の浦の景観を損なうものであるなどとして埋立免許の差止めを求めた訴訟である。裁判所は，鞆の浦の景観に対する地域住民の景観利益を法律上保護に値する利益であるとして原告適格を認めた上で，景観の価値は，文化的・歴史的価値を有する国民の財産ともいうべき公益であるから，埋立免許の判断をするには，「十分な調査，検討をした上慎重に行われなければならず」，「政策判断の拠り所とした調査及び検討が不十分であったり，その判断内容が不合理なものである場合には」，裁量権の範囲を超えた場合にあたるとした。そして，本件事業のうち例えば道路整備については，その改善の必要性や公共性の高さは認めつつも，埋立架橋案と山側トンネル案の道路整備効果の比較において実際に行われた調査・検討の内容を精査した上で，十分な調査・検討なしに埋立架橋案を採用した判断は合理性を欠くとし，その他の事業についても同様の審査を行った結果，本件事業の必要性・公共性の根拠とする点は，「調査・検討が不十分であるか，又は，一定の必要性，合理性は認

められたとしても，それのみによって本件埋立それ自体の必要性を肯定することの合理性を欠くものである」から，本件埋立免許を行うことは裁量権の範囲を超えた場合にあたるというべきであるとして，埋立免許の差止請求を認容した。広島県は控訴したが，その後，埋立架橋計画を撤回し，控訴審についても，口頭弁論は開かれず，埋立免許申請を取り下げる手続に入った。

〔村上英明〕

第10章

行政による規範定立

I　行政による規範定立の意義と種類

▶ 行政準則と行政基準

　行政権の機能は，もはや立法府が制定した法律の機械的執行にとどまらない。法律を具体的に執行するための基準を定めるのは行政であり，さらに法律が存在しない領域で行政が活動を行わなければならない場合には，行政はここで自らの活動のルールをも定める。

　このように，行政機関による規範の定立作用は今日多岐にわたり，かつ広範囲に及んでいる。これを行政過程論上でとらえると，法律と個別の執行活動との中間に位置する行政活動の類型をめぐる問題となる。

　行政機関による"法律の具体化"を「行政準則」の策定活動として理解すれば，その活動は相対的に以下の２つの類型から理解できる。①法律の目的を実現するために，従来からの法文形式によって法律規定を詳細化する作業である「行政基準」の策定と，②目的を実現するプロセスの設定が行政に委ねられ，目的実現に向けた諸手段が段階的に実現される作業である「行政計画」の策定である（参照，大橋洋一『行政法Ⅰ（第２版）』150頁）。このうち①が本章の検討対象となる（「行政計画」については第13章を参照）。

　「行政立法」論（行政立法とは，行政機関により制定された一般的抽象的定めであり，またその作用である）として従来論じられてきた問題も，「行政基準」論の検討内容に含まれる。しかしここでは，伝統的な「法規命令」と「行政規則」との峻別問題にとどまらず，とくに「行政規則」における「解釈規則・解釈基準・訓令通達」「裁量規則・裁量基準」「給付規則・給付基準・給付要綱」「行

政指導指針・指導規則・指導要綱」のような，狭義の「立法」には含まれない規範定立の問題も検討対象とされる。

▶ 行政基準としての法規命令

(1)　法規命令一般　　法律の委任を受けて行政が制定する立法を「法規命令」という。

　法規命令は，法規たる性格を有する（国民の権利義務にかかわる）ことから外部効果を有し，相手方私人と行政主体の双方を拘束し，紛争が生じた際に裁判所が適用するものとされる。法規命令はまた，法律に基づくルール策定であるために，従属立法として理解される（そのため「法規命令」は，「委任立法」とよばれることがある）。

　制定機関を基準に分類すると，「政令」（憲73条6号，内11条），「省令」（行組12条1項），「外局規則」（国行13条1項），「独立行政機関の規則」（会検38条，国公16条1項），「地方公共団体の長の規則」（自治15条），「普通地方公共団体の委員会の規則」（自治138条の4第2項）の区分がある。

　憲法41条は「国会中心主義」を採用する。ここで「国の唯一の立法機関」とは，国会の中心立法と国会の単独立法が原則であることを意味するが，国会中心立法の原則の例外として憲法は，議院規則（58条2項），政令（73条6号），裁判所規則（77条），および条例（94条）を定めており，「政令」以外に一般的な行政立法権を認める規定を置いていないが，「命令，規則」（81条），「命令」（98条）等の文言からみて，憲法は行政機関による行政立法権を予定すると解されている。現行憲法下での行政機関は，明治憲法下でみられた「緊急勅令」（明憲8条1項），「独立命令」（同9条），「官制令」（同10条），「軍令」（同11条）の類を制定することはできず，「法規命令」（「執行命令」と「委任命令」）のみを制定することができる。

(2)　委任命令　　「委任命令」とは，上位法の委任に基づき（たとえば「……に関する事項は，政令で定める。」といった法律上の委任規定を受けて）上位法の規定を補充するために制定される命令である。あくまでその委任の範囲内においてではあるが，委任命令において新たに権利義務を創設することができる。

　ここでの授権規定には明確性が求められる。そのため，立法権の放棄を意味する一般的・包括的委任は許されない（なお，授権の根拠法規に着目した場合，委

任命令は個々の法律による個別的な委任によって制定される命令をさす。これに対して，個々の法律による個別委任ではなく，行組12条1項・13条1項による一般的な委任に基づいて制定される命令も存在する。これを「職権命令」とよぶことがある）。

委任命令に罰則を設ける場合には，「罪刑法定主義」の原則から具体性・明確性・限定性が要請される（なお，一般職国家公務員に罰則で禁止される「政治的行為」の具体的な内容を人事院規則に授権する国公102条1項の「人事院規則で定める政治的行為をしてはならない」ことが問題とされた「猿払事件」〔最大判昭49・11・6刑集28・9・393〕では，委任の範囲を超えずに合憲であることが判示された）。

委任命令の内容の限界に関する注目すべき判例として以下がある。

①農地法80条1項の委任を受けた農地法施行令16条4号が法律で認めていることを命令で制限した点について，これを違法であると判示した最大判昭46・1・20（民集25・1・1，判時617・21）。②鑑定基準に関する銃刀法14条5項の委任を受けた銃砲刀剣登録規則4条2項は，委任の趣旨を逸脱するものではなく無効とはいえない旨を判示した最判平2・2・1（民集44・2・369，判時1384・38）。③旧監獄法50条の委任を受けた旧監獄法施行規則120条・124条が，法の委任の範囲を超え無効と判示した最判平3・7・9（民集45・6・1049，判時1399・27）。④父から認知された婚姻外懐胎児童を児童扶養手当の支給対象から除外していた児童扶養手当法施行令1条の2第3号かっこ書が，児童扶養手当法の委任を逸脱する違法・無効なものであることを判示した最判平14・1・31（民集56・1・246，判時1776・49）。⑤地方自治法施行令108条2項・109条およびこれらを準用する同113条・115条は，公職選挙法89条1項における準用（解職投票に関して，公職選挙法の選挙に関する規定を準用することを定めている）に際して公務員が地方議会議員の解職請求代表者となることを禁じていたが，当該部分について，地方自治法85条1項による委任の範囲を超えるものであり，当該資格制限が同法80条1項の請求手続にまで及ぼされる限りで無効であることを判示した最大判平21・11・18（民集63・9・2033，判時2065・12。最判昭29・5・28の判例変更）。⑥平成18年改正薬事法における授権の趣旨を「立法過程における議論をもしんしゃく」して文理解釈すると，同法が，第一種医薬品および第二種医薬品にかかるインターネット販売（郵便等販売）を一律に禁止する旨の政令の制定までをも委任するものとして，「規制の範囲や程度等に応じて

明確であると解するのは困難である」。よって，第一種・第二種医薬品のインターネット販売（郵便等販売）への規制を根拠づける新たな施行規則の諸規定は改正薬事法の趣旨に合致せず，同法の委任の範囲を逸脱し違法・無効である，と判示した最判平25・1・11（民集67・1・1，判時2177・35）。

　なお，「再委任」（法律によって授権された立法あるいは当該立法の一部をさらに下級行政機関に授権すること）に関しては，施行規則による処罰事項の「税務署長ノ指定」への再委任につき，法律による委任の趣旨に反しないと判示した最大判昭33・7・9（刑集12・11・2407〔酒税法違反事件〕）がある。

(3)　執行命令　「執行命令」（「施行命令」「実施命令」とよばれることもある）とは，上位法を執行するための細則や執行手続を具体化する規定である。性質上，権利義務に関する新たな法規をその内容とすることはできない。

　憲法と法律の規定を実施するために「政令」が発せられ（憲73条6号），法律と政令を実施するために「省令」が発せられる（国組12条1項）。ここでの「政令」や「省令」のような執行命令（前者の例として政令の形式をとる「施行令」，後者の例として省令の形式をとる「施行規則」がある）は，あくまで上級法令（政令にとっての憲法や法律，省令にとっての法律や政令）を執行するために必要な具体的・個別的な定めにとどまらなければならない。そのため，この限界を越える執行命令は無効となる。

(4)　違法な法規命令の効力　違法な法規命令（たとえば，正当な権限をもっていない行政庁が定立した場合，授権の範囲を逸脱した場合，上位法に違反した場合，内容が不明確な場合，法の定めに反する手続で制定された場合等）に従ってなされた個々の具体的な行政行為についての取消しを求めて争うことは可能である。しかしながら，法規命令それ自体の取消しを争うことは，抗告訴訟の対象性（処分性）が認められないことを理由として，一般には否定的に解されている（ただし，法規命令自体が具体的効果を生ずる場合には処分性は認められる，とも解されている）。

▶ 行政基準としての行政規則

(1)　行政規則一般　「行政規則」は「行政命令」「行政規程」ともよばれ，行政機関によって制定された法規たる性格を有しない一般的・抽象的な定めである。国民の権利義務に直接にかかわらないため，行政での内部効果を生ずるに

とどまり，外部的な直接の法的効果をもたない。私人や裁判所に対する拘束力をもたず，原則として抗告訴訟の対象にはあたらないとされる。

この点，墓地，埋葬等に関する法律（昭和23年法48）13条に規定される「正当の理由」の解釈について発せられた「通達」（訓令・通達については後述(3)を参照）の違法性が争われた最判昭43・12・24（民集22・13・3147，判時548・59）がある。最高裁は，訓令・通達がたとえ違法なものであり，それに基づいて個別の行政行為が行われた場合でも，抗告訴訟の対象性（処分性）は否定される（つまり，違法な訓令・通達そのものは争えず，当該訓令・通達に基づいてなされた個別の行政行為を争うことができるにとどまる）旨を判示した。しかし，常に抗告訴訟の対象にならないととらえることは問題であり，学説はその性質によって処分性を認めるべきと解している。この点，下級審ではあるが，特定の函数尺について旧計量法に違反する旨の通達が発せられたのちに当該函数尺の販売取扱業者らに対し販売中止勧告等の行政措置がなされ，当該函数尺の買入れを解約されるに至るなど，当該函数尺の製造業者である原告の権利利益に重大な影響を及ぼすような場合には，最も適切な法的手段として行政措置の根拠とされた右通達そのものの取消を求めるほかはない，として通達の処分性を容認した判例がある（東京地判昭46・11・8行集22・11＝12・1785，判時652・17〔函数尺計量法違反通達・勧告事件〕）。

行政規則は内部基準であり，その名称および性格も多様である。

(2)　告示　　国家行政組織法14条1項は，「各省大臣，各委員会及び各庁の長官は，その機関の所掌事務について，公示を必要とする場合においては，告示を発することができる」と規定する。つまり，告示そのものは形式を表現するにすぎないため，さまざまな法的性格をもった告示が存在することになる。たとえば，「行政規則の告示」としては，図書館規則の告示や市役所庁舎規則の告示などがあり，また「法規命令の告示」としては，生活保護法による「生活保護基準」（厚生労働省告示）などがある。

「学習指導要領」（文部科学省告示）については，学説と判例で性格理解が異なる。学説は一般的に法的拘束力をもたない指導助言文書とみるが，最高裁は法的拘束力をもつ法規と解する（最判平2・1・18民集44・1・1，判時1337・3〔福岡県立伝習館高校事件〕）。

(3) 解釈規則・解釈基準・訓令通達　　内閣府設置法7条6号は,「内閣総理大臣は,内閣府の所掌事務について,命令又は示達するため,所管の諸機関及び職員に対し,訓令又は通達を発することができる」と規定する。また,国家行政組織法14条2項は,「各省大臣,各委員会及び各庁の長官は,その機関の所掌事務について,命令又は示達するため,所管の諸機関及び職員に対し,訓令又は通達を発することができる」と規定する。「訓令又は通達」とは,上級行政機関が,その指揮監督権の発動のひとつとして,下級行政機関の命令・指示などを行うために発する行政規則である。「訓令」「通達」の用語法,両者の概念区分についての理解は一様ではないが,拘束力に着目して下級行政機関を拘束するものを「訓令」,拘束力のない示達を「通達」として区別する場合もあれば,上級行政庁が下級行政庁に対してその権限行使につき発するものを一般に「訓令」とよび,そのうち文書によるものをとくに「通達」とする理解もある。

　訓令・通達,とくに（文書をもってする）通達は,実際に法律の「解釈基準」として機能している。行政機関が法律を執行するに際し,あらかじめ解釈基準を定立することはごく一般的な作用であり,むしろそうした法律解釈基準が設定され,行政内部で周知徹底されることによって,統一的で一体的な法律の執行が図られているのが実情といえる。しかし,従来から「通達行政」と揶揄されてきたように,膨大な解釈通達の存在とその影響力の大きさは「行政国家現象」を拡大・加速させる要因として看過できるものではない。

　最判昭33・3・28（民集12・4・624,判時145・15〔パチンコ球遊器課税処分事件〕）で最高裁は,訓令・通達によって旧物品税法1条1項の「遊戯具」にパチンコ球遊器が含まれないという解釈が定まり,それが長年にわたって通用してきた後に,その解釈を変更する（パチンコ球遊器は「遊戯具」にあたるとする）訓令・通達を発し,より侵益的な行政行為である物品税賦課処分を行っても,「（新たな）通達の内容が法の正しい解釈に合致するものである以上,本件課税処分は法の根拠に基く処分と解する」と判示した。裁判所が行った法解釈に結果として同じであったという意味で,最高裁は法律に適合している限り訓令・通達の変更は許されると解したわけであるが,学説からは,私人にとっての不利な解釈を新たに成立させるのならば通達変更によらずに,正規の法律改正手

続を踏むべきとする批判がみられる。

(4) 裁量規則・裁量基準　　法の規定が一義的で行政による法律執行が機械的である場合（「覊束行為」という）には問題は生じない。しかし，法の規定が多義的・不明確なために行政庁の裁量的判断によって行政行為が行われる場合（「裁量行為」という。第9章および第11章を参照）には，適正な裁量権行使が要請されることになる。

　こうした場合の裁量規則・裁量基準は，裁量がない場合を想定している前記の解釈基準とは異なるものである。具体的には審査基準による裁量権行使の適性が要請され，行政手続法上の「申請に対する処分」についての「審査基準」の設定・公表（5条：義務規定）として，また，「不利益処分」についての「処分基準」の設定・公表（12条：努力義務規定）として「外部化」されることになる（第16章を参照）。もっとも，こうした外部化に至らない裁量基準の設定要請についても排除されるものではない。

(5) 給付規則・給付基準・給付要綱　　各種の補助金や貸付金等の内容・受給資格・手続などを定めた，給付規則・給付基準・融資基準・給付要綱が存在する。こうした給付基準などは行政機関の内部基準であるために，当該内部基準に依拠した申請は「法令」に基づくものとはいえない。そのため，不作為の違法確認訴訟（行訴3条5項）や義務付け訴訟（行訴6条2項）を手段として争うことができないので，平等原則等に依拠して補助金等の交付を求める給付訴訟の提起によって救済を図らざるをえない。ただし，補助金等に係る予算の執行の適正化に関する法律（昭30年法179）に基づく場合には，当該補助金等の交付には処分性が認められるため，抗告訴訟によって争うことが可能となる（参照，櫻井敬子・橋本博之『行政法(第4版)』75頁）。

(6) 行政指導基準・指導規則・指導要綱　　「要綱」は通常，行政指導（第13章参照）の基準であり，法定外の需要への対応を目的として制定されるものである。要綱のなかには，宅地開発指導要綱，建築指導要綱など従来から「指導要綱」の名称で地方公共団体が定立し，告示の形式で住民に公示されてきたものも少なくない。もっとも，仮にこのような外部化が図られていたとしても，「法令」に基づいていないため，要綱それ自体を抗告訴訟で争うことはできないと解される（ただし，要綱の「処分性」を肯定する下級審判決もある）。

しかし，行政手続法が地方公共団体の行う行政指導に適用されないとしても（行手3条3項。第13章を参照），2005（平成17）年の改正によって同法が「行政指導指針」を定義し（同2条8号ニ），また後述する「意見公募手続等」（同第6章）の対象としたことは重要である。これによって，実態にそくした適正な基準定立の要請が行政に課せられることになる。

Ⅱ　行政による規範定立をめぐる法的課題

▶「国会中心主義」の空洞化，司法統制の困難さ

　「通達行政」という言葉に象徴されるように，従来から，行政による規範定立作用は所与のものとされてきた。その理由として，行政組織が複雑膨大化しているにもかかわらず，行政としての整合性を保ちながらその内容を統一する必要性があること，行政の内容が専門技術化するにともない法令解釈にも専門技術的な知識が必要となり，かつ行政裁量が増大したこと，法令の規定を欠いている問題に対応するため，裁量基準の自己設定が不可避になっていることなどが挙げられてきた。また，とりわけ「基本法」の名称を冠する法律が増加したこともあり（現在30本程度が制定されている。その性格理解は一様ではないが，一般には「親法」「中間法」として，「子法」「個別法」を導くものとして機能する。あるいは「枠組み法」として，それ自体で指針・計画を法定するものが多い。規定には一般的抽象的表現も多く用いられる），その内容を充填する必要性が高まってきたことも考えられる。

　このような「国会中心主義」の空洞化への対応策として，行政によって定立される規範に民意を組み込むシステムが考えられる。委員公募型の「審議会」「公聴会」の機能拡充もその一端といえるが，ここでは，行政手続法における意見公募手続等（同39条以下）の役割に期待が寄せられている（なお，ここではコラム7を参照されたい）。

　他方，行政基準が行政内部的なものであることから，一般には，その司法統制は困難といえる（前述の「函数尺計量法違反通達・勧告事件」東京地裁判決のような例もあるが，墓地埋葬通達に関する最判昭43・12・24民集22・13・3147や「パチンコ球遊器課税処分事件」に関する最判昭33・3・28民集12・4・624などの判例が限界点

を示す）。しかしながら，通達や行政指導をめぐる事案については（も）従来からの抗告訴訟ルートに固執することなく，2004（平成16）年の行政事件訴訟法改正を契機に，当事者訴訟（行訴4条）としての確認訴訟を活用する方向性が指摘されている点は重要である（参照，櫻井・橋本前掲書71頁）。

▶ 行政手続法における意見公募手続等について

　行政手続法は，第6章で「意見公募手続等」を定め，2条8号で法律に基づく命令（同号イ），審査基準（同号ロ），処分基準（同号ハ），行政指導指針（同号ニ）を「命令等」と定義した。したがって，「命令」は政令・府省令などの行政立法を一般にさす用語であるが，それのみならず，審査基準，処分基準，行政指導指針を定める場合には原則として，その案と関連資料をあらかじめ公示し，広く一般の意見を求めなければならない（39条1項）。

　ただし，命令等といっても，そのすべてにこうした意見公募手続が行われるわけではない。法3条2項および4条4項に掲げられる命令等については，そもそも法6章（38条～54条）全体の適用が除外され，あわせて39条4項では，所定の場合（公益上緊急に命令等を定める必要があり，意見公募手続を行うことが困難な場合など）に，39条1項で規定される意見公募の適用が除外される。

　命令等の制定手続として行政手続法は，まず命令などを定める場合の一般原則として，命令等制定機関が根拠法令の趣旨に適合するよう命令等を定める義務とその後の適正確保のため努力義務を課す（38条）。その上で，「意見公募手続」として，具体的かつ明確な内容で，かつ根拠法令などの条項が明示された命令等の案と関連資料の公示を行ってから30日以上の期間で，広く一般の意見を求める義務を定めている（39条1項ないし3項。なお，30日以上の公募期間を定めることができないやむを得ない場合，また，委員会等の議を経て命令等を定めようとする場合については，40条で特例規定がある）。あわせて，意見公募手続の実施についての周知，また関連情報を提供する努力規定も置かれる（41条）。命令等制定機関は，提出された意見を十分に考慮しなければならず（42条），さらに，決定された命令等の公布と同時期に，提出意見の考慮結果およびその理由等の所定事項を公示する義務を負う（43条）。

★コラム10　日本版「ノーアクション・レター」制度

　正確には「法令適用事前確認手続」であり，2001（平成13）年3月27日の閣議決定「行政機関による法令適用事前確認手続の導入について」によって導入された制度である。具体的には，民間企業等が実現しようとする自己の事業活動にかかる具体的な行為に関し，それが特定の法令の規定の適用対象となるかどうかをあらかじめ当該規定の所管行政機関に確認する制度である。照会を受けた所管行政機関は，これに対する回答を行うとともに，当該回答を公表することになる。

　この制度については，以下の3つの課題が指摘されている（参照，大橋洋一『行政法Ⅰ』279頁）。すなわち，①国の制度のみであり，かつ民間企業に照会者が限定されている点で利用範囲を拡大すべきこと，②回答が公的見解の表示であることから，回答自体が事実行為であっても，ここでは信義則を理由とした責任が行政に生じること，③対象を審査基準や処分基準にまで拡大し，行政機関による解釈の事前表明手続として整備すべきこと，である。

〔井上禎男〕

第**11**章

行政行為──意義と種類・効力

I　行政行為の意義

▶ 行政行為とはいかなる行政の活動か

　第9章で学習したように，現代の行政活動は，さまざまな手段により行われ
ている（たとえば，自動車の運転免許，租税の賦課および徴収，健康保険，上下水道の
整備など）。これらの行政活動のうち，命令的・強制的な性質を有するものを行
政行為とよぶ。たとえば，運転免許の取消し（道交103条）は，免許を受けた者
に対して以後の運転を一方的に禁止するものであり，行政行為にあたる。

　命令的・強制的な性質を有する行政行為は，民事法における法律行為（ここ
では契約と読み替えてもかまわない）とはまったく異なるものといってよい。た
とえば，売買契約には私的自治の原則ないし契約自由の原則が妥当し，契約を
締結するかどうか，誰と契約を締結するか，どのような内容の契約を締結する
かは，原則として当事者間の合意にゆだねられる。これに対して，行政行為と
は，法律により権限を与えられた行政庁が，一方的に，私人の同意を得ること
なく，義務を命じたり，権利を付与したりするものである。たしかに，たとえ
ば，租税の賦課や営業の停止命令について，行政の相手方である私人の同意を
要するとすれば，それはもはや実効的な法制度とはいえないであろう。

　こうした命令的・強制的な性質を有する行政活動は，膨大な行政法規のなか
にそれぞれみることができ，それらをバラバラに議論していてはあまりに非効
率である。そこで，行政法学は，行政行為という概念を用いて，行政活動のう
ち命令的・強制的な性質を有するものを一括りにして議論してきた。こうする
ことで，学問的な議論を容易にすることが可能となったばかりでなく，行政行

為とそれ以外の行政活動を区別することの重要性が高まったのである。というのは，後に詳述するように，行政行為には特別な効力が認められるとともに，行政行為を争うためにはこれまた特別な争訟手段が定められているからである。

　なお，行政行為という概念を用いることについていくつか注意しておかなければならないことがある。第1に，行政行為とは命令的・強制的な性質を有するものであると述べたが，たとえば，補助金の交付決定，公立保育園の入園許可などのように，私人に利益を与えるようにみえる行為も行政行為に分類される。また，自動車の運転免許やレストランの営業許可などのように，私人からの申請に対して与えられる行為も行政行為にあたる。これらの行為が行政行為にあたるのは，いずれの場合も，行政庁が法律に従って当該行政活動の内容を一方的に定める点に行政行為の要素を見出すことができるし，また，後者の場合についていえば，同時に無免許運転や無許可営業が禁止されているので，やはり命令的・強制的な性質をみてとることができるからである。第2に，行政行為とはあくまでも講学上の概念であり，実定法上の用語ではないということである。すなわち，実定法上は，命令，禁止，許可，免許，承認，決定，裁決などとさまざまに定められていたり，より一般的に，「行政庁の処分」（行手2条2号，行審1条2項，行訴3条2項），「行政処分」（自治242条の2第1項2号，銀行49条1項・5項）と定められたりする。したがって，講学上の概念である行政行為と実定法上の用語である行政（庁の）処分との間には若干の相違が生じることとなる。しかし，この両者の違いについては，第25章「行政訴訟(2)――取消訴訟」で学習する処分性のところで理解すればよいし，今日では行政行為の概念を用いることなく行政処分という語のみによって説明を行う教科書類も目立つようになってきている。そこで，本書の想定される読者層が初学者であることをも勘案して，本章の以下の説明では，行政行為と行政処分の語をとくに区別することなく同義で用いることとする。

▶ 行政行為の定義とそのメルクマール

　すでに述べたように，行政法学において，行政行為とそれ以外の行政活動を区別することは非常に重要である。そうした区別をするためには，行政行為をもう少し厳格に定義をするほうが便宜であると考えられる。そこで，伝統的な

行政法学による行政行為の定義を以下に引用しておこう。すなわち，行政行為とは，①行政作用のうち，「法に基づき，②優越的な意思の発動又は公権力の行使として，③人民に対し，④具体的事実に関し⑤法的規制をする行為」（田中二郎『新版 行政法上巻（全訂第2版）』104頁〔①〜⑤の挿入は引用者による〕）である。

　この定義から，行政行為の要素として，①行政作用，②（公）権力性，③対外性，④個別・具体性，⑤法行為性が必要であることがわかる。

　①行政作用　　行政行為は，法律により権限が与えられた行政庁がなすものであり，原則として行政作用として行われるものである。したがって，立法府や司法府の行為は行政行為ではない。

　②（公）権力性　　行政行為は，公権力の行使として行われるものであり，権力性を有するものである。ここでいう権力性の意味内容については諸説あるが，ここでは，行政が私人の権利義務を一方的に変動させることと理解しておく（行政法における権力性の要素について，第2章Ⅳを参照）。そうすると，たとえば，相手方私人と対等な立場で合意をする行政契約や，相手方である私人に任意の協力を求める行政指導は，行政行為から区別されることになる。

　③対外性　　行政行為は，行政組織の外部にいる市民に対して行われるものである。したがって，たとえば，行政組織の内部でしか効果を有しない指示，命令，訓令（行政規則）などは，行政行為ではない。

　④個別・具体性　　行政行為は，法律により権限を与えられた行政庁が当該法律に基づいて行うものである。換言すれば，行政行為は，行政法規を執行する個別・具体的な行為である。したがって，たとえば，広く国民や市民を一般的・抽象的に対象とするような法規命令，行政規則は，行政行為とは異なる。

　⑤法行為性　　行政行為は，市民の権利・義務に影響を与える法的効果のある行為である（法行為）。したがって，法的効果のない事実行為（たとえば，行政指導など）は，行政行為にはあたらない。

Ⅱ　伝統的な行政行為の分類
法律行為的行政行為／準法律行為的行政行為

▶ 伝統的な行政行為の分類

　一口に行政行為といっても，そのなかには多種多様なものが含まれている。そこで，行政法学は，相互に類似する性質の有するものを整理し，さまざまな観点から分類してきた。このうち伝統的な行政法学は，行政庁の効果意思の有無に基づいて法律効果的行政行為と準法律効果的行政行為に区分し，さらにそれぞれを分類するという方法をとってきた。この分類には，近時，批判が投げかけられているが，ここではまずその内容をみてみよう。

　法律行為的行政行為とは，行政庁の効果意思の表示により，当該意思表示の通りの法的効果が発生するものをいう。たとえば，許認可を申請した者に対して，行政庁が許認可を与えようという効果意思を持ち表示したので，運転免許の取消しという法的効果が発生すると観念される。

図表11-1　伝統的な行政行為の分類

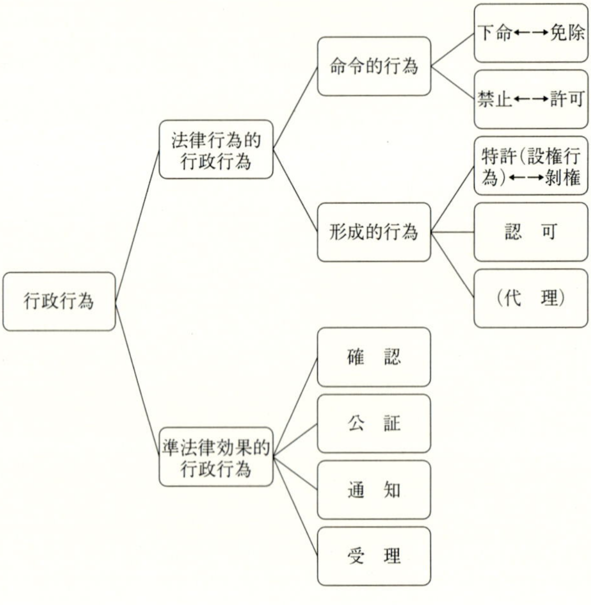

この法律行為的行政行為は，さらに，命令的行為と形成的行為に分類される。命令的行為とは，市民が本来的に有している自由を規制したり，その規制を解除したりする効果をもつ行政行為であり，形成的行為とは，市民が本来有していない権利，地位，能力などを与えたり，変更したり，消滅させたりする効果をもつ行政行為である。たとえば，レストランの営業などは，許可を必要とするが，この行為は市民が本来的には自由に行えるはずのものであるから（営業の自由），この許可は命令的行為に該当し，他方，道路占用許可は，ある特定の市民が一定期間における道路の占用を認めるものであるが，みんなの道路を占拠することは本来認められないはずのものであるから，これは形成的行為に該当することになる。

　準法律行為的行政行為とは，行政庁の効果意思以外の意思（判断・認識など）の表示により，別に法律に定められた法的効果が発生し，ひとつの行為となるものをいう。たとえば，選挙人名簿の登録（公選22条）についてみると，選挙管理委員会がある市民を住民基本台帳に３か月以上記録されているかどうかを確認し，選挙人名簿に登録を行うが，この結果，公職選挙法の定める規定により，当該市民に選挙権が発生することになる。

　こうした準法律行為的行政行為により発生する法的効果は，別に法律が直接に定めていることが前提であるから，行政庁は，準法律行為的行政行為には行政裁量を行使することができず，また，付款を付することはできない。

　さて，以下では，それぞれの個別の行政行為についてもう少しくわしくみておこう。

▶ 各種の行政行為

(1)　下命←→免除　　下命とは，相手方に対して一定の行為，給付，受忍の義務を命じる行政行為である。たとえば，違法建築物の除却命令などが下命にあたる。これに対して，免除とは，一定の場合に相手方に対する作為，給付，受忍の義務を解除する行政行為である。たとえば，納税義務の免除などがこれにあたる。

(2)　禁止←→許可　　禁止とは，相手方に対して一定の不作為の義務を命じる行政行為である。たとえば，レストランの営業の禁止命令などが禁止にあたる。これに対して，許可とは，本来的には自由であるはずの行為をいったん禁

止し，一定の要件が満たされる場合にこの自由を回復させる行政行為である。たとえば，レストランの営業許可がこれにあたる。許可の多くは，公共の秩序や安全・衛生の維持ないし保護のため（警察目的）に，本来的には自由であるはずの行為を制限するものである（それゆえ，警察許可とよばれることもある）。また，ここにいう許可は，あくまでも講学上の許可であり，法令上の用語と必ずしも一致しないことには注意を要する。たとえば，自動車の運転免許（道交84条）はここでいう許可に該当する。なお，許可を要する行為を無許可で行った場合，それに対して刑事罰が科せられることはあっても，当該行為は法的には有効であり，当然に無効とならない。

(3) 特許（設権行為）←→剥権　特許とは，市民が本来的には有していない権利，資格，地位などを与える行政行為であり（したがって，いわゆる発明の特許とは異なる），設権行為ともよばれる。たとえば，上述の道路の占用許可（道路32条）は，条文上は許可という語が用いられているが，ここでいう特許にあたる。また，いわゆる公企業の特許が特許の代表例とされることが多い。電気，ガス，鉄道，バスなどの公共サービス事業に与えられる営業権は，当該事業の経営は市民の本来的自由に属するものではなく，国家の独占的経営権に属するものであると考えられてきたので，形成的行為の特許に分類されてきたのである。これに対して，剥権とは，特許により与えられた権利，資格，地位などを失わせる行政行為である。たとえば，公務員の免職処分がこれにあたる。

(4) 認可　認可とは，行政庁が市民の行う契約などの法律行為を補充して，その法律効果を完成させる行政行為である。たとえば，農地の権利移動の許可（農地3条）は，条文上は「許可」という語が用いられているが，ここでいう認可である。なお，認可は，許可とは異なり，認可を受けずに行われた法律行為は原則として無効となる。

(5) 代理　代理とは，第三者が行うべき行為を行政庁が代わって行うことによって，第三者が行ったのと同じ法律効果を発生させる行政行為である。たとえば，当事者の協議が整わない場合に行われる土地収用裁決（収用47条以下）が代理にあたる。しかし，代理を行政行為の分類としてあげることについて批判する見解も多く存在する。

(6) 確認　確認とは，行政庁が特定の事実または法律関係の存否を公的に確

認することにより，法律の定める効果が発生する行政行為である。たとえば，公職選挙法に基づく当選人の決定などがこれにあたる。

(7)　公証　　公証とは，行政庁が特定の事実または法律関係の存否を公的に証明し，それに法律の定める効果が与えられる行政行為である。たとえば，上述の選挙人名簿への登録などがこれにあたる。

(8)　通知　　行政庁が特定の事項を特定または不特定の者に知らせる行政行為で，それにより一定の法律効果が生じるものである。たとえば，納税の督促（国通37条）が通知にあたり，なお納税がなされなければ財産の差押えなどの滞納処分が行われるという効果が生じる。

(9)　受理　　受理とは，各種の申請，届出，申立てなどを適法・有効なものと認めて受理する行政行為で，それに一定の法律効果の発生が結びつけられているものである。たとえば，婚姻届の受理により法律上の婚姻が成立し，行政不服審査法に基づく不服申立ての受理がなされると審査庁には審査義務が生じる。なお，受理を独立の行政行為とすることに対して疑問を提示する見解もみられるところであり，行政手続法7条・37条が，受理という観念を排除していることには注目するべきである。

▶ 伝統的な行政行為の分類に対する批判

　以上のような行政行為の分類についておおいに注意を要するのは，上記の行政行為の名称はあくまで講学上，理論上のものであり，それは，必ずしも実定法上の名称と一致しないということである。すでにみたように，自動車の運転免許は，講学上の許可にあたるし，道路の占用許可は講学上の特許にあたる。

　ところで，こうした行政行為の分類に対しては，近時，多くの批判が投げかけられている。法律行為的行政行為と準法律行為的行政行為の区別は，効果意思の有無によるものであり，民法学上の法律行為論を模範とするものである。しかし，そこでは私的自治の原則が妥当し，行為の法的効果を自由に定められるのが原則であるのに対して，行政行為はあくまでも法律による行政の原理に基づいて行われるべきであり，行為の法的効果はあらかじめ法令で定められているのが原則であるはずである。このように，伝統的な行政行為の分類論が模範とした民事法学上の法律行為論と行政行為論はその前提を大きく異にするといえる。また，準法律行為的行政行為という概念の必要性についても疑問が呈

されている。そこで，近時では，行政行為の新たな分類方法が示されている。次節では，行政行為の近時の分類をいくつか説明する。

Ⅲ　近時の行政行為の分類

▶ 命令行為／形成行為／確定行為

　塩野宏教授が行政の機能に着目して行った3分類である（塩野宏『行政法Ⅰ〔第6版〕』132頁以下）。命令行為とは，私人に対して，作為・不作為を命じるものである。違法建築物に対する除却命令（建基9条）や事業者に対する業務改善命令などがこれにあたる。形成行為とは，私人に対して，法的地位を設定するものである。自動車の運転免許や各種の営業免許が典型例である。確定行為とは，法律関係を確定させる行為である。租税の更正処分（国通24条）がこの例である。

　ここで注意を要するのは，塩野教授による命令行為と形成行為の概念は，従来の分類にいう命令的行為と形成的行為に一致しないということである。なお，今村成和教授は，基本的には伝統的な命令的行為と形成的行為の区別を維持しつつ，従来の準法律行為的行政行為を再構成し，命令的行為，形成的行為，手続的行為の3分類を示している（今村成和（畠山武道補訂）『行政法入門〔第9版〕』70頁以下）。

▶ 授益的行政行為／侵害的行政行為

　行政行為は，その相手方に権利・利益を与える行為であるか，それとも，相手方の権利・利益を侵害する行為であるかを基準として，授益的行政行為と侵害的行政行為（侵益的行政行為，負担的行政行為ともいわれる）とに区別される。この区別は，行政手続法上の申請に対する処分と不利益処分との区別にほぼ対応するものであり，実定法上の根拠を有している。しかも，2004年の行政事件訴訟法改正により新設された義務付け訴訟のうち申請満足型のそれは，まさに申請に対する処分を求める義務付け訴訟である。この義務付け訴訟は，一定の処分を求める直接型義務付け訴訟とは区別され，それぞれの訴訟要件および本案訴訟要件を異にしている（第24章参照）。くわえて，授益的行政行為と侵害的行政行為の区別は，行政行為の取消し・撤回の制限ないし限界を画するうえで

有益な基準となっている（本章Ⅶ参照）。それゆえ，この区別は，現在において重要な意義を有しており，広くみられるものとなっている。

　もっとも，たとえば，建築確認や産業廃棄物最終処分場の許可などのように，行政行為の相手方に対しては権利・利益を与える性質をもつ行政行為でありながら，行政行為の第三者（周辺住民）に対しては権利・利益をそこなう性質をもつ行政行為がありうる。このような行政行為は，授益的行政行為とも侵害的行政行為ともいえず，二重効果的行政行為とか第三者効を有する行政行為といわれている。

Ⅳ　行政行為の効力

▶ 行政行為の成立と効力の発生

　行政庁が行政行為のための意思を決定し，これを外部に表示し認識されうるかたちが備わったときに行政行為は成立する。しかし，行政行為が成立しただけでは，その効力は生じない。というのは，その内容を相手方が知ることができないからである。そこで，特定の相手方に対する行政行為は，それが相手方に到達したことにより効力が発生する（到達主義）。到達の時期は，原則として行政行為の「相手方が現実に了知し，又は相手方の了知しうべき状態におかれた時」（最判昭29・8・24刑集8・8・1372，最判昭50・6・27民集29・6・867）である。

　また，行政行為を相手方に送達する方法については，民事訴訟法98条以下に規定があるが，とりわけ相手方の所在が不明の場合，相手方が不特定多数の場合には，公示送達（民98条）によることができるとされている（公示送達が法定されている例として，行審51条2項以下，国通14条など）。

▶ 拘束力

　行政行為がなされると，法律または行政庁により決定された法効果が生じ，関係する行政機関および相手方（その他の関係人を含む）はこれに拘束されることになる。こうした効力を行政行為の拘束力という。たとえば，自動車の運転免許の取消しが行われると，その処分を受けた者は以後自動車を運転することができないという効力が生じるわけである。

もっとも，行政行為は，法令に基づいてなされなければならないから，その効果も当該法令に定められているはずである。そうすると，行政行為にはおよそ拘束力があるなどと仰々しくいわなくても，あらかじめ法令により定められた効果が当該行政行為に生じると考えればよいはずである。そこで，近時は，行政行為の効力として拘束力を列挙しない教科書が多くなっている。

▶ 公定力

⑴　公定力の意義　　すでにみたように，拘束力については，それを行政行為の効力として独立に説明する意義は大きくない。また，後述するように，自力執行力については，行政上の強制執行を認める法律の根拠が別途必要であり，不可争力については，行政行為の成立・効力発生の時点では生じず，不可変更力については，すべての行政行為に認められるわけではない。これらに対して，公定力については，行政行為一般に生じる特殊な効力であるとされてきた。それゆえ，行政行為の公定力は行政法学の体系上大きな位置づけを与えられてきた。

　ここで，行政行為の公定力とは，それがたとえ違法であっても，無効でないときは，権限ある行政庁または裁判所が取り消さないかぎり，一応有効なものとして通用することをいう。つまり，行政行為は，たとえ違法であっても，適法に取り消されるまでは，その相手方，第三者，他の行政庁，裁判所も有効なものとして取り扱わなければならない。

　たとえ違法であっても（さしあたり）有効であるというこのような効力は，民事法上の法律行為にはみられない行政行為に特有なものである。たとえば，債権者が金銭の返済を請求した場合，それが金銭消費貸借契約や民法上の強行法規に違反する違法なものであれば，債務者はその請求に従う義務はないし，自力救済も禁止されているため，債権者は最終的には訴訟を提起するしかない。これに対して，行政行為である課税処分が違法であるとして納税をしないでいると，税務署は，課税処分が有効であることを前提として，滞納処分を行い，強制的に租税を徴収することが認められている。

　このような行政行為の公定力を覆滅させるためには，上記のように，権限ある行政庁または裁判所が取り消さなければならない。違法な行政行為を取り消す権限が認められているのは，当該行政行為をなした行政庁やそれに対して指

揮・監督を行う上級行政庁が職権取消しを行う場合，当該行政行為に対する争訟提起がなされた裁判所ないし審査庁が判決ないし裁決により取消しを行う場合（争訟取消し）である。換言すれば，違法な行政行為により不利益を受ける（と考える）者は，行政庁による職権取消しを期待する場合は格別，行政不服申立てを行政機関に提起するか，行政事件訴訟である取消訴訟を裁判所に提起するしかないこととなる。

(2)　公定力の根拠　　それでは，なぜ違法であってもさしあたり有効という特殊な効力（公定力）が行政行為には認められるのであろうか。かつては，行政行為は国家権力の表明であり，公権力の行使である行政行為には適法性が推定されるのだという説明がなされてきた。しかし，このような考え方は，行政行為は法律に適合してなされなければならないという法治主義の原則と矛盾するものであり，現代の行政法学において受容できるものではない。そこで，今日では，現行の法制度上，私人が違法であると考える行政行為の取消しを求める手続は，行政事件訴訟法に基づく取消訴訟と行政不服審査法に基づく審査請求により特定されていることに公定力の根拠が求められている。すなわち，立法者が，行政目的の早期実現，行政法関係の早期安定のために，特別な取消争訟制度を法定し，その利用を強制しているという法政策（取消争訟の排他的管轄）によって，行政行為の公定力が根拠づけられていることになる。この意味で，行政行為の公定力は，行政行為にもともと内在する効力ではないことになる。

(3)　公定力の限界　　このように，行政行為の公定力は，法律が取消争訟の排他的管轄を定めた結果，それが違法であっても有効なものとして取り扱われるということを意味するのであった。しかし，行政行為が違法であれば私人の権利・利益が侵害される可能性は高く，公定力の及ぶ範囲について限界を画する試みがなされてきた。

　第1に，行政行為が無効である場合には，当該行政行為の公定力（およびその他の効力）は認められない（行政行為の無効については，本章Ⅵでくわしく扱う）。通説・判例によれば，違法性が重大かつ明白な行政行為は無効であるとされ，公定力がはたらかない。その結果，行政行為の重大かつ明白な違法を主張する場合には取消訴訟の排他的管轄が妥当せず，私人は，無効確認訴訟（行訴3条4項），当事者訴訟（同4条），民事訴訟を提起し，その訴えのなかで行政

行為の無効を主張し，これを前提として勝訴判決を得ることができる。

第2に，違法な行政行為に基づく国家賠償訴訟にも公定力は及ばない（最判昭36・4・21民集15・4・850）。というのは，行政行為の公定力は，行政行為の効力を否定する（取り消す）ための方法を取消争訟に限定するものであり，行政行為の効力を否定する（取り消す）わけではない国家賠償請求訴訟は公定力と矛盾するものではないからである。したがって，違法な行政行為に基づく国家賠償訴訟を提起しようとする者は，あらかじめ当該行政行為の取消訴訟を提起してその効力を否定しておく必要はないことになる。

第3に，行政行為に違反したことを理由に刑事罰を科す刑事訴訟にも公定力は及ばないとされている（参照，最判昭53・6・16刑集32・4・605）。その理由として，刑事訴訟は行政行為の効力に関わらないということ，刑事被告人に取消訴訟の提起の負担を負わせることは妥当ではないことがあげられている。したがって，刑事被告人は，刑事訴訟とは別に取消訴訟を提起して取消判決を得ていなくても，刑事訴訟のなかで行政行為の違法性を主張することができることになる。

▶ 不可争力（形式的確定力）

上述のように，違法な行政行為により不利益を受ける（と考える）者は，行政不服申立てや取消訴訟を提起しなければならないのであるが，これらには，それぞれ短期の争訟提起期間が定められている。すなわち，不服申立ては，原則として，処分があったことを知った日の翌日から起算して3か月以内（行審18条1項本文・54条），または，処分があった日の翌日から起算して1年以内（同18条2項本文）に，取消訴訟は，処分があったことを知った日から6か月以内（行訴14条1項本文），または，処分等の日から1年以内（同条2項本文）に提起しなければならない（第25章参照）。この期間を経過した後は，職権取消しは別として，私人の側からはもはや行政行為の効力を争うことができなくなる。こうした事態を行政行為の不可争力（形式的確定力）という。

なお，以上の説明からすでに明らかなように，行政行為の不可争力は，行政行為が成立し有効になった時点から発生するわけではないし，行政庁が職権で当該行政行為を取り消したり，変更したりすることを禁止するものではないことに注意が必要である。

▶（自力）執行力

　行政行為の（自力）執行力とは，相手方が当該行政行為により課された義務の内容を自ら進んで履行しない場合，民事法上の法律関係の場合のように裁判所の判決を経ることなしに，行政庁が義務の内容を自力で実現できる効力である（司法的執行の原則の例外）。この効力は，かつては，国家権力の発動としての行政行為に当然に備わる効力であると考えられてきたが，今日では，そうした効力は，義務を命じる行政行為とは別の，行政上の強制執行をとくに認める実定法上の根拠が必要であると解されている。したがって，（自力）執行力は，行政目的の早期実現という観点から，たとえば行政代執行法，国税徴収法などの法律に基づいて初めて認められる効力であり，行政行為の（自力）執行力は，義務を課する行政行為にもともと内在する効力ではない。

▶ 不可変更力

　行政不服申立て（審査請求）に対する裁決（行審44条以下）のように，紛争があった場合に当事者双方の言い分を聞き，慎重な手続を経てなされる行政行為（争訟裁断的行政行為）には，行政庁が職権で取消し・撤回・変更をすることができない効力が生じる（最判昭29・1・21民集8・1・102）。これを行政行為の不可変更力という。争訟裁断的行政行為にこのような効力を認めなければ，紛争を解決するという目的で行われた紛争裁断的行政行為の目的が達成できず，法律関係がいつまでも安定しない。したがって，不可変更力が生じうる行政行為は，裁判手続に類似するような慎重な手続でもってなされた争訟裁断的行政行為に限られることになる。

V　行政行為の付款

▶ 付款の意義と機能

　行政行為の付款とは，行政行為の本体（主たる意思表示）に付加された行政庁の意思表示である。このような行政行為の付款は，許認可などの行政行為がなされた後に法的状態や事実状態が変化する場合に備えて，許認可などの法律効果の発生・消滅の時期を制限したり，相手方に義務を命じたりするものである。このように，行政行為の付款には，状況適合性機能，規制の弾力性および

具体的妥当性の保障機能が認められるなどといわれる。

　なお，付款は，実定法上は条件とよばれており，ここでも講学上の概念である付款と実定法上の用語である条件とが一致しない。また，ここでいう条件は，後述する付款の一種類としての条件（講学上の概念）とは異なることにも注意が必要である。

▶ 付款の種類

(1)　条件　　条件とは，行政行為の効力の発生・消滅を将来発生することが不確実な事実に結びつける付款である。条件には，当該事実の発生により行政行為の効力を発生させる停止条件と，当該事実の発生により行政行為の効力を消滅させる解除条件がある。

　なお，行政上の法関係が長期間不確実な状態にしておくことは適当とされず，行政行為に条件が付されることは稀のようである。また，法令上，条件とされているものの多くは，後述する講学上の負担(3)に該当する。

(2)　期限　　期限とは，行政行為の効力の発生・消滅を将来発生することが確実な事実に結びつける付款である。行政行為の効力の発生の期限を始期といい，行政行為の効力の消滅の期限を終期という。

(3)　負担　　負担とは，行政行為の本体に加えて，相手方に特別の義務を命じる付款である。とりわけ許可や特許など相手方に権利・利益を与える授益的行政行為に付されることが多い。

　負担は，上述の条件や期限とは異なり，その履行の有無は行政行為本体の効力と直接かかわらず，負担に違反しても，ただちに行政行為本体の効果が失われることはない。このような負担によって課された義務の不履行や違反に対しては，行政上の強制執行や行政行為本体の撤回がなされる可能性がある。

(4)　撤回権の留保　　撤回権の留保とは，一定の場合に行政行為本体を撤回することのできる権利を行政庁に留保しておく付款である。実務上多くみられる「公益上必要がある場合には，当該行政処分を取り消すことができる」などという定めがこの典型例であるが，学説では，こうした概括的・無限定な撤回権の留保は許されず，例文にすぎないものであるということが指摘されている。

▶ 付款の限界

　付款は，たとえば，公衆浴場営業の許可について，「必要があると認めると

きは，……許可に必要な条件を附することができる」（公衆浴場2条4項）というように，法律が認めている場合に，行政行為の本体である許可に加えて付することができる。付款を付す際には，それを認めた規定の趣旨および目的の範囲内で付款の付加が行われなければならないであろう。

　また，付款は，本体の行政行為をなすにあたって行政庁に裁量が認められる場合に付すことができる。したがって，上述のように，伝統的な行政法学によれば，準法律行為的行政行為には裁量が認められないから，準法律行為的行政行為に付款を付すことはできないということになる。行政裁量の行使として付款を付す際には，裁量権行使の限界に服することになる（裁量権行使の限界については，第9章Ⅳを参照）。

　さて，付款が上記の限界を超えて違法に付された場合，すなわち，付款がそれを認める規定の趣旨ないし目的を超えて付されたり，裁量権の限界を超えるような付款が付されたりした場合，行政行為の相手方はどのような救済手段をとることができるのであろうか。この問題は，行政法学においては，付款の違法性を本体の行政行為から切り離して独立に争うことができるかという問題として考察されてきた。付款が行政行為本体にとって重要な要素ではなく両者が可分であれば，付款のみに対する争訟を提起することができ，付款が取り消された場合には付款のなくなった行政行為本体が存続する。これに対して，付款なしでは行政行為もなされなかったであろうほどに両者が不可分に結びついているならば，付款の取消しは行政行為の取消しを導くと考えられるため，付款のみに対する争訟は許されず，行政行為全体を争う必要があると考えられている。上述のように，一般的には，条件や期限は行政行為本体と不可分であり，負担は行政行為本体と可分であるとされる傾向がある。

Ⅵ　瑕疵ある行政行為

▶ 行政行為の瑕疵の種類

　行政行為は，法律に適合して行われなければならず（法律による行政の原理），また，行政庁に裁量が認められる場合であっても，公益に適合して行われなければならない（公益適合性の原則）。これらの要請に反して行われた行政

行為を瑕疵ある行政行為という。さらに，瑕疵ある行政行為は，法律に違反して行われた行政行為である違法な行政行為と，裁量の行使を誤り公益に反する行政行為である不当な行政行為とに区別される。

　そして，上述のように，違法な行政行為であっても適法に取り消されるまでは有効であり，これを取り消すためには，行政行為の相手方がその違法性を理由として争訟を提起しなければならない（行政行為の公定力）。しかも，この争訟の提起には，短期の争訟提起期間が定められており（参照，行審18条，行訴14条），この期間を経過すると，職権取消しは別として，相手方はもはや当該行政行為の効力を争うことができなくなる（行政行為の不可争力）。

　しかし，このようなしくみは，行政上の法律関係の安定という立法政策により現行法上認められているにすぎないものであるし，違法性の程度がはなはだしいような瑕疵をおびた行政行為についてまで一定期間の経過後は争訟を提起できないというのでは，行政行為の相手方や関係者にとってあまりに酷である。そこで，行政法学は，違法な行政行為のなかでも，その程度がはなはだしい行為を無効な行政行為として，この効力を否定してきた。つまり，無効な行政行為には公定力が生じないから，取消訴訟の排他的管轄も当然に及ばず，不可争力も生じないから，無効な行政行為をめぐって訴訟を提起する際にも出訴期間の制限も存在しない。なお，瑕疵の程度が無効事由に及ばず，単なる違法にとどまるものを無効の行政行為と対比して取消しうべき行政行為という。

　こうした行政行為の瑕疵の種類は，現行の行政事件訴訟法においても前提とされている。行政事件訴訟法は，無効な行政行為に関する訴訟として，無効等確認訴訟（行訴3条4項）を定めている。無効等確認訴訟は，取消訴訟によらずに行政行為の効力を争うための訴訟であるから出訴期間の制限がなく，相手方等はいつでも無効の確認を裁判所に求めることができるし，民事訴訟や当事者訴訟（行訴4条）などの取消訴訟以外の訴訟において，取消訴訟で勝訴して行政行為の効力を取り消しておくことなしに，行政行為の無効を前提として権利を主張することができる（無効等確認訴訟の詳細については，第24章参照）。

　なお，上述の説明は，行政行為に瑕疵があると主張する相手方等による争訟取消しに関するものであるが，これとは別に，相手方等からの取消しの請求によらず，行政庁が自らの判断で行政行為の瑕疵を認定し，行政行為を取り消す

図表11 - 2　行政行為の瑕疵の種類

	取消しの主体	取消しの対象		争訟提起期間
争訟取消し	裁判所（行政訴訟）	違法な行政行為	無効な行政行為	なし
			取消しうべき行政行為	あり（行訴14条）
	行政機関（行政上の不服申立て）	違法な行政行為	無効な行政行為	なし
			取消しうべき行政行為	あり（行審18条）
		不当な行政行為		
職権取消し	行政機関	違法な行政行為	無効な行政行為	なし
			取消しうべき行政行為	
		不当な行政行為		

ような職権取消しがある（職権取消しについては，本章Ⅶを参照）。

　ここまでの説明をまとめると**図表11 - 2**のようになる。

▶ 無効な行政行為と取消しうべき行政行為の区別の基準

　違法な行政行為の瑕疵の程度が無効にまで及んでいるのか，それとも，取消しにとどまるのかは，相手方等が提起する争訟手段と関連する。そこで，行政行為の無効と取消しの区別の基準が問題となる。換言すれば，ここでは，どの程度の違法性があれば当該瑕疵は無効となるのかという問題が重要な意義を有することになる。通説・判例は，行政行為の違法性が重大かつ明白である場合に無効を認める重大明白説をとっているとされる。

　重大な違法性の例としてあげられるのは，①主体に関する瑕疵（行政庁の資格のない者が行った行為，行政庁の権限外の行為など），②内容に関する瑕疵（内容が違法，不明確，履行不能な行為など），③手続に関する瑕疵（相手方等の利益保護を目的として法定されている聴聞・公聴会の開催，関係機関の同意を欠く行為など。くわしくは，第16章Ⅲを参照），④形式に関する瑕疵（書面によるべきことが法律上義務づけられているにもかかわらず口頭によってなされた行為，行政庁の署名・捺印を欠く行為など）である。

　また，違法の明白性とは，「何人の判断によっても，ほぼ同一の結論に到達し得る程度に明らかであること」を意味する（最判昭37・7・5民集16・7・1437）。

　このように，瑕疵の程度が重大かつ明白である場合に行政行為は無効となる

と解するのが通説・判例の立場であるとされるが（重大明白説），明白性の要件については，それが誰にとって明白であるのかという点で見解が分かれている。上記のように，何人にとっても瑕疵が明らかであることを求めるのが最高裁の判例である（最判昭34・9・22民集13・11・1426，最判昭36・3・7民集15・3・381，前掲最判昭37・7・5）。こうした最高裁判所の立場は，重大明白説のなかでもとくに外見上一見明白説とよばれている。これに対して，明白性の要件を維持しつつ，専門知識を有する行政庁が調査していれば見抜けたはずの瑕疵を見落とした場合には明白性の要件を充足すると解する客観的明白説（調査義務説）があり，一部の下級審裁判例が採用している（東京地判昭36・2・21行裁12・2・204）。

　さらに，以上のような重大明白説に対して，無効な行政行為を認定するにあたって，明白性の要件が不要である（重大説），あるいは，場合によっては不要である（明白性補充要件説）とする見解がある。そもそも，重大明白説が明白性の要件を必要とした趣旨は，行政上の法律関係の法的安定と行政行為の有効性に対する第三者の信頼の保護である。この点で，明白性の要件をつねに不要と解する重大説は，とりわけ行政行為の第三者の信頼の保護を軽視するものであり妥当ではないだろう。これに対して，行政行為の第三者の信頼の保護を考慮しなくてもよい場合にまで明白性の要件を維持するのはたしかに説得力に欠けるようにも考えられる。実際，土地を所有していないので当然に土地の譲渡所得がないはずの者に対して所得税が課せられた事件において，最高裁は，「一般に，課税処分が課税庁と被課税者との間にのみ存するもので，処分の存在を信頼する第三者の保護を考慮する必要のないこと等を勘案」して，明白性の要件にふれることなく無効を認めている（最判昭48・4・26民集27・3・629）。

Ⅶ　行政行為の（職権）取消しと撤回

▶職権取消しと撤回の区別

　瑕疵ある行政行為は，それが違法であれば法律に適合しないし，不当であれば公益に適合しないものであるから，特定の人や多数の人の利益に反する行為である。そこで，瑕疵ある行政行為はできるだけ早く是正されなければならな

い。このとき，行政行為の相手方や第三者がイニシアティブをとって行政不服
申立てや行政訴訟を提起して，その裁断機関が行政行為の瑕疵を是正すること
を争訟取消しというのに対して，そうした私人の側からの法的請求によらず
に，行政の側がイニシアティブをとって自発的に行政行為の瑕疵を是正するこ
とを職権取消しないし撤回という。ここでは，この職権取消しと撤回をくわし
く扱う。

　職権取消しとは，行政行為が成立したときからある瑕疵について，行政庁が
その効力を成立時に遡って失わせることをいう。また，撤回とは，行政行為が
行われたときには瑕疵はなかったが，何らかの後発的事由によりその効果を存
続させることが公益上望ましくないと考えられる場合に，当該行政行為の効力
を途中から失わせることをいう。ただし，このような職権取消しと撤回の区別
は講学上・理論上のものであり，実定法上はどちらも取消しとよばれることが
普通であるので注意が必要である。自動車の運転免許を例にあげると，運転免
許を替え玉受験により取得していたことが後に発覚したような場合に運転免許
の取消しが行われたとすると，これは職権取消しにあたるが，運転免許を適法
に取得したものの，飲酒運転等の重大な法令違反により運転免許の「取消し」
が行われたとすると，これは講学上の撤回にあたる。

　このように，職権取消しと撤回の区別は理論上のものなのであるが，行政法
学では重要な意義をもってきた。そこで，両者の相違をさらに詳細にみておく
ことにしよう。

　第1に，すでに述べたように，両者の対象ないしが異なる。職権取消しの対
象は当初から違法または不当な行政行為であり，これを理由に職権取消しが行
われるのに対して，撤回の対象は後発的事由が発生しそのまま維持することが
公益上望ましくない行政行為であり，事後に生じた事情を理由に撤回が行われ
る。

　第2に，これもすでにみたように，両者の効果が異なる。職権取消しは，行
政行為の成立当初の瑕疵を理由に行われるものであるから，取消しの効果は，
原則として，行政行為の成立時にまで遡及する（遡及効）。これに対して，撤回
は，後発的事由により行政行為の効力を失わせるものであるから，撤回の効果
は，将来に向かってのみ生じる（将来効）。

第3に，学説によって発する主体が異なる。職権取消しについては，当該行政行為を行った行政庁のほかに，指揮監督権の行使として上級行政庁の取消権限を認める学説がある。これに対して，撤回については，行政行為の瑕疵によってではなく事後的な公益の考慮によってもなされうるので，上級行政庁が撤回を行うことは，行政機関相互間の権限分配の原則により許されないとされている。

　第4に，学説によって法律の根拠の要否が異なる。この点については，各学説により法律の根拠を必要ないし不要とする範囲が異なるため，項を改めて説明をすることにしよう。

▶ 職権取消しの制限（職権取消し制限の法理）

　瑕疵ある行政行為は，本来的には存在すべきでない行政行為が現に存在してしまっているということだから，法治主義の原則からすれば取り消されるべきであり，法律の根拠は不要であるというのが原則である。くわえて，とくに侵害的行政行為に瑕疵があったという場合には，それが取り消されるならば相手方にとっては利益になるから，職権取消しを妨げる事情はない。

　これに対して，授益的行政行為に瑕疵があったという場合には，それが取り消されると相手方にとっては不測の不利益を受ける可能性がある。ここでは，法治主義の要請から瑕疵ある行政行為を取り消すべきであるという点と，相手方の信頼を保護するという要請から行政行為の職権取消しに制限を加えるべきではないかという点が衝突し，この衝突を調整することが必要になる。さらに，たとえば煤煙を排出している工場に対する操業停止命令のように，相手方には侵害的行政行為であっても，周辺住民のような第三者にとっては当該行政行為により一定の利益を受けるような二重効果的行政行為の場合についても，法治主義と相手方の利益や信頼の保護との調整が必要である。

　こうした調整をいかになすべきかについては，さまざまな学説が提示されており，一定の明確な結論が出ているとはいえない状況にある。それでも，授益的行政行為や二重効果的行政行為の職権取消しについて，相手方や第三者の利益や信頼を保護（または，法的安定性を確保）する必要性があり，それゆえ，職権取消しが一定程度制限されるという点では意見の一致がみられる（職権取消し制限の法理）。この法理は，学説上広く提示されているだけでなく，判例にお

いても採用されている（最判昭43・11・7民集22・12・2421）。もっとも，この法理により職権取消しが制限されるといっても，職権取消しそれ自体を不可としたり，職権取消しの効果を例外的に将来効に限定したり，代償措置（補償）をすることにより職権取消しを行ったりというように，さまざまな制限のしかたがありうる。具体的にどのように職権取消しが制限されるのかは，具体的事情をその都度勘案し，個別的に決められるということになるだろう。

▶ 撤回の制限（撤回制限の法理）

撤回についても，上述した職権取消しの場合と基本的に同様の問題がある。しかし，職権取消しの場合は，それが違法または不当な行政行為に対して行われることから，法治主義の原則を全面に押し出すことが可能であったが，撤回は，義務違反に対する制裁として行われるもの，相手方には非がないものの公益上の必要のために行われるもの，要件事実が後発的に消滅した場合に行われるものなど，さまざまな目的で行われるため，一律に法律の根拠の要否を議論することが職権取消しの場合と比べてもさらに難しい。

この問題は，一般的には，職権取消しの場合と同様に，侵害的行政行為と授益的行政行為とに区別して議論されている。すなわち，侵害的行政行為の撤回は相手方にとっては利益となることから，原則として法律の根拠は不要であり，授益的行政行為および二重効果的行政行為の撤回は相手方に不利益を与えることになるから，一定の制限ないし補償が必要となる（撤回制限の法理）。

判例は，赤ちゃんを実子として他人に斡旋した医師についての母体保護法上の指定の撤回に関する事案において，法律の明文の根拠規定がなくても公益上必要があるときには，撤回を可能とした（最判昭63・6・17判時1289・39）。もっとも，この判例に対しては，制裁としての撤回には少なくとも法律の根拠が必要であると主張する有力な反対説もあり，見解の一致はみられない。結局のところ，撤回に関する法律の根拠の要否も，当該撤回がいかなる目的で行われるのか，相手方や第三者の利益や信頼を保護（または，法的安定性を確保）する必要性があるのかという個別具体的な事情をふまえて判断するということになるだろう。

第11章　行政行為

157

図表11-3　職権取消しと撤回の区別

	対象・理由	効果	主体	法律の根拠の要否	
職権取消し	成立当初から ある瑕疵	遡及効[1]	処分庁 上級行政庁[2]	侵害的行政行為	不要
				授益的行政行為	原則的に不要[3]
				二重効果的行政行為	
撤回	後発的事情	将来効	処分庁	侵害的行政行為	不要（通説）[4]
				授益的行政行為	不要（通説）[5][6]
				二重効果的行政行為	

[1]　職権取消し制限の法理により，将来効に限定される場合がある。
[2]　学説上争いがあり，上級行政庁の職権取消しを否定する見解もある。
[3]　職権取消し制限の法理により，必要とされる場合がある。
[4]　たとえば，課税処分の撤回のように，法律上の義務づけに基づいて行政行為が行われる場合には，法律上の要件事実が存続しているかぎり，これを撤回できないということを強調する学説がある。
[5]　撤回制限の法理により，必要とされる場合がある。
[6]　一般的に授益的行政行為の撤回には法律の根拠が必要であるという説や，撤回の性質（撤回の理由となる後発的事情の内容）により個別的に判断するべき（たとえば，制裁としての撤回には少なくとも法律の根拠が必要である）という有力説がある。

★コラム11　行政行為の瑕疵に関する諸問題

　多くの教科書では，行政行為の瑕疵に関して，本文で説明した内容以外に，違法性の承継，瑕疵の治癒，違法行為の転換という概念にふれている。しかし，これらの諸概念は，裁判例とともに理解したほうがよいと考えられるし，初学者の段階では必須の知識とはいえないように思われるので，発展的学習の手がかりとしてコラムで取り上げることにしたい。

(1)　違法性の承継　　違法性の承継とは，複数の行政行為が連続して行われる場合に，先行行為に存在した違法性が後行行為に引き継がれ，後行行為の取消事由となりうることである。すなわち，先行行為に不可争力が発生してもはや争うことができなくなっていても，違法性の承継が認められれば，後行行為の取消訴訟において先行行為の違法性を主張することができる。問題は，いかなる場合に違法性の承継が認められるかであるが，通説・判例は，連続した一連の手続を形成し一定の法効果を目的としているような前後の行政行為の間に違法性の承継を認めている（最判昭25・9・15民集4・9・404）。

　違法性の承継の肯定例として，自作農創設特別措置法に基づく農地買収計画と農地買収処分（前掲最判昭25・9・15），土地収用法に基づく事業認定と収用裁決（札幌地判平9・3・27判時1598・33，東京地判平16・4・22判時1856・32），東京都建築安全条例に基づく建築基準法上の接道義務に関する安全認定と当該建築物の建築確認（最判平21・12・17民集63・10・2631）があり，否定例として，国税徴収法および地方税法に基づく第1次納税義務者に対する課税処分と第2次納税義務者に対する納税告知（最判昭50・8・27民集29・7・1226）がある。

これらの事例の詳細を検討するためには，各個別法の規定を分析しなければならないが，一般論として，違法性の承継の有無を判断するためには，先行行為と後行行為の目的の同一性，沿革的な一体性，先行行為を争うための手続的保障の程度などが個別に検討されている。

(2)　瑕疵の治癒　　瑕疵の治癒とは，行政行為に瑕疵があっても，その後の事情の変更によって実質的に是正されたと解される場合に，当該行政行為を有効なものとして取り扱うことである。たとえば，処分要件が事後的に充足したような場合に瑕疵の治癒が認められることがある（最判昭36・7・14民集15・7・1814）。このように，瑕疵の治癒は，法的安定性や行政効率の観点から認められる場合があるが，法治主義の原則の重大な例外であるため，安易に認められるべきではないだろう。

(3)　違法行為の転換　　違法行為の転換とは，ある行政行為が違法であっても，これを別の行政行為としてみれば瑕疵がなく法定の要件をみたしている場合に，この別の行政行為として有効に成立していると取り扱うことである。たとえば，ある行政行為が適用された根拠条文との関係では違法であるが，他の根拠条文との関係でみれば適法と認められる場合に違法行為の転換が認められることがある（最大判昭29・7・19民集8・7・1387）。このように，違法行為の転換は，行政行為の不必要なやり直しを避けるという行政効率に資するものであるといえるが，瑕疵の治癒と同じように，法治主義の原則の重大な例外であるため，安易に認められるべきではないだろう。

〔児玉　弘〕

第 **12** 章

行政契約

I　行政契約の意義と種類

1　行政契約の意義

▶ 概説

　第11章で学んだ行政行為は，行政の権力性や優越性といった特性を典型的に備えていた。しかし，行政の目的は，なにもこのような権力的な行為ばかりで実現されるわけではない。相手方の合意を前提とする契約（行政契約）による場合もある（なお，行政行為が行政庁によって行われるのに対して，行政契約は国や地方公共団体など権利義務の主体としての行政体が行う点でも区別され，また，法行為である点で，行政契約は権利義務の変動を伴わない事実行為，たとえば，つぎにのべる行政指導とは性質を異にする）。むしろ行政は，現代の行政需要の多様化に伴って，さまざまな手法を使い分け，あるいはそれらを幾重にも組み合わせながら公益の追求を図る必要があり，とりわけ給付行政の領域においては，非権力的な法行為である契約が多く用いられる傾向をみせている。

　ただし，契約という行為形式は給付行政の分野に限られるわけではない。たとえば，パソコンや机の購入といった私経済作用にはじまり，公共施設の建設のために業者と結ぶ請負契約や，環境維持のため企業と結ぶ公害防止協定など，行政のきわめて広い領域で用いられている。しかし，このような行政契約に関しては，とりわけその法的規律のあり方や私人の救済と関連して，Ⅱでみるように，行政法学上の重要な検討課題が多く存在している。

▶ 伝統的学説における公法契約

　行政体による契約の締結という法行為は，いわゆる伝統的行政法学によって

も関心が払われてこなかったわけではない。ただしそこでは，公法・私法二元論（このことについては，第Ⅰ部第2章Ⅲを参照）の立場から，行政上の契約が公法契約と私法契約とにあらかじめ二分され，私法契約とは異なった特殊な法理が適用される公法契約だけが検討の対象とされていた。しかもその際，公法契約の締結はどのような領域でどのような場合に可能かといった，公法契約締結の自由性にむしろ議論の重点が置かれ，その公法契約をいかに法的にコントロールしていくかといった検討はそれほどなされてこなかったのである。とはいえ，現行の行政事件訴訟法4条が「公法上の法律関係に関する訴訟」を定めているのも，伝統的行政法学が考えていた「公法契約」を予定したものといわれているし，判例にも，社会保険診療報酬請求事務の委託を「公法上の契約」と解したものがある（最判昭48・12・20民集27・11・1594）。

　その意味では，今日でも訴訟手続の観点からは「公法上」の契約を論じる意味がなお存在するかもしれない。けれども，そもそも公法契約と私法契約の区別の基準自体が明確ではなく，したがって区別に困難をきわめる場合も多く考えられる。他方で，公法上の当事者訴訟も，たとえば，取消訴訟における行政庁の参加（行訴23条），職権証拠調べ（同24条），判決の拘束力（同33条1項）および処分等の理由を明確にする資料提出についての釈明規定（同23条の2）が準用される（同41条）ことを除き，民事訴訟と比べてそれほど実質的な差異があるわけではない。そのようなことから，公法と私法の概括的な二分論がすでに否定されている今日，「公法契約」のカテゴリーをあらかじめ措定し，そこから演繹的に特殊な法理を適用するという考え方は，もはや採用されないものと思われる。学説においても，国や地方公共団体などの行政体が，行政目的実現のために，少なくとも一方の当事者となって締結する契約を広く検討対象とし，その内容や効果を実定法に即して具体的に分析することによって，「行政契約」に適用される法理を個別的に究明せんとする傾向が一般的である。

2　行政契約の種類

▶ 概説

　行政契約には，行政体相互の間で取り交わされるものと，行政体と私人との間で取り交わされるものとがあるが，その内容や性質の観点からみれば，おお

よそ，①行政上の事務に関する契約，②行政の手段調達および財産管理作用としての契約，③給付行政上の契約，および④規制行政上の契約の4種に分類される。以下，順をおって説明する。

▶ 行政上の事務に関する契約

まず，行政上の事務に関する契約とは，行政上の事務に関し，行政体相互間で行われるもので，たとえば，地方公共団体の間で行われる事務の委託（自治252条の14），境界地の道路や河川の管理費用の分担（道路54条，河川65条），市町村相互間等における学齢児童の教育事務の委託（学教40条1項）に関する契約などがこれにあたる。これらは，法律で予定された権限に変動を加えるものであり，契約が締結されることによって，当該権限はすべて受託者に移ることになる点，注意を要する。なお，公共施設の管理やゴミの収集など行政上の事務を私人に委託する契約も，相手方私人に行政事務の日常的，継続的遂行を義務づける必要があるという点では行政目的実現の手段としての性格が強く，ここに含めて考えられる。

▶ 行政手段の調達および財産管理作用としての契約

物品納入や公共事業請負などのいわゆる政府契約，公共用地取得のための契約その他の公用負担契約，普通財産の貸付けのための契約など，行政活動に必要な物的手段その他財産の取得・管理・処分の作用として行なわれる契約がこれにあたる。これらは，主として，行政体と私人との間で締結されるものであるが，国有財産の地方公共団体への売払いなど，行政体相互の間でも成立することがある。なお，行政財産の貸付けなど，実定法上は許可の形式がとられていることがある（この点については，後述の「▶ 形式的行政処分と取消訴訟」（167頁）を参照）。

なお，行政手段の調達のための行政契約の方式・内容について，環境への配慮あるいは行財政の効率化の視点から「民間化」規制を行う各種の法律が制定されている。たとえば，1999年に成立した，民間の資金や経営上のノウハウを公共施設の建設，維持管理等へ活用しうる法律根拠を定めた「民間資金等の活用による公共施設等の整備等の促進法」（PFI法）をはじめ，2000年のグリーン購入法（「国等による環境物品等の調達の推進等に関する法律」）は，環境への負担がより少ない製品の購入を国や自治体等に対し義務づける（3条1項）もので

あり，また，2007年には，環境配慮法（「国等による温室効果ガス等の配出の削減に配慮した契約の推進に関する法律」）が成立し，エネルギーの合理的かつ適切な使用，および温室効果ガス等の排出削減に配慮した契約の推進を義務づけている（努力義務）。

▶ 給付行政上の契約

公的扶助や社会保険などの社会保障行政，公共施設や公企業による役務の提供などの供給行政，さらに経済・産業政策としての資金補助行政など，とくに給付行政の領域においては，契約という行為形式が多く用いられている。たとえば，社会保障行政の領域における各種の資金の交付や貸付契約（生活保護74条，児童福祉56条の2など），公営住宅貸付契約，上水道の利用契約，経済行政領域における企業に対する資金の交付や貸付契約などが，これにあたる。法律に特別の規定がなければ，給付行政については契約方式の推定がはたらくと解されているが，現行法上，公共施設の利用承認，補助金などの交付，年金の給付などに，行政処分の形式がとられていることがある（自治244条の4，補助金適正化6条，国民年金16条など）。

▶ 規制行政上の契約

契約が，もっぱら相手方私人に一定の負担を負わしめ，いわば規制行政の代替手段として利用されるような場合がある。たとえば，公害を発生させるおそれのある事業者に各種の公害防止措置を約束させる「公害防止協定」（コラム12「公害防止協定」参照）は，法の欠缺部分を補なったり，法の定めよりも厳しい規制を行う手法として用いられている。この公害防止協定の法的性質については，従来，当該条項に契約としての法的効力を認めない紳士協定ないし行政指導とする立場と，法的効力を有する行政契約と解する立場があったところ，最高裁は，規制的内容の条項に効力を承認した（最判平21・7・10判時2058・53）。ただし，法律による行政の原理から，この協定のなかに，違反に対する刑罰規定を盛り込んだり，立入検査などの強制的権限まで規定することはできないと解される。

このほか，地方公共団体と宅地開発業者との間での公共施設の整備等に関する契約である開発協定なども，同様の機能を果たすものとしてあげられるであろう。また，建築基準法に基づく建築協定（69条以下），都市緑地法に基づく緑

地協定（45条以下）のように，私人間の協定を行政庁が認可するという形をとるものも現れている。さらに，道路交通法の改正に基づく違法車両確認事務の民間法人への委託契約がある。そして，地方分権の進展に伴い，とくに地方公共団体において，地域の多様な利害を柔軟に調整する手段として，行政上の契約や協定が多く用いられる傾向にある。

Ⅱ　行政契約をめぐる法的諸問題

1　行政契約の法的規制

▶ 実体的規制

行政契約は，それが互いの合意に基づく法行為である以上，基本的には，民法や商法に基づく契約法原理が妥当する。けれども，財産の売渡しなど，一見したところ私人間における契約と性質は異ならないと思われるものでも，個別法の規定に基づく規制がはたらくなど，私法上の契約規定がそのまま適用されないこともある。たとえば，この場合，国・公有財産の管理の適正（国財18条・24条，自治238条の4以下）などの個別の法規制がかかわってくる。また，行政契約も行政活動のひとつであることから，行政に妥当する法の一般原則に服すべきことも免れない。たとえば，地方財政運営に妥当する「地方公共団体は，その事務を処理するに当つては，……最少の経費で最大の効果を挙げるようにしなければならない。」（自治2条14項）や「地方公共団体の経費は，その目的を達成するための必要且つ最少の限度をこえて，これを支出してはならない。」（地財4条1項）といった原則があり，判例には，市と土地開発公社が締結した土地先行取得の委託契約について，この土地が取得不要な場合や取得価格が著しく高額な場合など，「本件委託契約を無効としなければ地方自治法2条14項，地方財政法4条1項の趣旨を没却する結果となる特段の事情がみとめられるという場合には，本件委託契約は私法上無効になる。」としたものがある（最判平20・1・18民集62・1・1）。このほか，契約締結に際しての裁量権行使に対する信義則や比例原則による規制，あるいは平等原則に基づく差別的取扱いの禁止（たとえば郵便5条）やサービス提供義務（たとえば水道15条）なども，行政契約の実体的な規制の例としてあげられよう。

さらに，法治主義との関連から，法律に違反した内容の契約を結んではならないことはもちろん，契約事項は法律によって当該行政庁に授権された範囲を逸脱するものであってはならないこと，逆に，法律上与えられた権限の行使を制限もしくは不能にする契約を自ら締結することはできないこと，などの規制にも服さなければならないであろう。他方，当該法律の趣旨目的との関連で，契約内容に制約がもたらされる場合も考えられる。

▶ 手続的規制

以上のような実体面に関する規制とならんで，個別法が，手続的な規制を置くことがある。

まず，特定の契約条件に関し，法律または議会の議決を要するとする場合がある。たとえば地方公共団体が締結する契約について，議会の議決が要求されている場合がある（自治96条1項5号）。また，財政法3条によれば，事実上国の独占に係る事業の価格や料金は，法律または少なくとも国会の議決に基づいて定められる必要がある。これは，価格の面でみれば実体的な規制と考えられるが，契約条件を設定する際の手続的規制でもあると考えられる。もっとも，「財政法3条の特例に関する法律」が，かなり広範囲にわたって規制を除外している。

つぎに，国や地方公共団体が，売買，貸借，請負などの契約を締結しようとする場合に，契約の性質や目的（たとえば特殊な技術の必要）からみて指名競争や随意契約に適すると思われるなど一定の場合を除き，一般競争に付さなければならないとの規制が置かれている（会計29条の3・29条の5，自治234条）。なお，指名競争入札における指名について，「およそ村内業者では対応できない工事以外の工事は村内業者のみを指名するという運用について，常に合理性があり裁量の範囲内であるとはいうことはできない。」とする判例がある（最判平18・10・26判時1953・122，判タ1225・210）。

2　行政契約をめぐる訴訟

▶ 訴訟手続と適用法規

行政の手段調達や財産管理の作用として行われる契約の分野で，たとえば物品の購入契約など，行政体と私人との間で締結される契約の性質が私人間の契

約と基本的に同視できるような場合，権利の実現は民事訴訟によると解される。それに対して，行政体相互間の事務委託契約，たとえば教育事務の委託契約や，給付行政ないし規制行政上の契約で公益と密接な関係を有するもの，たとえば公害防止協定などで権利を実現しようとする場合は，公法上の当事者訴訟（行訴4条）によるべきであると考えられる。両者に実質的な差異はみられないが，公法上の当事者訴訟によった場合，職権証拠調べ（行訴24条）や釈明権の特則（同23条の2）を通じて行政側の情報を明らかにできることもありうる。ただし，行政契約に関する争いが民事訴訟と公法上の当事者訴訟のどちらによるべきかの区別は明確とはいえない。

　そこに適用される法規は，私人間の契約と同視できる場合，基本的には民法上の契約に妥当する規定になる。それに対して契約の内容が公益とも密接にかかわる場合，民法の規定の適用が排除されることも考えられる。たとえば教育事務の委託を例にとると，相手方に債務の履行遅滞があれば相当の期間内に履行するよう催告したうえで，履行がなければすぐに解除権が認められるかというと（民541条参照），教育を受ける側の子どもの権利利益を考えれば，契約法原理は必ずしもこの場合にはなじまない。結局，民法の契約規定を直接に適用するかどうかについても，行政契約の内容に即して，個別的に考慮するほかないであろう。

　ところで，行政契約に関しては，行政行為の場合のような瑕疵の程度に応じた無効と取消しの区別があるわけではない。したがって，違法な行政契約が直ちに無効となるのか，あるいは取り消されるまでは有効であるのか，必ずしも明確ではない。ただし，たとえば契約の重要な意思表示に関していえば，基本的には民法の規定に準じて，意思表示に心裡留保，虚偽表示，錯誤にあたる瑕疵があれば無効となり（民93条〜95条），詐欺，強迫にあたる瑕疵があれば取り消すことができる（同96条），と考えてよいであろう。また，契約の内容が，公序良俗（同90条），信義誠実（同1条2項），権利濫用（同条3項）など，法の一般原則に違反するものは，行政契約の場合でも無効となるであろう。さらに，契約内容に関する意思決定の際の行政庁の裁量権行使の部分が，憲法上の拘束原理，たとえば平等原則や比例原則に違反していると思われるものなども，無効となる場合が考えられる。

▶ 形式的行政処分と取消訴訟

　対外的には契約という形式をとる法行為も，その前段階には行政庁の意思決定の過程がある。たとえば，公営住宅の貸付契約の前提には，公営住宅を具体的にだれに貸すかという行政庁の決定が，また資金の贈与契約に先立っても，当該資金をだれに交付するかについての行政庁の意思決定が行われている。そこで，このような点に着目し，法律関係はあくまでも対等な契約関係であるが，訴訟に関しては，行政庁の意思決定の部分を解釈によって行政処分とみたてて，相手方は取消訴訟を提起できるとする考え方がある。とくに補助金等適正化法の適用をうける国の補助金の場合，同法の解釈として，その交付決定は行政行為と解されている。地方自治体の条例に基づく補助金の交付決定も同様に解される。

　さらにこのような訴訟形態が，個別の法律で定められることがある。すなわち，行政契約の場合でも，あるいは行政契約と解しうる場合でも，行政庁の意思決定の部分が行政行為とみたてられ，相手方私人は，その取消訴訟という形式で争うことが予定されているケースがあるのである（国公共済41条，生活保護69条，国民年金101条の２，労災保険38条１項など参照）。

　このような解釈や法制度がとられる理由としては，「大量に発生するこれらの法律関係を明確ならしめ，全体として統一を保って処理する」という技術的な理由，さらには取消訴訟の救済機能を重視し，国民の利害に重大なかかわりをもつ行為で行政庁が少なくとも事実上優越的地位に基づいて行う行為を，できるだけ取消訴訟に組み込み，私人の簡易迅速な救済を実現するという目的があげられる。

　法律に取消訴訟の規定がある場合には，相手方私人は，取消訴訟の排他的管轄に服すると一般に考えられている。取消訴訟によれば，契約の相手方でない第三者も訴訟を提起できる場合があるという利点も考えられるものの，取消訴訟を提起できる場合には，もはや民事訴訟や公法上の当事者訴訟（行訴４条）を提起することはできなくなるとも考えられる。ところが，先にみたように，取消訴訟の管轄に服させるのは，救済の便宜のために非権力的な行為を行政処分に擬制するという側面もあるのに，本来提起可能な民事訴訟や公法上の当事者訴訟まで認めないことになれば，かえって救済の途を閉ざす結果をもたらす

ことになる（たとえば仮処分や給付の訴えが認められないなど），ということは看過されるべきではないであろう。

★コラム12　公害防止協定

　産業廃棄物処理施設の設置は，廃棄物処理法上は知事の許可があれば可能である（15条）。そこでは，地元住民や地元自治体の同意は許可の要件とされていないが，この同意を取り付けることが知事により指導されることもあり，本文でみた公害防止協定は，このような経緯で結ばれることが多い。最判平成21・7・10の事案は，福岡県福間町（合併により福津市が訴訟を引継ぎ）におけるものであり，協定の中に，法律上の許可の有効期間内にもかかわらず，施設全体の使用期限を設ける条項が含まれたものであった。福岡高判平19・3・22は，そのような期限条項は法律上の「許可そのものの運命を左右しかねないような本質的な部分に関わる」として，その効力を否定していたところ，最高裁は，法律は「許可が効力を有する限り事業や処理施設の使用を継続義務を課すものではない」として，期限条項も廃棄物処理法の趣旨に反するものではないとした。公害防止協定を結んだ事業者が義務の履行を怠り，地方公共団体がこれを放置すれば，結局は住民の利益が侵される結果をもたらすのであるから，そのようなときに自治体や住民は，事業者に義務を履行するようもとめる合理性はあるように思われる。今後，このような訴訟のあり方に関しても詳細に検討を加えていく必要があるであろう。

〔石森久広〕

第 **13** 章

行政計画と行政指導

I　行政計画

1　行政計画の意義と種類

▶行政計画の意義

　行政計画は，行政が将来を展望して到達すべき目標を設定し，その達成のために必要な諸手段をあらかじめ総合的に提示する活動である。

　もともと行政計画は，国民との関係では，行政行為などの行為形式の介在によって初めて法効果が生ずると考えられてきたため，伝統的な行政法学のなかではとりたてて独立の検討対象とされることはなかった。しかし，現在の社会の不調和の原因のひとつに，過去の無計画な行政が指摘されるようになり，また行政任務の増大，とりわけ生活基盤の整備や地域開発，経済開発，社会福祉などの行政活動が重要視されるようになってくると，単なる法の事後的な執行という枠をこえた，計画的な行政の遂行の必要性が強く認識され，実際にも多くの領域で計画に基づく行政が重要な役割を演じてきている。現在では，行政計画はすでに500本を超える法律によって基礎づけられ，また，社会の高度化・複雑化に伴って政策の実現をめざす政策立法や基本法の増大により，行政計画の役割がますます大きくなってきている。さらにいえば，この計画の策定過程に市民が参加することを通じて市民と行政の協働による政策実現を図る側面からも，行政計画の重要性に注目が集められている。

　しかし，一口に行政計画といっても，当然のことながらそこには，法的な性質や形態を異にする種々のものが含まれている。たとえば，財政計画のように，計画の策定によって直ちに既存の法律関係に変動が生じるわけではない指

針的なものもあれば，都市計画のように，計画決定がなされれば土地利用の規制効果が生じ，外部的に拘束力を有するものも存在する。また，行政計画それ自体を，行政立法，行政行為，行政指導，内部行為等，従来の行為形式にあてはめて論じることも不可能というわけではない。しかし，むしろひとつの行政計画のなかに行政行為，行政契約，行政指導等の諸手段が組み込まれ，それら諸手段の総合によって目標を実現していく方が行政計画としては一般的である。

このようなことから，行政計画を行政法学上総合的・独立の法形式として位置づける見解が有力であるが，その法的性格についてはなお課題が残されており，行政計画の本質論と併せ，今後一層の検討が求められている。

▶ 行政計画の種類

行政計画はその対象や性質などの点で多様なことはすでに述べたが，たとえば以下のような観点からの分類が考えられる。

① 計画の対象分野の観点から，経済計画・財政計画・産業計画・国土計画・防衛計画等々に分類される。

② 計画の対象範囲の観点から，総合計画と特定計画に分類される。前者の例として全国総合開発計画，後者の例として道路整備5か年計画などがある。

③ 計画の対象地域の観点から，全国計画と地方計画等に分類される。たとえば同じ国土利用計画にも，全国計画，都道府県計画，市町村計画がある。

④ 計画の期間の観点から，長期計画・中期計画・短期計画・単年度計画等に分類される。

⑤ 計画の相互関係の観点から，上位計画と下位計画に分類される。たとえば，内閣総理大臣が示す公害防止計画の基本方針とそれに基づき知事が作成する公害防止計画の関係がこれにあたる。

⑥ 計画の具体性の観点から，基本計画と実施計画に分類される。たとえば，都市計画と市街地開発事業計画のの関係がこれにあたる。

⑦ 法律上の根拠の有無の観点から，法律に基づいて決定されている法律上の計画と，特段法律の根拠なく作成されている事実上の計画に分類される。

⑧ 法的拘束力の有無の観点から，拘束的計画と非拘束的計画ないし指針的計画に分類される。前者の例として都市計画や土地区画整理事業計画，後者の

例として全国総合開発計画があげられる。

⑨　拘束的計画は，さらに拘束力の射程の観点から，行政内部のみを拘束する計画と拘束力が外部に及ぶ計画に分類され得る。

⑩　外部的に規制的効力を有する計画も，その規制の法的性質から，付随的なものと本質的なものに分類されることも考えられる。たとえば，土地区画整理事業計画にともなう建築制限が前者，都市再開発事業計画が後者の例と解される場合がある（後掲の「3　行政計画と行政救済」の判例参照）。

▶ 行政計画と裁量

行政計画に共通する特徴として，学説は一般に「目標設定性」と「手段総合性」を指摘する。すなわち，行政計画は，まず将来の予測のもとに目標を設定し，その目標の実現のための行政活動を総合調整することによって，行政の合理性を高めることに寄与するのである。このような行政計画は，まず結果（目的）を措定し，ついでそれへの手段（原因）をフレキシブルに体系化する目的プログラム（手島孝『計画担保責任論』124頁）であるため，将来の予測に係る専門技術性や即応性，柔軟性の必要から，計画の内容については行政庁の裁量に広く委ねざるをえない場合も不可避的に生じる。

しかし，とりわけ計画が国民の法的地位にかかわる内容をもつ場合，あるいは将来の方向を実質的に決定してしまう場合には，そのことは法治主義や民主主義との関連で重大な問題を生じさせる。このような行政計画策定の際の裁量を，とくに計画裁量とよぶが，計画裁量は事柄の性質上，計画策定者に広い裁量が伴う（たとえば，熊本地判平12・9・8判時1769・17〔川辺川土地改良事業変更計画取消訴訟〕）。従来の法律の執行たる行政行為の際の裁量とは性質をかなり異にするこの裁量を，どのように法的に統制していくかは，現代行政法学のひとつの重要な課題となっている。

2　行政計画の法的規制

▶ 法律の根拠

まず，行政計画の策定・運用について，法律の根拠，とりわけ作用法上の根拠まで必要かどうかという問題がある。この点，先に具体的にあげた行政計画の例はほとんど法律上の根拠を有するものであるが，計画の内容についてまで

作用法に具体的な定めが置かれている例は，実際にはそれほど多くない。むしろ，法律に特段の根拠なく策定されている事実上の計画も数多い。行政計画についても，計画策定に法律の根拠を要求することは，法治主義の観点からひとつの有効なコントロール手段となりうる。とはいえ，どの種類の行政計画にどの程度の法律の根拠を要するのか，一律に論じるのは難しい。

しかし，少なくとも，私人の具体的な権利利益の規制という法的効果をともなう計画や法律上の権利義務関係に変動を及ぼす計画には，作用法上の根拠を要すると解される。また，事実上私人の生活に重大な影響を及ぼす計画や，私人・地方公共団体等を誘導する機能を有する計画にも，その程度に応じて，作用法上の根拠または計画に関する組織法上の授権規定を要すると考えられる。

▶ 計画内容の規制

ついで，法律の根拠の問題とは別に，法律で計画の内容面に規制を及ぼすことが考えられる。というのも，計画にともなう裁量の主要部分は，この内容作成時において存在するからである。したがって，内容面に関して適切なコントロールがなされれば，行政計画の法的統制にとって有効な手段となる。学説上も，計画内容の規制として，①計画間での整合性の確保または調整の要請，②計画の策定において勘案または考慮すべき事項の指示，③計画の目標または方向の指示，の存在が指摘されている（芝池義一『行政法読本（第3版）』177頁以下）。現行法上も，たとえば都市計画法が，①について，都市計画と公害防止計画との適合性を，②について，当該都市の発展の動向や人口および産業の将来の見通しなどの勘案事項を，③について，都市機能の維持増進および都市環境の保持という目標の方向性を，それぞれ規定している例がみられる（同13条1項参照）。多数の計画間の調整は重要な課題である。

しかし，いずれにせよ，将来の予測に係る計画の本質からして，内容面の詳細に至るまで法律であらかじめ完全に規律するには限界がある。したがって，計画内容を合理化し，正当性を確保するためには，これに合わせて，国民・住民の参加の視点も加えた，計画策定の手続にもコントロールを及ぼしていくことが必要になってくる。

▶ 策定手続の規制

このような事前手続の例として，現行法で採用されているものに，①議会の

議決（自治96条2項に基づき条例で定められた計画），②審議会の調査審議（国土形成計画4条），③関係する行政機関との協議（同6条5項），④関係する地方公共団体の意見聴取（都計18条1項），⑤公聴会，住民・利害関係人による意見書提出・同意（同16条・17条）などがある。ただし，形式的にこれらの手続を踏むだけでは，手続は形骸化し，逆に行政の責任回避の手段に利用されるにすぎなくなるという弊害もある。そこで，行政計画の策定過程に対する手続的統制をより有効なものとするため，法制度面を含めて，民主的統制の観点から可能なかぎり実効性あるものを工夫していくことが必要である。

3　行政計画と行政救済

▶ 行政訴訟

　行政計画が違法である場合に，関係私人に抗告訴訟，とりわけ取消訴訟の提起を認めるかどうかが問題となる。これは結局，行政計画の策定行為またはその公示行為が「行政庁の処分」（行訴3条）に該当するかどうかという問題にかかわる。この点，一般に，行政計画は抽象度が高く，後の実施段階で行われる個別の処分を争えば足りるとして，処分性が認められない場合が多い（たとえば，最判昭57・4・22は，都市計画における用途地域の指定について，計画決定が不特定多数の者を対象とし，建築制限等の効果がいまだ一般的抽象的であることを理由に，その処分性を否定する）。しかし，個別的にみると，なかには具体的に私人の権利義務に変動を生じる効果を有する計画もあり，そのような計画には処分性が認められることがある。たとえば，最判平4・11・26（民集46・8・2658）は，都市再開発事業計画の決定につき，公告された同計画は私人の法的地位に直接的な影響を及ぼすものであるとして処分性を肯定している。また，土地区画整理事業計画につき，この計画は事業の青写真にすぎず，この計画自体を争うにつき成熟性ないし具体的事件性を欠くとして，処分性を否定していたところ（最大判昭41・2・23判時436・14，いわゆる「青写真判決」），最大判平20・9・10（民集62・8・2029）はこれを変更し，土地区画整理事業計画の決定に処分性を認めた。侵害行為が積み重なって既成事実化し，後から争っても意味がなくなる場合が生じうることや，早い段階で疑義を解消したうえで事業の実施に踏み切るほうがむしろ合理的である場合もあり，当該計画の特質・法的効果を個別

的に検討する視点は重要であろう。なお，土地区画整理事業計画のような，後に事業が継続していく行政計画は，たとえば都市計画法上の用途地域の指定のような「完結型」の行政計画に対比して，「非完結型」とよばれることがある。

行政計画が取消訴訟の対象にならないとされる場合でも，この行政計画を契機に生じた紛争は公法上の当事者訴訟（行訴4条）によって争われる可能性がある。具体的には，当該計画の違法性の確認，当該計画に起因する権利義務の法律関係の確認を求めることなどが考えられよう。

▶ 損害賠償・損失補償・計画担保責任

計画は将来の事柄にかかわるものであるため，予期せぬ社会情勢の変化によって変更や廃止を余儀なくされることがある。計画が途中で変更あるいは廃止された場合，さまざまな事情から計画を信頼して投資などの行動を行ってきた私人に対して，その不測の不利益につき事後的救済が認められる余地があるかどうか問題となる。これに対して，学説は，計画を信頼した私人に対して，一定の要件のもとで救済を認めるべきとする点ではほぼ一致をみている。この点，判例も，市長が市営住宅団地の建設計画を突如廃止したため，市の指導のもとに当該団地予定地に公衆浴場の建設を進めていた業者が損害を被った事件につき，計画の変更は一般的には違法でないとしながらも，業者との関係では信頼を著しく裏切るものとして市に対し損害賠償の支払いを命じている（熊本地玉名支判昭44・4・30判時574・60）。また，最高裁も，地方公共団体の工場誘致政策の変更により，進めていた工場建設の準備を断念せざるをえなくなった事件につき，政策の変更自体は適法としながらも，信頼関係の不当な破壊として地方公共団体の不法行為責任を認めている（最判昭56・1・27民集35・1・35）。

しかし，このような判例の考え方に対しては，「適法行為による不法行為」ないし「相対的違法」ともいうべき理論構成の仕方に疑問を呈し，むしろ損失補償のシステムを用いて救済すべきではないかとする見解（原田尚彦『行政法要論（全訂第7版〔補訂2版〕）』132頁）も主張されている。

この点，計画の変更または廃止に伴う賠償・補償責任を，改廃行為の適法，違法に応じて総体的に，①不法行為責任，②特別法による補償責任，③契約責任，④適切な予防的・経過的・代償的措置を講ずる責任（「（固有の）計画担保責

任」），⑤損失補償責任（憲29条3項），で体系づけ（「（広義の）計画担保責任」），それに対応する「計画担保請求権」を構成する見解（手島孝『計画担保責任論』224頁以下）が存在する。このうち，行政計画の独自の法形式としての位置づけ，計画の一貫した法理論構成の必要性および私人の権利救済の必要性から総合的に判断すれば，④ないし⑤の計画担保責任説が妥当であろう。

II　行政指導

1　行政指導の意義と種類

▶ 行政指導の意義

　行政指導とは，行政庁ないし行政機関が，具体的な行政目的達成のため，相手方に一定の行為を期待してその協力を求め，それ自体法的拘束力なく働きかける事実上の作用である。行政指導は，もともとは講学上の概念であって，実定法上は，勧告，助言，指導，指示，要望などさまざまな呼称が用いられ，統一的にとらえられていなかった。しかし，1993年の行政手続法の制定により，ようやく「行政指導」も一般的なかたちで実定法上の根拠を得るに至った。ちなみに同法は，行政指導に，「行政機関がその任務又は所掌事務の範囲内において一定の行政目的を実現するため特定の者に一定の作為又は不作為を求める指導，勧告，助言その他の行為であって処分に該当しないもの」という定義を与えている（2条6号）。

　行政指導は，行政行為や行政契約が当事者間に一定の法関係をつくりだし，法的効果を発生させるのとは性質を異にする。つまり，指導の相手方となる私人は，仮にその指導に従わなかったとしても，理論的には，法的不利益を受けることはない。行政指導は，単なる事実上の協力要請にすぎないからである。反面，行政機関からみれば，行政指導は比較的自由に行なうことができ，この自由性こそが，行政指導の最大の効用と考えられてきた。行政は，行政指導の形式を利用して，法律の拘束を受けず，しかし法の不備を補いながら，行政需要の変動に即応して，そのときどきの対応措置を展開してきたのである（原田尚彦『行政法要論（全訂第7版〔補訂2版〕）』201頁）。他方，指導を受ける側も，権力的な命令を通じて一方的に義務を課されるより，むしろ指導のかたちで穏

やかに協力をもとめられる方が心理的にも抵抗感が少なく，行政庁の要請を受け入れやすいとみられてきた。行政指導は，このような性質や機能から，わが国の行政においてきわめて重要な役割を果たしてきたのである。

▶ 行政指導の種類

行政指導は，さまざまな観点から分類できる。

(1)　行政指導は，まず機能的な観点から，つぎのように分類されうる。

①助成的行政指導　　私人に対して情報を提供し，その活動を助成するために行われるもので，たとえば，中小企業者に対する経営指導，農家への技術指導，保健所により行われる各種の指導などがこれにあたる。

②調整的行政指導　　私人間の紛争の防止または解決を目的として行われるもので，たとえば，スーパーの進出による地元商店街との紛争の予防，高層建築物の建築主と付近住民の日照をめぐる紛争の調整に関する指導などがこれにあたる。

③規制的行政指導　　私人の活動を規制する目的で行われるもので，たとえば，土地の売買等に関する勧告（国土利用24条），料金の値上げをめぐる行政指導（最判昭57・3・9民集36・3・265参照）などがこれにあたる。

ただし，それぞれの行政指導が以上の3つのいずれかに一義的に分類されるわけではなく，同一の行政指導が2つ以上の機能を兼ね備えることもある。

(2)　行政指導は，法律上の根拠の有無ないし形態の観点からも分類できる。すなわち，①行政指導に具体的な作用法上の根拠があるもの，②作用法上の処分権限（許認可権限等）に基づいて行われるもの，③組織法上の権限に基づいて行われるもの，である。とりわけ，②の行政庁に付与された処分権限の行使の過程で行なわれる行政指導については，申請に係る事前指導の限界や指導の実効性確保の手段としての行政処分の留保（たとえば，建築確認の留保）の許容性が問題となることがある。

(3)　さらに，行政指導には，法律上，その実効性を確保する手段が予定されている場合とそうでない場合がある。たとえば，勧告に従わないときには，その事実の公表が予定されている場合がある（国土利用26条──また第7章I参照）。なお，指導に従わないことに対して罰金等の処罰が予定されていれば，法律上は仮に「指示」という言葉が使われていても，法的には私人に対して一定の義

務を課す，行政行為の性質をもった行為と解される。

(4)　また，行政指導は，相手方がだれかの観点から，①私人に対して行われるものと，②他の行政体ないし行政機関に対して行われるものに分類できる。②には，たとえば環境大臣が関係行政機関の長に対して行う勧告（環境省設置法5条2項）のような例がある。ただし，行政組織内部で上級機関と下級機関の関係にある場合は，法律上は仮に「勧告」や「助言」と規定されていても，法的には訓令の性質をもった行為と解される。

2　行政指導の法的規制

▶ 法的規制の必要性

行政指導に一定の役割が認められる反面，行政指導をめぐるトラブルも多い。たとえば，作用法上の根拠なく行われる行政指導は，行政側の任意の判断で行われるため，責任の所在すら明確さを欠くことも稀ではない。また，とりわけ規制的行政指導が行政側の誤った判断で行われ，指導権能が濫用されることは私人の権利保護との関係で大きな問題となっている。加えて，行政側の有する他の権限のために納得のいかない指導にも不本意ながら従わざるをえなかったり（いわゆる江戸の敵を長崎で討たれるの例），たとえ違法な行政指導であっても，いったんそれに従ってしまうと，あらためて指導の違法性を争うことが困難になるという事情も存在する。このように，行政指導は事実上の行為であるにもかかわらず，場合によっては私人に対してきわめて重大な影響力を及ぼす可能性があることから，その権限行使を法的にも適切にコントロールしていく必要が生じる。

▶ 法律の根拠

行政指導のなかには，法律に根拠が置かれ，法律の定めるところに従って実施されるものもある。しかし，その多くは，とくに作用法上の根拠をもつことなく，行政庁の適宜の判断に従って実施されている。行政指導といえども，当該行政機関に組織法上与えられた所掌事務の枠をこえるものであってはならないことはいうまでもない。問題は，さらに行政指導に関する作用法上の根拠を必要とするかどうかである。

この点，たしかに行政指導は事実行為であり，相手方に対する直接の強制力

を有するものではない。したがって形式的にみれば，行政指導には必ずしも作用法上の根拠まで必要とされないかもしれない。しかも，行政指導が迅速に行政需要に対応できる手段であることに思いをいたせば，すべての指導に法律の根拠を要求するとすれば，かえってその長所を失わせることにもなりかねない。侵害留保説・権力留保説や社会留保説の立場からも，行政指導には法律の根拠は要しないと解されている（第2章を参照）。

　ただ，少なくとも，行政指導の機能的視点から，その遵守が事実上強制され，相手方の権利自由が実質的に制限される行政指導については，法律の根拠が必要であると解すべきであろう（たとえば，不遵守事実の公表と結びつけられた行政指導など）。ただし，そもそもそのような事実上の強制力を伴った行為まで行政指導とよぶべきかどうかは再検討する必要があろう。

▶ 実体的および手続的規制

　法律に根拠がない行政指導でも，当然のことながら，当該行政機関の任務または所掌事務の範囲を逸脱してはならない（行手32条1項）。また，法律の優位の原則から，実定法の趣旨・目的や明文規定に反するような行政指導は許されないし，それが行政活動である以上，行政の一般的な拘束原理である平等原則，比例原則，信義誠実・信頼保護の原則等による規制も及ぶ。最高裁でも，たとえば前述のように，地方公共団体による工場誘致の決定や，その後の勧誘を信頼して行動した者につき保護が与えられている（最判昭56・1・27民集35・1・35）。

　また，宅地開発指導要綱などに基づく行政指導に従わないことを理由とする給水拒否（たとえば最決平元・11・7），あるいは行政指導がなされていることを理由とした建築確認の留保（最判昭60・7・16民集39・5・989）や特殊車両通行認定の留保（最判昭57・4・23民集36・4・727）の許容性が裁判上争われてきたが（第7章I参照），この点，行政手続法は，行政指導の内容があくまでも相手方の任意の協力によってのみ実現されるものであることに留意し，相手方が行政指導に従わなかったことを理由として不利益な取扱いをしてはならないことを規定するに至った（行手32条2項）。また，とくに許認可等の処分権限に付随して行われる行政指導については，もはや従う意思のないことを表明した申請者に申請の取下げや内容変更の指導を継続したり，相手方に処分権限をことさ

らに示して指導に従うことを余儀なくさせてはならないことが義務づけられている（同33条・34条）。

　さらに，行政指導の方式につき，行政指導に携わる者は，その相手方に対して，当該行政指導の「趣旨及び内容並びに責任者」を明確に示さなければならないこととし（同35条1項），とくに，当該行政指導をする際に，許認可等をする権限や許認可等に基づく処分をする権限を行使しうることを示すときには，その根拠となる法令の条項，そこに規定された要件および当該権限行使がこの要件に適合する理由を示すことが求められている（同条2項）。もし，これらが口頭でなされた場合においては，書面の交付が求められれば，一定の場合を除き（同条4項），「行政上特別の支障がない限り」，交付しなければならない（同条3項）。

▶ 行政指導の中止の求めおよび行政指導の求め

　2014年の行政手続法改正により，違法な行政指導の中止等を求める「行政指導の中止等の求め」および一定の行政指導を求める「行政指導の求め」の制度が導入された。

　まず，「行政指導の中止等の求め」について，行政手続法36条の2によれば，法律に規定が置かれている行政指導に限られるが，相手方は，当該行政指導が当該法律に規定する要件に適合しないと思料するとき，その旨を申し出て，当該行政機関に対して当該行政指導の中止その他必要な措置をとることを求めることができることとされ（同1項），この申出があったときは，当該行政機関は，必要な調査を行い，当該行政指導が当該法律に規定する要件に適合しないと認めるときは，当該行政指導の中止その他必要な措置をとらなければならないこととされた（同3項）。

　また，「行政指導の求め」については，行政手続法36条の3によれば，同じく行政指導の根拠が法律に置かれているものに限られるが，何人も，法令に違反する事実がある場合において，その是正のためにされるべき行政指導がされていないと思料するとき，当該行政指導を行う権限のある行政機関に対し，その旨を申し出て，当該行政指導をすることを求めることができ（同1項），この申出があったときは，当該行政機関は，必要な調査を行い，その結果に基づき必要があると認めるときは，当該行政指導をしなければならないこととされた

（同3項）。

　これらの申出は，いずれも行政機関に判断の端緒をうながす趣旨であり，対応結果を申出人に応答する行政機関の義務まで伴うものではないと解されているが，制度設計のあり方として，通知義務等の措置が考えられてよいとの指摘もある（塩野宏『行政法Ⅰ（第6版）』337頁）。

3　行政指導と行政救済

▶ 行政訴訟

　行政指導が違法である場合，私人はその取消しを求めて，あるいは被った損害の賠償を求めて訴訟を提起することが認められるであろうか。

　行政指導が取消訴訟の対象となるかどうかは，それが行政事件訴訟法3条2項に定める「行政庁の処分その他公権力の行使に当たる行為」にあたると解されるかどうかによる。一般には，行政指導が相手方に対して直接の法効果を及ぼすものではないことを理由に「処分」には該当せず，したがって取消訴訟の対象とはならないと解される。

　しかし，例外的には，たとえば，行政指導に従わない結果が公表されるなど他の行為と結びつけられているときは（国土利用26条），公表に先行する行政指導自体の取消訴訟の提起を認める必要性や，さらに，事実誤認に基づく戒告や警告などの行政指導によって侵害された営業上の利益や名誉・信用等を回復する必要のある者に対しても，取消訴訟の提起を認めるべきであるとの見解が主張されてきた（原田尚彦『行政法要論（全訂第7版〔補訂2版〕）』205頁）。少なくとも，行政指導が現実に果たしている機能を考慮することなく，一律に取消訴訟の対象から排除することには疑問があるところ，最判平17・7・15（民集59・6・1661）は，医療法30条の7に基づく知事の病院開設の中止の勧告につき，その処分性を認めている。この勧告そのものには法的拘束力はないが，勧告に従わない場合に保険医療機関の指定を拒否すると通告されたことや病院開設者にとっての指定のもつ意味等が併せ考えられ，「中止勧告」の段階で処分性を認めた結果であった。

　なお，行政指導が取消訴訟になじまない場合でも，行政指導を契機に生じた紛争が公法上の当事者訴訟（行訴4条）によって争われる可能性がある。具体

的には，当該指導の違法性の確認，当該指導に起因する権利義務などの法律関係の確認を求めることなどが考えられよう。

▶ 損害賠償

行政指導により現実に損害が生じている場合には，その損害の塡補を求めるという形で争うことが考えられる。ただし，国家賠償法に基づく損害賠償責任が成立するためには，行政指導が国家賠償法１条にいう「公権力の行使」に該当しなければならない。行政指導は非権力的な事実行為であるので，取消訴訟における「行政庁の処分」と同様，一見すると「公権力の行使」に該当するとは考えにくい。しかし，今日では「公権力の行使」も広義に解され（第18章Ⅰ参照），行政指導の実態的な機能に着目して，そこに事実上の強制の要素が客観的に存在する場合には，行政指導も国家賠償の対象に含まれると解され，この点は，判例でもすでに定着している。たとえば指導要綱に基づき開発協力金や教育施設負担金として寄付を強要する行政指導につき賠償責任が肯定された事例（最判平５・２・18民集47・２・574），誤った教示・指導により損害が発生したことが明らかとされた事例（最判平22・４・20裁時1506・５）などがある。それに対して，なされた行政指導に従うか従わないかについて，相手方になお選択の余地があった場合には，国家賠償責任は否定されると考えるべきであろう。

なお，行政手続法が定める行政指導の手続規定（32条～36条の３）は，訴訟上の観点からも，行政指導の存否や内容の真偽をめぐるトラブルの防止や解決に有効に機能することが期待される。

★コラム13　小田急訴訟における公害防止計画

くわしくは，取消訴訟の原告適格で学習することになるが，公害防止計画の存在が，都市計画事業の認可の取消しを求める原告適格判断においてきわめて重要な役割を果たした例がある。有名な「小田急訴訟」（最大判平17・12・７民集59・10・2645）であるが，まず，都市計画法は，同法59条の認可を受けて行われる都市計画施設の整備に関する事業につき，当該事業の内容が都市計画に適合することを認可の基準の１つとし（61条１号），この都市計画は，当該都市について公害防止計画が定められているときはこれに適合したものでなければならない（13条１項柱書）と規定している。この公害防止計画の根拠法令は環境基本法である。環境基本法は，事業活動に伴って生ずる騒音，振動等によって人の健康または生活環境に係る

被害が生ずることを公害と定義した上で（2条），環境大臣に対して，関係都道府県知事に公害の防止に関する施策に係る基本方針を示して，その施策に係る公害防止計画の策定を指示するよう義務を課している（17条）。そして，この地方公共団体である東京都にも，公害防止計画の達成に必要な措置を講ずるように努力義務が課されている（同18条）。これらのことから，都市計画事業の認可に当たって，周辺住民の騒音振動の被害から免れ良好な生活環境が保全されるという利益が法律上保護されているかの判断は，当該都市計画認可に関する都市計画法の規定だけでなく，公害防止計画を媒介に環境基本法および東京都環境影響評価条例も併せた関連法令の体系のなかで行われなければならないとされたのである。行政計画が法的意義を有する1つの重要な例である。

〔石森久広〕

第**14**章

行政の実効性の確保手段 (1)
――行政強制

I 行政強制の意義と種類

▶ 行政の実効性の確保手段

　行政が法に基づき市民・事業者に対して一定の義務を課したが，相手方が従わない場合を想定して，行政は一体どのような制度を設けるべきであろうか。行政は義務の履行を図る「強制執行」を用いることもあろうし，義務違反に目をつけて制裁を科す「行政罰」が義務の履行を促すこともあろう。また，従わない者について公表などの措置で義務を履行させることもあるだろう。これらは義務を課して，相手方がそれを履行しない場合の行政側の対応であるが，たとえば，新型インフルの感染者が発生したため，この者を強制入院させる措置のように，義務を課す課さないにかかわらず，迅速に一定の状態を生み出す「即時強制」という制度もある。

　これらのうち，本章では，「強制執行」と「即時強制」を中心に扱い，「行政罰」は次章で扱うことにする。また，オーソドックスな実効性確保手段以外にも実効性の確保手段として機能するものとして，①公表，②給付の拒否，③独占禁止法などの課徴金，④税法上の加算税等があるが①②について本章でふれる（③④は，次章で扱う。）。

　ところで，義務履行の確保についてみると，すべての国家に共通の制度があるわけではない。アメリカでは行政上の義務について裁判所による司法的執行を原則とし，ドイツでは行政権による実現，すなわち行政的執行に重きをおく。日本は戦前はドイツ型の行政執行制度をモデルにしたが，戦後はこれを縮小している反面，アメリカのように司法的執行が利用しやすいという状況でも

なく（後掲の宝塚市パチンコ条例事件参照），法規の整備が課題となっている。

▶ さまざまな義務と強制執行の類型

　行政が課す義務は，作為義務・不作為義務・受忍義務・納付義務に分けられるが，ここでは，現行の法制度がどうであるかを度外視して，義務履行確保のための執行制度を「理論的に」考えてみよう（あとで述べるように法が整備されていないため，以下の例の一定部分は「架空」である）。

　行政庁の下命行為の対象が，①撤去，②改善措置，③退去，④営業停止，⑤入院，⑥納付，のそれぞれであるとする。相手方が義務を履行するまで金銭を支払わせることで義務を履行させようとする手段を執行罰＝間接強制といい，理論上はこれらすべてに可能である（⑥については無意味だろう）が，これ以外にどのような強制執行が可能かが考えてみよう。

　まず，①のとき，代わってなしうる（代替的作為義務）ので，「代わって撤去する」（代執行）ことが考えられる。②のときは，改善措置が代わってなしえない（非代替的作為義務）のであれば，代執行はできないため，執行罰に期待するが，代わってなしうるのであれば①と同じく代執行もできる。③のとき，代わってなしえない（「なす義務」でなく「与える義務」である）ため代執行はできないが，「退去させる」（直接強制）ことが考えられる。④の場合，不作為義務であり，本人でなければ止めることはできないから，代執行はできず，ズバリ「事業所を封鎖する」（直接強制）ことが考えられる。⑤の場合，受忍義務であり，他人が代わるのはナンセンスであるから，代執行はできず，「入院させる」（直接強制）ことが考えられる。⑥についても，他人の納付は無意味であるので，「財産を差し押さえる」（強制徴収）ことが考えられる。以上のような行政上の義務に対して，日本法はどのような強制執行制度を置いているかを次節で説明する。

II　行政上の強制執行

1　行政上の強制執行の意義とわが国の行政上の強制執行制度

▶ 行政上の強制執行の意義

　行政上の強制執行とは，行政上の義務の不履行に対し，行政権の主体が，将

来に向かい，実力をもって，その義務を履行させ，またはその履行があったのと同一の状態を実現する作用である。民事法においては，自力救済は原則的に禁じられ，権利の実現は司法手続によるものとされているから，権利者は，民事訴訟を起こし，債務名義をえて，民事上の強制執行を申し立てねばならない。しかし，行政上の義務の場合は，これを早急に実現することが公益上要請され，また，納税義務のように大量反復的に生じる義務については，低コストで迅速に履行を強制しうる方法が必要である。そこで，行政上の法律関係において，行政庁には，司法権の手を借りずに義務の履行を強制する特権が与えられている。このように行政に自力救済の特権が与えられていることは，行政行為の効力論において，「行政行為の自力執行力」として説明されてきた（第Ⅲ部第11章参照）が，自力執行力とはいっても，行政行為の授権法律とは別に，強制執行の授権法律が用意されていることの反射にすぎないから，効力と呼ぶのはふさわしくない。すなわち，強制執行も典型的な侵害行政であり，法律の留保の原則によって，執行権限を授権する法律の規定が必要であり，それは，義務を課す下命権限を授権する法律とは別に存在しなければならないのである。

　問題は，法律が行政上の強制執行をどのように整備しているかであるが，つぎに述べるように，戦前と異なり，戦後は強制執行を部分的にしか整備していない。そして，判例（後掲の「▶行政上の強制執行と民事上の強制執行」宝塚市パチンコ条例事件）は，行政上の義務の履行を確保する手段として，民事上の強制執行を用いることを大きく制限した。また，行政代執行法の定め方から，条例独自で強制執行をつくり出すことはできないとされてきた。このようななかで強制執行制度に関する立法論が盛んになってきている。

▶ 戦前の行政上の強制執行と現行の行政上の強制執行

　行政上の強制執行制度は，戦前と戦後で大きな違いがある。戦前は，国税徴収法が行政上の強制徴収を規定し，行政執行法が代執行・執行罰・直接強制の３つの行政上の強制執行のほか，即時強制の手段についても定めていたから，行政執行法は行政強制に関する一般法であった。一般法であるということは，下命権限さえあれば，あとは一般法の授権により強制執行が可能なので，戦前は「行政行為に自力執行力がある」という命題は正しかったのである。

　しかしながら，行政権の判断で直接私人の身体・財産に実力を加える直接強

制や即時強制の手段は運用次第では人権侵害のおそれが強くなる。基本的人権の尊重を原理とする現行憲法の下で，従来の強制執行制度は大きく様変わりした。すなわち，行政執行法は廃止され，一般法としては行政代執行法が代執行のみを規定したにとどまり，国税徴収法が国税について強制徴収を規定しているほかは，執行罰と直接強制については，一般的な強制執行制度としては姿を消し，わずかにいくつかの個別法に規定があるのみとなった。

▶ 行政上の強制執行と民事上の強制執行

民事上の強制執行は，私人による自力救済が禁止された代償として，国家＝裁判所が債権者の補助者としてあらわれ，債権者の請求権を実現する他力執行の制度である。これに対して，行政上の強制執行は，行政庁が，裁判所の介入を経ないで，自らその義務の存在を確認して，独自の強制手段により執行を行う自力執行の制度である。

行政上の強制執行と民事上の強制執行との関係に関して，論じなければならない2つの点がある。

前述のように，戦後，行政上の強制執行制度は大きく縮小されたから，行政上の強制執行が整備されていない領域については，どうするかが問題となる。行政体が私人と対等の立場に置かれるような法律関係においては，行政体は私人と同じく，民事上の強制執行を利用することができるし，また，それによってでなければ権利の実現を図ることができない。たとえば，普通財産である公有地が不法に占拠され，工作物が設けられている場合に，その撤去を求めるのは，物権的請求権を根拠として，民事上の強制執行の方法によって原状回復を図る。

ところが，行政上の義務を相手方が履行しない場合には民事上の強制執行は利用できるか。この点に関し，宝塚市が制定したパチンコ等の建築規制条例に基づき，市長が発した建築中止命令にもかかわらず，業者が建築工事を続行しようとしたので，市が，業者を相手取り，建築工事の続行禁止を求める民事訴訟を提起した事件で，最高裁は，「行政事件を含む民事事件において裁判所がその固有の権限に基づいて審判することのできる対象」は，裁判所法3条1項にいう「法律上の争訟」に限られ，「国又は地方公共団体が提起した訴訟であって，財産権の主体として自己の財産上の権利利益の保護救済を求めるような

場合には，法律上の争訟に当たるというべきであるが，国又は地方公共団体が専ら行政権の主体として国民に対して行政上の義務の履行を求める訴訟は，法規の適用の適正ないし一般公益の保護を目的とするものであって，自己の権利利益の保護救済を目的とするものということはできないから，法律上の争訟として当然に裁判所の審判の対象となるものではなく」，このような訴訟を認める特別の規定も存しないから，不適法である，とした（最判平14・7・19民集56・6・1134）。この最高裁判決は学界から厳しい批判を受けており，判例変更を望む見解も強い。批判論の1つが「片面的法律上の争訟論」とでもいうべきもので，地方公共団体が下した工事中止命令の義務履行を業者側からは争うことができる（「法律上の争訟」〔裁3条1項〕にあたる）のに，地方公共団体側から争うことができない（「法律上の争訟」にあたらない）のはおかしいという議論である。ここでは，法を整備しない限り，行政上の強制執行も民事上の強制執行も使えない領域があるということである。地方分権の観点からすれば，地方公共団体が新たな行政活動を条例で設け，私人に義務を課すことまでは自由に認められるのに，その義務の履行を確保することは代執行を除いては十分にできないというのは問題である。

　2つめは，行政上の強制執行が可能であるときの，民事上の強制執行の可否の問題であって，こちらは行政上の強制執行も民事上の強制執行も使えそうな領域での問題であるので，事態は深刻ではない。学説は積極・消極2つに分かれ，判例（最判昭41・2・23民集20・2・326）は消極説に立ち，行政上の強制徴収が認められている場合には，民事上の強制執行によって債権の実現を図ることは，立法の趣旨（農業災害補償法87条の2）に反し，公共性の高い農業共済組合の権能行使の適正を欠くものとして許されない旨，判示している。これをバイパス理論という。

2　代執行

▶代執行の意義

　代執行は，他人が代わってすることができる作為義務（代替的作為義務）が履行されない場合に，当該行政庁が自ら義務者のすべき行為をし，または第三者にこれをさせ，その費用を義務者から徴収する制度である。一般的な法律とし

て，行政代執行法があるが，個別法規で代執行について定めをおく場合がある（建基 9 条12項，収用102条の 2 第 2 項など）。同法 1 条は「行政上の義務の履行確保に関しては，別に法律で定めるものを除いては，この法律の定めるところによる。」と定めている。同法 2 条の「法律（法律の委任に基づく命令，規則および条例を含む）」との対比で， 1 条の「法律」は文字どおり法律のみをさし，条例を含まないことから，代執行が強制執行の原則的手段であるとともに，条例独自で新たな強制執行手段を作出することができないと解されている。

　代執行の対象となる義務は，行政代執行法 2 条によれば，「法律（法律の委任に基づく命令，規則および条例を含む）により直接に命ぜられ，又は法律に基づき行政庁により命ぜられた，他人が代わってなすことのできる義務」である。これにより，条例に基づく義務も代執行法の対象となる。しかし，対象があくまで「代替的作為義務」であるため，不作為義務・受忍義務・非代替的作為義務は，代執行の対象とならない。たとえば，道路の敷地を不法占拠して工作物を設けることは，不作為義務違反であるが，それは代執行の対象でないので，道路法の規定に基づき，その除却を命じ（下命という行政行為を発する），作為義務を作出してから代執行する。

　また，庁舎の使用許可が撤回されれば，従来の使用者は庁舎を明け渡さなければならないが，この明渡義務は，法律により直接命ぜられた義務や行政行為に基づく義務ではなく（明渡しの下命処分は存せず，あるのは使用許可撤回処分のみである），また「与える義務」であって，代替的作為義務ではないから，代執行によることはできないとされる（参照，大阪高決昭40・10・ 5 行裁16・10・1756）。

　なお，土地収用法102条の 2 第 2 項は，明渡し裁決後，土地物件の引渡し義務の不履行の場合の代執行を定めているが，引渡し義務は代執行では説明できない（直接強制である）とする学説もある。

▶ 代執行の要件

　行政代執行法 2 条によれば，代執行がなされるためには，①代執行の対象となる義務を義務者が履行しないこと，②他の手段によってその履行を確保することが困難であること（補充性の要件），③その不履行を放置することが著しく公益に反すると認められること（公益違反性の要件），の各要件を充たす必要がある。義務者の義務不履行を理由として，直ちに代執行の手続をとることは許

されない。代執行手続が個別法規に定められているものについては，当該法規の定める要件を充たさなければならない。

▶ 代執行の手続

　代執行の手続は，①戒告，②代執行令書による通知，③代執行の実行，④費用の徴収の4ステップからなる。行政庁は，相当の履行期限を定め，不履行の場合には，代執行をなすべき旨を，あらかじめ文書で戒告しなければならない（代執3条1項）。指定の期限までに義務の履行がないときは，行政庁は，代執行令書をもって，代執行をなすべき時期，代執行のために派遣する執行責任者の氏名および代執行に要する費用の概算による見積額を通知する（同3条2項）。非常の場合または危険切迫の場合に，代執行の急速な実施について緊急の必要があり，戒告や代執行令書による通知の手続をとる暇のないときは，それぞれの手続を省略できる（同3条3項）。

　指定の期限までに義務の履行のないときは，行政庁は，自ら義務者のなすべき行為をし，または第三者にその行為をさせる。行政庁は，実際に要した費用の額，納期日を定め，文書をもって，義務者に納付を命ずる（同5条）。代執行に要した費用は，国税滞納処分の例により（＝国税徴収法の例により），徴収しうる（同6条）。

　なお，個別法規で「簡易の代執行」とよばれる制度が広く定められている（例，屋外広告物法7条2項）。これは，義務を課すべき相手方が確知できない場合に，簡易な手続で代執行をしてしまう制度である。機能的には即時強制に類似している。しかし，条例で簡易の代執行を設けることはできないと考えられている。

▶ 代執行と争訟

　ここでは，下命行為と代執行を取消訴訟で争う場合の問題を整理する（代執行に限らず下命行為の強制執行行為一般に妥当することでもあるが，ここでふれる）。まず，代執行の戒告は抗告訴訟で争うことが可能である。しかし，一般に「下命行為と執行行為の間」に違法性の承継は認められない。これは，同一目的・同一効果と見ないか，違法性の承継に関する最高裁の近時の判例（安全認定と建築確認の事例，最判平21・12・17民集63・10・2631）のように，先行行為を争う実質的機会の有無を考慮すれば，下命行為を争うチャンスは十分あるから違法

性の承継を認める必要はないことによる。そうすると下命行為が無効である場合を除いて，代執行を争う訴訟で下命行為の違法を主張しえない。相手方は，まずは下命行為を争うべきである。また，取消訴訟（本案）に対応した「仮の権利保護」制度である執行停止は，「手続の続行の停止」を含むので（行訴25条2項），下命行為の取消訴訟を提起する場合に，執行停止の申立てをして，代執行行為に着手することをとりあえず食い止めることができる。下命行為が取消判決で違法であると判断された場合には，行政庁は，取消判決の拘束力（行訴33条）によって，執行行為をとることができない。

▶ 代執行の機能不全

じつは，代執行の機能不全が指摘されて久しく，その理由の1つが2条の定める要件の重さである。補充要件として，「他の手段」を十分検討したか，不履行を放置することが「著しく公益に反する」とまでいえるかなど，行政庁が要件充足の判断を躊躇すること，代執行に強権発動というイメージがつきまとうこと，職員に代執行業務に精通している者が少ないことなどの理由で，行政が代執行の手続を利用することがきわめて少ないといわれている。

しかしながら，一定の場合には，代執行を行わないことが社会通念に照らし，著しく不合理であるとして，国家賠償責任が認められることに留意すべきである（宅地擁壁の崩壊事故について大阪地判昭49・4・19判時740・3）。

3　代執行以外の強制執行

▶ 執行罰

執行罰とは，行政法上の義務が履行されない場合に，義務者に心理的圧迫を加え，その履行を将来に対して間接的に強制するために，義務者に対して加えられる強制執行である。罰とあるが刑事制裁ではなく，間接強制の手段である。

戦前は，行政執行法が，不作為義務および非代替的作為義務の実現のために執行罰を一般的に認めていたが，戦後は執行罰を一般的な強制執行制度として認める法律はなく，個別法としては，砂防法36条のみが存在する。

執行罰は将来に向かっての履行確保の手段であるから，過去の1つの義務違反行為に対して1回しか科すことができない行政罰（二重処罰の禁止。憲39条）

とは異なり，義務の履行のあるまでは，反復して科しうる。現存する砂防法の執行罰は過料額が低額で（500円以内と規定），現実には活用されていないが，現実に履行がなされるまでは何度でもかけることができ，また，過料額をある程度多額のものにすれば効果的な義務履行確保手段となることから，執行罰をもっと設けるべきとの立法論が展開されている。なお，条例では執行罰を直接規定することはできないと考えられている。

▶ 直接強制

直接強制とは，義務者の義務の不履行の場合に，直接に，義務者の身体または財産に実力を加え，義務の履行があったのと同一の状態を実現する作用をいう。直接強制は戦前は行政執行法に基づく一般的な制度であったが，戦後は個別法上の制度にとどまる。現在の立法例として，成田国際空港の安全確保に関する緊急措置法3条の手段がある。同法は，国土交通大臣が発令した規制区域内での工作物使用禁止命令に違反した工作物の封鎖・除去，現場にある者の退去の措置等を定める。

直接強制と即時強制は財産・身体に実力を加える点では共通するが，直接強制が義務の不履行を前提とするのに対して，即時強制は義務の不履行を前提としない。

▶ 行政上の強制徴収

行政上の強制徴収とは，行政上の金銭給付義務を履行しない場合，行政庁が，強制手段によって，その義務が履行されたのと同様の結果を実現するためにする作用をいう。性質上は直接強制の一種である。租税債権など大量に発生する行政上の金銭債権の迅速かつ効率的な処理の必要から認められた制度である。行政上の強制徴収に関する一般法は存在しない。国税徴収法が，国税の租税債権について，行政上の強制徴収手続を定めている（国税徴収法第5章「滞納処分」）。国税債権以外のものについては，各個別法（たとえば，地方税法，国民年金法，健康保険法など多数）が国税徴収法の準用規定（「国税徴収の例による」，「国税滞納処分の例による」）を置くことによって強制徴収制度を採用する。その限りで，実質上，国税徴収法の滞納処分についての規定は，公法上の金銭債権の強制徴収手続法として一般法の性格をもつ。

国税については，まず，国税通則法37条に基づいて，督促がなされる。行政

上の強制徴収について，他の法律で国税徴収法を準用する場合には，督促については，それぞれの法律に規定を置く。その後，税が納付されないときは，滞納者の財産が差し押さえられ（国徴47条以下），差押財産は，金銭・債権・有価証券を除き，原則として公売により，換価される（同89条以下）。

4　強制執行以外の実効性の確保手段

▶ 公表

　行政行為（下命）に対して相手が従わない場合に相手方の違反事実を公表することがある。公表は行政指導についての実効性確保措置としても出てくるが，行政指導特有の問題はここではふれない（第Ⅲ部第13章Ⅱ参照）。公表は，社会的非難がもつ間接的な強制機能を通じて，行政目的の達成に協力させようとし，あるいは義務を履行させようとするものである。公表が，あくまで制裁的措置としてのものならば，法律の留保の原則により，法律または条例で明記する必要があろう。

　また，制裁的公表は，相手方の名誉・信用を傷つけるおそれがあるし，相手方が事業者であれば風評被害の発生のおそれもある。事前に相手方に弁明の機会を付与するなどの手続が求められる。

　公表には処分性が認められないため，取消訴訟や差止め訴訟（抗告訴訟としての）は提起できないが，事後的な国家賠償訴訟はもちろんのこと，当事者訴訟としての差止め訴訟も考えられる。

▶ 給付の拒否

　行政指導のところで述べるように（第Ⅲ部第13章Ⅱ），行政指導の実効性確保手段として，給付の拒否が考えられるが，このうち給水拒否については，判例・通説は許されないとする。行政指導に従わない場合だけでなく，違法建築物を是正しないとか，税を納付しないなどの行為であるからといって，給水拒否が正当化されるものではない。市民生活の基本に関わるものであり，また，他の目的で制定された法律において考慮しうる事項を水道法15条にいう「正当な理由」の有無の判断対象に含めてはならないからである。

　ところで，一定の行政サービスを拒否しうることを条例で定めた例がある（たとえば「小田原市市税の滞納に対する特別措置に関する条例」は，悪質な市税滞納

者について，各種補助金の給付の拒否，各種貸付金の融資の拒否などサービスの停止を
なしうることを定めるが，現実には比例原則的運用が強く望まれる）。

Ⅲ　即時強制

1　即時強制の意義

▶ 即時強制の意義

　　即時強制とは，義務を命ずる時間的余裕のない緊急の場合またはその性質上
義務を命ずることが困難もしくはそれによっては目的を達しがたい場合に，直
接に相手方の身体または財産に実力を加え，行政上必要な状態を実現する作用
をいう。即時とは，義務を賦課する行為を経ないでという意味であり，必ずし
も時間的に即時にという意味ではない。相当の時間をかけた判断の後に行われ
るものであっても，あらかじめ特定の義務を課すことなく行われる強制は，即
時強制である。

　　即時強制は，義務賦課行為と義務の不履行を前提としないから，義務履行確
保手段ではない。むしろ，実効性の確保手段としては，行政上の強制執行と行
政罰が並ぶ。しかしながら，即時強制は，国民の身体または財産に強制を加え
る作用である点において，行政上の強制執行と共通し，とくに即時強制と直接
強制とは，内容面でも類似性が強くみられる。行政法学の教科書が，従来，強
制執行と即時強制をまとめて行政強制として位置づけたのはそのためである。

▶ 即時強制と直接強制

　　感染症予防法19条の強制入院は，入院勧告をして，それでも相手が入院しな
い場合に患者を強制入院させるもので，即時強制である。しかし，入院勧告で
なく入院命令を下して，相手が従わない場合に強制入院させる措置とすれば，
これは直接強制と説明できる。直接強制と即時強制はこのように類似してい
る。

　　直接強制は戦後は一般的な制度としては消滅し，立法例はほとんどないが，
直接強制を即時強制で代替している面がある。とくに地方公共団体は，直接強
制を条例で創設できないため，即時強制が代替している。たとえば，自転車の
放置禁止条例を設けて，移動命令のシールを貼ってもなお放置された自転車を

撤去する行為は即時強制である。簡易の代執行は設けられず，さりとて正規の代執行は大げさすぎ，現実的でない。

2 即時強制の種類と問題点

▶ 警察官職務執行法の定める即時強制

警察官の行う即時強制に関する一般法として，警察官職務執行法がある。同法の定める即時強制としては，保護（3条），避難等の措置（4条）・犯罪の予防・制止（5条）・立入（6条），および武器の使用（7条）がある。これらは，必ずしも，行政警察作用の一環としての即時強制のみでなく，司法警察作用と連続する手段も含まれている（5条・7条がそうであろう）。

▶ 個別法の定める即時強制

個別法に定める即時強制の例はいろいろある。

身体に強制を加える即時強制としては，強制検診・強制入院（感染症予防法17条・19条），強制収容・強制退去（出入国管理及び難民認定法39条・52条）などがある。

財産に実力を加える即時強制としては，土地物件の使用・処分・使用制限（消防29条，水防21条），狂犬の撲殺（狂犬9条），仮領置（銃刀11条）・没収（未成年者飲酒禁止法2条），無償収去（食品28条）・違法駐車車両のレッカー移動（道交51条）などがある。

即時強制は条例でも設けることができる。前述の放置自転車の撤去行為が例である。

▶ 即時強制の法的問題

即時強制は，法律または条例の根拠に基づいてのみ，行うことができるから，たとえば，公害防止協定に立入検査を認める条項があっても，それは即時強制としての立入検査権を根拠づけるものではない。また，即時強制は，行政機関が何らの予告なく実力を行使し，国民の身体・財産に制約を加える作用であり，しかも，強制入院措置や仮領置などのように継続的効果を有するもの（公権力の行使たる継続的事実行為）を除き，即時完結型のものは不服申立てや取消訴訟によって争いえず，事後的には国家賠償以外に救済方法がない。事前には，差止め訴訟（および仮の差止命令）によって救済を図ることができる場合が

考えられるが，即時性のゆえにタイミングよく争うことが困難な場合が少なくない。また，行政手続法上も，2条4号イや3条1項13号で適用除外されているのは，事前に時間をかける余裕がないという理由である。以上の点を考えると，即時強制の権限の発動に関しては，要件の充足の認定および行使される実力の程度に関して，比例原則が厳格に適用されねばならない。

即時強制の種類によっては，令状主義になじまないものがあるのは当然ではあるが，憲法の令状主義の観点からみれば，現在わずかしかない令状主義の立法例（前述の国税犯則取締法2条や関税法121条の臨検・捜索・差押え，警察官職務執行法の24時間を超える警察官の保護）をさらに拡大させる余地はある。

★コラム14　空家等対策の推進に関する特別措置法

何年も前から，誰も住んでいないお化け屋敷のような空き家が全国各地で増え続け，防災防犯上の課題とされてきた。各市町村は条例をつくって即時強制（代執行と異なり費用の強制徴収の権限がない）を導入したり，建築主事を置く市では特定行政庁の地位を用いて建築基準法とその施行条例で対応したりしてきたが，2014年に空家等対策の推進に関する特別措置法が制定され，2015年から施行されている。

この法律は，「特定空家等」を，「そのまま放置すれば倒壊等著しく保安上危険となるおそれのある状態又は著しく衛生上有害となるおそれのある状態，適切な管理が行われていないことにより著しく景観を損なっている状態その他周辺の生活環境の保全を図るために放置することが不適切である状態にあると認められる空家等」と定義する（2条2項）。

「特定空家等に対する措置」として，市町村長は，特定空家等の所有者等に対し，一定の行為をするよう助言または指導し（同法14条1項），改善されない場合は勧告し（同2項），勧告措置がとられない場合は事前手続をへてこれを命じ（同3項），履行しないとき等は代執行する（同9項）。相手方が確知できないときは簡易の代執行による（同10項）。

これらの対象行為は，特定家屋等が「そのまま放置すれば倒壊等著しく保安上危険となるおそれのある状態又は著しく衛生上有害となるおそれのある状態」にあるかどうかで異なり，あてはまるならば「除却，修繕，立木竹の伐採その他周辺の生活環境の保全を図るために必要な措置」であり，そうでない場合は「除却」は除く。

同法の施行によって，すでに空家対策条例を制定してきた自治体は，条例の整理が求められた。

〔小原清信〕

第15章

行政の実効性の確保手段 (2)
——行政罰

I 行政罰の意義と種類

▶ 行政罰の意義

　行政罰とは，行政上の義務違反に対して，制裁として科せられる罰をいう。行政罰は，①刑法に刑名のある刑罰を科す行政刑罰と，②過料を科す行政上の秩序罰に分けられる。

　前章でみたように，行政上の義務違反に対して，必ずしも強制執行によってその履行が確保されているわけではない。むしろ多くの行政法規は，強制執行が可能なものであっても，法規のうしろで「雑則」の次に「罰則」を並べ，不履行に対して罰を科し，その威嚇によって履行が担保されていることが多い。

▶ 行政刑罰と行政上の秩序罰

　行政刑罰とは，行政上の義務違反に対し科される，刑法に刑名のある刑罰をいう。行政刑罰には，法律に違反する行為を罰する直罰規定と，違反に対して行政庁が何らかの命令を下し，それに従わない場合に処罰する間接罰規定とがある（コラム15）。

　行政上の秩序罰とは，行政上の義務違反に対し，過料という制裁を科すことをいう。秩序罰の語は，ドイツ語の Ordnungsstrafe の訳である。行政上の秩序罰は，住民基本台帳法53条2項の定める転出入の届出義務違反のように，行政上の義務違反ではあるが，形式的なもので，社会的な非難の程度の低い，比較的軽微な違反行為に対して科せられるものであると説明されてきた。その意味では行政刑罰と行政上の秩序罰の間には，はっきりとした違いがあるはずである。しかし，現実の立法例をみれば，行政刑罰を科する場合と過料を科する

場合との区別の基準は，必ずしも明瞭ではない。地方公共団体の科す過料のうちにも，行政上の秩序罰の性質のものと，国法ならば行政刑罰をもって制裁とするはずのところだが過料とされている（本来ならば行政刑罰に値する）ものとが混在している。

▶ 課徴金・加算税等の制度

　課徴金は違法な行為に対する金銭的な負担を課すことによって，適法性を確保する措置である。独占禁止法の課徴金は，一般消費者保護のために，経済法上不法な利益を得た者に対し，その利益の額に応じて課せられる一種の制裁金であり，不当な利益を取り上げることによって，経済規制のための法を遵守させようとする。課徴金と刑事罰の併科は二重処罰に該当しない（最判平10・10・13判時1662・83〔社会保険庁シール談合事件〕）。もっとも同法の課徴金は，2005年の法改正によって，その額が大幅に引き上げられ，不法な利益に相当する額を超える金額を徴収することができるようになったため，他の刑事罰との併科が二重処罰に当たらないとする説明がむずかしくなっている。

　加算税とは，申告納税方式または源泉徴収等による国税について，申告義務または徴収義務違反に対して課す制裁としての附帯税である。国税通則法上，①過少申告加算税，②無申告加算税，③不納付加算税，④重加算税の４つがある。国税における加算税に相当するものとして地方税には加算金という制度がある。これらは，納税の実をあげるためになされる行政上の措置であるから，刑事罰との併科は二重処罰に当たらないとするのが判例・通説である。

II　行政罰の特殊性

▶ 行政刑罰の手続の特殊性

　行政刑罰にも，原則として，刑法総則が適用される（刑8条本文）。また，行政刑罰は，通常の刑事罰と同じく，刑事訴訟法の定める手続に従って科される。しかし，以下の特例も存在する。①国税犯則取締法14条および関税法138条に基づく通告処分手続，②道路交通法127条に基づく交通反則通告制度，③交通事件即決裁判手続法に基づく即決裁判手続がそれである。①②は行政機関のみによる手続であるが，③は司法機関（簡易裁判所）が行う手続である。

①②においては，国に金銭を納付すべき旨が通告されるが，厳密には刑事罰を科すものではない。通告された旨を履行した場合には刑事訴追を免れるが，そうでない場合には通常の刑事手続に移行する。③は正式の公判前に簡易裁判所が行う簡易裁判手続であり，被告人に異議がなければ即決裁判で罰金または科料を科すことができるというものである。以上の特例は，大量に発生する比較的軽微な行政犯について簡易な手続によることが便宜・迅速であること，相手方にとっても簡易迅速な解決が望ましいこと，別に正式な裁判手続が開かれている以上憲法に違反しないこと，などの理由によって積極的に評価される。

▶ 両罰規定

行政罰にあっては，法人にも犯罪能力が認められる。一般に，刑罰法規は法人を罰することを認めていないが，行政法規には，行為者を罰すると同時に，法人をも罰するとする両罰規定を置くことが多い。たとえば，個人情報保護法58条1項は「法人……の代表者又は法人若しくは人の代理人，使用人その他の従業者が，その法人又は人の業務に関して，前二条の違反行為をしたときは，行為者を罰するほか，その法人又は人に対しても，各本条の罰金刑を科する。」と定めている。

企業に対するコンプライアンス（法令遵守）が従来にも増して重要視される。違反した個人のみの刑事責任を問うにとどまるとし，企業が責任を問われないとしたのでは，違反抑止の効果は薄い。その意味で両罰規定は重要である。しかも，近時は，法人に対する罰金刑を規定上高額なものとする実定法令が目立つ。たとえば，廃棄物の処理及び清掃に関する法律32条は，不法投棄に対して，法人に「3億円以下の罰金」を科しうる旨規定している。

▶ 行政上の秩序罰の手続

過料は刑法上の刑罰でなく，刑法総則の適用はない。手続も，刑事訴訟法の手続にはよらない。過料には，国が科す過料と地方自治法に基づく過料とがある。前者は，国の法律が過料を制裁として定めている場合であり，後者について，地方自治法14条3項は，条例中に，条例に違反した者に対し，5万円以下の過料を科する旨の規定を設けることができる旨を，また15条2項は，規則中に，規則に違反した者に対し，5万円以下の過料を科する旨の規定を設けるこ

とができる旨を規定している。

　国が科す過料と地方自治法に基づく過料とは，手続においても異なっている。前者は，非訟事件手続法の定めに従って，過料に処せられるべき者の住所地の地方裁判所が科す。後者は，地方公共団体の長が行政処分の形式によって科すが，過料の処分に不服のある者は，不服申立て（審査請求）や行政訴訟を提起することができる。

Ⅲ　行政罰をめぐる問題点

▶ 行政罰と刑法総則

　行政刑罰は刑法上の刑罰であるから，刑法総則が適用される。ただし，刑法以外の法令に「特別の規定」があるときは，それが適用される。行政法規が，明文で特則を規定するときは，そのかぎりで刑法総則の適用が排除される。問題は，明文の規定がないのに，行政犯と刑事犯との違いを考えて，条理上，刑法総則の適用を排除してよいかということである。この点について，「特別の規定」は明文の規定のみをさすとする説（A説）と，条理上認められるべき特殊性をも含めた意味に解釈すべきであるとする説（B説）が対立する。

　たとえば，古物営業法16条は，古物商に対して，一定の事項につき，帳簿等への記載または電磁的方法による記録を義務づけ，同法33条で，これを怠った者を処罰することとしている（6月以下の懲役または30万円以下の罰金）。刑法38条1項は，法律に特別の規定がある場合を除いて，罪を犯す意思がない行為は罰せられない旨を規定する。そこで，この場合の「記載しない行為または記録しない行為」は過失行為をも含むかが問題となる。B説は，行政犯の場合，明文の規定がなくとも過失犯も罰せられるとの立場をとるが，A説は，これを消極に解する。判例は，前記の古物営業法につき「その取締る事柄の本質にかんがみ，故意に帳簿に所定の事項を記載しなかったものばかりでなく，過失によりこれを記載しなかったものをも包含する法意である」とする（最判昭37・5・4刑集16・5・510）。故意犯だけを取締の対象とすれば，過失による言い逃れが増え，取締が徹底できなくなるという考えに立っているものと思われる。

　一方，行政上の秩序罰は刑罰ではなく刑法総則の適用がないことから，違反

者の主観的要件である故意または過失を不要として客観的な違反事実があれば過料を科しうるとする学説および下級審判例があるが，秩序罰にも罪刑法定主義・責任主義が妥当するとする説が対立している。これに関連して近時話題の路上喫煙禁止条例に関し，過失がない場合には過料を科すことはできないとする事例がある（東京高判平26・6・26判時2233・103，一審判決は過失がないとして過料処分の取消しを認めたが，控訴審判決は過失があったとする）。

▶ 行政刑罰と過料の選択

　条例で違反行為に行政刑罰を設ける場合，条例案の段階で，地方検察庁との協議が事実上必要とされている。行政刑罰の捜査を担当するのは，警察であり，さらに起訴便宜主義の壁があって，行政が刑罰を科したいと考えても，思うようにはいかない。そこで，行政刑罰の機能不全を過料で補うとか，公表などの社会的制裁に期待する例が多い。一般に条例・規則で過料を科する場合，地方自治法14条・15条により5万円以下の過料を科する規定を設けることができるが，地方分権の視点からは，この5万円という上限の妥当性が問われよう。

▶ 行政刑罰と過料の併科をめぐる問題

　地方自治法の定める過料は，地方公共団体の長が行政処分の形式によって科し，過料の処分に不服のある者は，不服申立てや行政訴訟を提起することができる。このことからわかるように，過料を賦課する行為は本質的に行政作用であるととらえられている。行政上の秩序罰と行政刑罰は制度上は明確に区別される。そこで，両者を併科することは差し支えないとする考え方が学説・判例上支持されてきた。ただし，この考えは両制度の違いをあくまで形式面でとらえたものということができる。両者の区別は実際には明確ではなく，併科の合理性を疑問視する考えも有力である。

★コラム15　判例にみる行政刑罰規定の意味

　行政刑罰規定の存在が裁判所の判断のキーポイントとなることがある。行政計画のところで取り上げる遠州鉄道事件判決（13章I）がそうである。これは長らく行政計画の処分性否定論として君臨し続けた青写真論で有名な土地区画整理事業計画の判例法理を覆したものである。最高裁は，事業計画の公告の日から建築行為等が制限され，違反者に原状回復命令が下され，これに従わない場合には刑事罰が科さ

れることをも考慮して,「付随的効果論」の看板を引きずり下ろしたのである。

　本文（196頁）でも述べたように，行政刑罰には，法律に違反する行為を罰する直罰規定と，違反に対して行政庁が何らかの命令を下し，それに従わない場合に処罰する間接罰規定とがある。集会の自由が問題となった広島市暴走族追放条例事件というのがある。憲法の人権論からすれば，かなり「出来の悪い条例」であって，「公共の場所において，当該場所の所有者又は管理者の承諾又は許可を得ないで，公衆に不安又は恐怖を覚えさせるようない集又は集会を行うこと」を禁止し（同条例16条1項1号），この禁止行為が「本市の管理する公共の場所において，特異な服装をし，顔面の全部若しくは一部を覆い隠し，円陣を組み，又は旗を立てる等威勢を示すことにより行われたときは，市長は，当該行為者に対し，当該行為の中止又は当該場所からの退去を命ずることができる。」とし（同17条），19条は，この市長の命令に違反した者は，6月以下の懲役または10万円以下の罰金に処するものと規定している。最高裁は条例に対してかなり強引な限定解釈を施した上で，「本条例……の規定による規制は，……規制に係る集会であっても，これを行うことを直ちに犯罪として処罰するのではなく，市長による中止命令等の対象とするにとどめ，この命令に違反した場合に初めて処罰すべきものとするという事後的かつ段階的規制によっていること」も考慮に入れて，いまだ憲法21条1項・31条に違反するとまではいえないと判示した（最判平19・9・18刑集61・6・601）。純粋な暴走族でなくて前衛的な芸術活動をする集団までもこの条例にひっかかりそうであるが，直罰規定でないため，暴走族と認定ミスしたのであれば中止命令の段階で行政は気づくであろうから，比例原則的運用を視野に入れて合憲判断が導きだされたものといえる。

　なお前章で出てくる宝塚市パチンコ条例事件で，当時の条例には，市長の不同意とそれに続く建築中止命令については罰則がなかった。そこで市が業者を相手に民事裁判を提起したという事例で，他の自治体の類似条例には罰則規定がある。宝塚市は事件後，条例を改正して罰則を入れている。はじめから罰則を入れていたら，違った展開になっていたかもしれないのである。

〔小原清信〕

第Ⅳ部

行政活動の法的統制

第16章

行政事前手続のしくみ

I　適正な手続保障の意義

　行政が申請に基づく許認可や不利益処分を行うことは，申請者や名宛人としての国民の権利自由に直接に関わる作用である。ここでは国民の権利・自由の保障とあわせて，公正で透明な行政の意思決定のプロセスが要請される。行政庁が正しい決定をなすには，実体的な公正，つまり根拠法に基づく処分内容の公正のみでは不十分であり，その（事前の）決定過程の公正さも求められる。

　こうした手続保障は，まず英米法系の国家の法原則として確立された。アメリカでは，単なる法定手続の保障にとどまらず，適正な法の手続（due process of law）が憲法上要請されている（合衆国憲法修正5条・14条）。イギリスでは，何人も聴聞なしでは不利益をこうむらないことを内容とする自然的正義（natural justice）の原則として確立した。

　他方，「法律の定める手続」を保障している憲法31条には「適正」の文言がない。そのため，法定手続の保障をめぐる解釈の余地は残る（法律の形式であればよいのか，あるいは適正な法律であることまで要請されるのか。さらには，手続であって実体を含まないのか，それとも実体をも含むのか）。くわえて，行政手続の保障をめぐる憲法上の根拠についても，諸説が主張されている（①憲法31条説，②憲法13条説，③憲法13条および31条説，④手続的法治国家説）。また，憲法31条が行政手続に適用されるかについて最高裁は，いわゆる成田新法訴訟の大法廷判決（最大判平4・7・1民集46・5・437頁）において憲法31条が行政手続にも及ぶとしながらも，行政手続は刑事手続とは性質を異にし，目的も多種多様であって，告知・弁解・防御の機会を与えるかどうかは，被制限利益と公益とに関す

る諸事情を「総合較量」して決定すべきであると，判示した。

　わが国における統一的な行政手続法制は，1994（平成6）年10月施行の行政手続法（平成5年法88）制定までまたなければならなかった（なお，アメリカでは1946年に連邦行政手続法［Administrative Procedure Act: APA］が制定されており，ドイツでも1976年に，連邦行政手続法が制定されている）。

　ここで広く行政手続という場合には，行政権の作用に関するすべての手続をさす。この広義の行政手続は，行政立法の手続や行政計画の策定手続，行政処分手続，行政強制手続，行政契約の締結手続，行政指導の実施手続，行政審判手続，および行政不服審査手続まで含み，事前手続（行政庁が処分その他の公的決定をする前に経る手続）と，事後救済手続（行政庁が処分その他の公的決定をした後の救済手続である）の双方に及ぶものである。他方で狭義の行政手続とは，事前手続のみを意味する。

II　行政手続の基本原理

▶ 適正手続・国民参加とその現状

　行政手続を構成する基本原理は，適正手続と国民参加である。

　適正手続の原理は，行政手続の適正・公正の確保と国民の権利や自由の保障を図るものである。国民参加の原理は，行政の民主的統制の観点から国民の意見を行政決定過程に反映させるものである。

　ここでは，行政決定に関与する者の意向をいかに反映させるかが核心となり，①告知・聴聞（notice and hearing：処分の際に処分内容・理由を知らせ，相手の言い分を徴すること），②文書閲覧（処分の際に当該事案に関する行政庁の文書等の記録を相手方に閲覧させること），③理由付記（処分の際に，その理由を処分書面に付記し相手方に知らせること），④処分基準の設定と公表（処分の際に，よるべき基準を設定し，これを事前に公表しておくこと）という「行政手続4原則」が法定手続の中心をなす。他方で，行政の意思形成過程への参加，民意を取り入れた合理的規範定立のための行政手続の整備も不可欠である。国民参加の原理としては，従来から公聴会手続や審議会手続が機能してきたが，さらに，2005（平成16）年の行政手続法改正によって，命令等の「意見公募手続等」（第6章）が導

入された（後述）。これは，1999年3月の閣議決定に基づく「規制の設定又は改廃に係る意見提出手続」（いわゆるパブリック・コメント手続）に代わるものである。

▶ オンライン化法と行政の効率化

2002（平成14）年12月には，「行政手続等における情報通信の技術の利用に関する法律」（平成14年法151。行政手続オンライン化），「行政手続等における情報通信の技術の利用に関する法律の施行に伴う関係法律の整備等に関する法律」（平成14年法152），および「電子署名に係る地方公共団体の認証業務に関する法律」（平成14年法153。公的個人認証法）の3法律（いわゆる「行政手続オンライン化3法」）が制定された。

これらは，法令上の申請や届出をオンラインで行うことを可能にするため，行政手続に関する国民の利便性の向上と行政の効率化の推進を目的とする法律である。行政手続と電子行政をめぐる問題については後述する（なお，行政手続にかかるマイナンバー（個人番号）の利用等をめぐる問題については第17章を参照）。

Ⅲ 行政手続をめぐる主な判例

▶ 行政手続法制定以前の主な判例

行政手続法5条は，申請に対する処分に際しての審査基準を設定し，公表する義務を定める。法制定以前に行政の裁量基準の設定を求めた司法判断に「個人タクシー事件」の最高裁判決がある（最判昭46・10・28民集25・7・1037）。最高裁は，法律上の抽象的な免許基準を具体化した審査基準を設定し，聴聞などの際の必要事項について，申請人の主張と証拠提出の機会を与えなければならないとして，本件免許申請の却下処分の違法を判断した。

また，行政庁の処分が諮問を経る場合の手続については，いわゆる「群馬中央バス事件」の最高裁判決がある（最判昭50・5・29民集29・5・662）。最高裁は，運輸審議会（諮問機関）での審理を経た処分の瑕疵について，つぎのように判断している。処分庁（当時の運輸大臣）が諮問機関の答申に十分な考慮を払い，特段の合理的な理由のない限りこれに反する処分をしないことにより，当該行政処分の客観的な適正妥当と公正を担保することを法が所期している場合

の諮問の経由は，きわめて重大な意義を有する。したがって，当該諮問機関の決定（答申）自体に法が諮問機関に対する諮問を経ることを要求した趣旨に反すると認められるような瑕疵があるときには，これを経てなされた処分も違法として取消を免れない（ただし，本件運輸審議会手続における不備は重大な違法ではなく，旧運輸大臣の本件処分を違法として取り消す理由とはならない）。

▶ 理由提示とその不備

　書面での理由提示，すなわち理由付記をめぐる判例上の法理は，租税法領域を端緒としつつ（ここでは，特に所得税法45条の青色申告の更正通知書における理由付記をめぐる最判昭38・5・31民集17・4・617。以下，昭和38年判決），その後，他の行政領域にも広がりをみせた（たとえば，旅券法14条の一般旅券発給拒否処分にかかる理由付記が問題となった最判昭60・1・22民集39・1・1，判時1145・28〔以下，昭和60年判決〕や，東京都情報公開条例9条に基づく不開示処分にかかる理由付記をめぐる最判平4・12・10判時1453・116〔以下，平成4年判決〕などを参照）。

　最高裁は理由付記の一般的な目的として，処分庁による判断の慎重・合理を担保してその恣意を抑制するとともに，処分理由を相手方に知らせて不服申立てに便宜を与えることをあげる（昭和38年判決）。こうした目的からすると，行政庁は処分の具体的根拠を明らかにし，理由付記の記載自体から相手方に了知可能な根拠記載を行わなければならず，ここで単に処分の根拠条文を示すだけでは，理由付記としては不十分となる（昭和60年判決，平成4年判決）。

　また最高裁は，旧法人税法35条の青色申告承認取消処分にかかる審査決定通知書の理由付記が問題とされた事案で（最判昭37・12・26民集16・12・2557，判時325・14），当該青色申告書提出承認取消処分における理由不備の瑕疵は，当該処分に対する再調査決定または審査決定において処分の具体的根拠が示されたとしても，治癒されない旨を判示した。

　なお，理由提示・付記について行政手続法は，申請に対する処分の場合の理由提示（8条），および不利益処分における理由提示義務（14条）を規定している。いずれの場合も，各条所定の理由について，書面による処分の場合に，書面による理由提示を義務づける（8条2項・14条3項）。

Ⅳ 行政手続法

▶ 法の適用範囲

　法の適用除外（3条・4条）が重要である。法3条3項は，同条1～2項各号までに規定されるもののほかに，「地方公共団体の機関がする処分（その根拠となる規定が条例又は規則に置かれているものに限る。）及び行政指導，地方公共団体の機関に対する届出（前条第7号の通知〔同法第2条7号届出の定義としての「通知」をさす＝筆者注〕の根拠となる規定が条例又は規則に置かれているものに限る。）並びに地方公共団体の機関が命令等を定める行為」について，法2章から6章までの規定を適用しない，と定めている。そのため，上記の行為に関する行政手続は，地方公共団体の措置を待つことになる（46条）。

▶ 申請に対する処分 （法2章：5条-11条）

　許認可や免許を求める市民の要求に対して，行政庁が許諾の応答をすべきこととされている場合，そうした市民の求めを「申請」という（2条3号）。

　申請に対する処分の第1のプロセスとして，法5条は，申請によって許認可するか否かの審査基準を設定し，公表する義務を定める。そして，同6条は，申請を処理するための標準的な処理期間を定めるよう求めているが，これは努力義務である。この標準的処理期間を定めた場合には，公にすることが義務づけられる。

　第2のプロセスは，9条で規定される申請の審査状況，処分の見通し，申請に必要な情報の提供である。これは努力義務である。さらに，同法10条は，申請者以外の第三者の利益を考慮すべきことが許認可等の要件とされている場合に，努力義務的に公聴会などの開催することを規定している。

　第3のプロセスは，形式上の要件に適合しない申請がなされた場合，行政庁は申請者に補正を求めるか，または許認可等を拒否することになる（7条）。ただし，ここで注意すべきは，7条が，申請到達後に行政側が「受理」すべきか否かといったステップを踏ませることなく，申請が到達した時点で，行政側に審査義務を生じることを明記した点である（到達主義）。したがって，ここでは行政側に「受理」「不受理」の判断の余地はない。そして，行政側が内容を

実質的に審査して許認可などを拒否する処分を行う場合には，行政庁は理由を付すことを義務づけられる（8条）。ただし，審査基準が客観的指標によって明確な場合等はこの限りではない（同条1項）。書面による処分の場合には，書面による理由提示が義務づけられる（同条2項）。

　なお，複数の行政庁が関与する処分については，法11条が規定する。

▶ 不利益処分（法3章：12条-31条）

　法令に基づき，特定の者を名宛人として直接に，義務を課し，または権利を制限する処分を行政庁が行う場合，そうした処分を「不利益処分」という（2条4号）。たとえば，すでに得ている許認可や免許の取消や停止，資格などの剥奪は「不利益処分」であり，これらは申請を前提とするものではないから，申請に対する処分とは異なる手続に服する。

　不利益処分の第1のプロセスとして，法12条は，処分基準の設定と公表を定める。注意すべきは，申請に対する処分についての規定が義務規定である（5条）のに対し，不利益処分についての12条の規定は努力義務であるという点である。

　このことは，第2のプロセスとして，名宛人に対して「意見陳述のための手続」を行政庁がとることが義務づけられていること（13条）と関係する。つまり，行政が不利益処分をする場合には，その処分に先立って，当該処分が与える不利益の程度に応じて，「聴聞」手続（13条1項1号が，イないしニとして，聴聞に該当する場合を列記），またはこの聴聞をする場合にあたらなければ，「弁明の機会の付与」の手続（13条1項2号で，1号所定のイないしニに該当しない場合に「弁明の機会の付与」となる）をとらなければならない（ただし，13条2項は，公益上緊急に不利益処分をする必要から意見陳述のための手続をとることができない場合など，例外を定める）。

(1)　聴聞手続　　まず行政庁は，不利益処分の処分内容・根拠法令・原因となる事実・聴聞の期日と場所・聴聞事務の所掌組織名と所在地・教示事項等を，名宛人となるべき者にあらかじめ書面で通知しなければならない（15条）。

　その後に聴聞が実施されるが，行政庁が指名する職員が聴聞の主宰者となり（19条1項），その職権の下で，非公開を原則として聴聞が実施される（聴聞の期日における審理方式についての20条を参照）。当事者（15条1項規定の通知を受けた

者）は，聴聞に際して代理人を選任することができる（16条）。聴聞の主宰者は必要があると認めた場合に，当事者以外の利害関係を有する関係人に当該聴聞に参加することを許可できる（この許可を得た関係人を参加人という（17条））。聴聞にあたって当事者または参加人は，補佐人を選定し出頭することができる（20条3項）。当事者および参加人には，文書等の閲覧（17条），意見を述べ証拠書類等を提出し，主宰者の許可を得て行政庁の職員に質問をすることが認められ（20条2項），聴聞の期日への出頭に代えて，主宰者に聴聞期日までに陳述書・証拠書類等を提出することができる（21条1項）。さらに法は，続行期日の指定（22条），当事者の不出頭等の場合の聴聞終結（23条）をも規定する。

　聴聞の主宰者には，聴聞調書と報告書の作成義務が課せられる（24条）。行政庁が不利益処分をしようとする場合には，主宰者の意見を十分に参酌しなければならない（26条）。なお，行政庁は，聴聞終結後であっても必要に応じて，主宰者に報告書を返戻させて聴聞の再開を命ずることができる（25条）。

　このような不利益処分に対しては，行政不服審査法に基づく不服申立てが制限される（27条1項）。なお，役員等の解任等を命ずる不利益処分をしようとする場合の聴聞等については，特例がある（28条）。

(2) 弁明の機会の付与　　弁明は，行政庁が口頭ですることを認めた場合を除き，弁明を記載した書面である弁明書を提出して行う（29条1項）。証拠書類等の提出も可能である（同条2項）。行政庁は，弁明書の提出期限（口頭による場合には，その日時）までに相当な期間をおいて，名宛人となるべき者にあらかじめ不利益処分の処分内容・根拠法令・原因となる事実・弁明書の提出先と提出期限（口頭による場合には，その旨ならびに出頭すべき日時・場所）を，書面で通知しなければならない（30条）。聴聞手続の場合と異なり，この事前の通知にあっては，教示がなされないことに留意すべきである。

　31条は，聴聞に関する手続の準用規定である。聴聞通知の方式を定める15条3項と，代理人に関する16条が，弁明の機会の付与に準用されている。

　こうした「聴聞」あるいは「弁明の機会の付与」の手続，つまり第二のプロセスとしての「意見陳述のための手続」を経た後の第三のプロセスが，不利益処分についての行政庁の理由提示義務である（14条）。

▶ **行政指導（4章：32条-36条の2）** 行政指導（第5章）を参照。

▶ **処分中止の求め（4章の2：36条の3）**

行政指導の方式に関する35条2項，「行政指導の中止等の求め」についての36条の2の新設とあわせて，2014（平成26）年の行政手続法改正では，「処分等の求め」を定める36条の3が単独で「第4章の2」として創設された。

同条2項所定の事項を記載した申出書を提出することによって，「何人」であっても，「法令に違反する事実がある場合において，その是正のためにされるべき処分又は行政指導（その根拠となる規定が法律に置かれているものに限る。）がされていないと思料するときは，当該処分をする権限を有する行政庁又は当該行政指導をする権限を有する行政機関に対し，その旨を申し出て，当該処分又は行政指導をすることを求めることができる」こととなった（同条1項）。当該申出があった場合，当該行政庁または行政機関は，「必要な調査を行い，その結果に基づき必要があると認めるときは，当該処分又は行政指導をしなければならない」（同条3項）。

▶ **届出（5章：37条）**

行政手続法における「届出」とは，「行政庁に対し一定の事項の通知をする行為（申請に該当するものを除く）であって，法令により直接に当該通知が義務付けられているもの」をいう（2条7号）。行政庁による許諾の応答がその後に存在する「申請」の場合とは異なり，法令による義務を課されている市民からの一方的な通知によって，手続が完了する場合が「届出」である（たとえば，民法739条・740条の「婚姻届」，戸籍法49条・52条の「出生届」，国税通則法35条のいわゆる確定申告書，金融商品取引法4条の有価証券の募集・売出しの届出など）。

行政手続法37条は，届出が形式上の要件に適合していれば，提出先機関の事務所に到達したときに届出側の義務の履行がなされたものとする，と規定する。申請（書）の場合に同じく到達主義をとり，行政側に「受理」「不受理」の判断余地はない。

▶ **意見公募手続等（6章：38条-54条）**

行政手続法における「意見公募手続等」の解説については，行政による規範定立（第10章）を参照。

▶ 行政手続と電子手続

　行政手続法の制定によって，行政内部の過程が相手方私人にも可視化されることになり，私人が不意打ち的な処分を下されることはなくなった。つまり，私人は手続上の権利を有することになり，申請者や当事者には意見陳述の機会が付与されることになった。また，行政の裁量で行うことが決定された公聴会や説明会についても関係者は告知され，意見を述べる機会が与えられることになった。

　行政手続違反の処分は無効とならなくとも，取り消されうる（参照，最判昭46・1・22民集25・1・45〔温泉審議会持ち回り決議事件〕）。しかし，聴聞や公聴会の手続に瑕疵があっても，関係する私人がその手続において有効な主張や反論を行えることができなかった場合には，同手続の結果としてなされた行政処分の取消事由には該当しない（最判昭50・5・29民集29・5・662〔群馬中央バス事件〕）。

　今日では電子取引の活発化に伴って電子申請や電子署名が不可欠なものとなっている。従来の署名や押印の場合とは異なり，遠隔地間でも瞬時に届出や申請を完了させたり，取引を成立させたりすることができる点で，その利便性は高い。

　行政機関への申請についても同様であり，書面等により申請を行うことが法定されていても，主務省令で定めるところにより，電子情報処理組織を使用して申請を行うことができるようになった（行政手続オンライン化3条1項）。

　公開鍵と秘密鍵の技術を基本としている電子署名制度にあっても，単純に電子申請がなされただけでは，本当に本人が申請したものかはわからない。とりわけ，電子署名が本人のものかどうかは切実な問題となる。このような電子署名については，手書きの署名や押印と同等に通用させる法的基盤を整備するための立法である電子署名法（電子署名及び認証業務に関する法律。平成12年5月31日法102）が2000（平成12）年に制定された。同法の3条は，「電磁的記録であって情報を表すために作成されたもの（公務員が職務上作成したものを除く。）は，当該電磁的記録に記録された情報について本人による電子署名（これを行うために必要な符号及び物件を適正に管理することにより，本人だけが行うことができることとなるものに限る。）が行われているときは，真正に成立したものと推定す

る。」と規定している。同条は推定規定であるから，電子署名の真正性は反証によって覆る。そうすると，電子署名が付された電子申請に法的効果が必ずしも保証されるわけではない。もっとも，従来の手書きの署名や押印のある私文書であっても，真正性は推定されているだけである（「私文書は，本人又はその代理人の署名又は押印があるときは，真正に成立したものと推定する」〔民訴228条4項〕）。そうすると，電子署名の場合も結局は同様に解されることになる。

▶ 到達主義

通常，意思表示の効力については到達主義が採られている。民法97条1項によれば，「隔地者に対する意思表示は，その通知が相手方に到達した時からその効力を生ずる」。ここでは郵送によって契約を申し込むような場合が想定されており，郵便物が相手方に到達すればよい。その内容を了知していなくとも，意思表示の効力が発生することになる。

私人が行政機関に届出を行う場合も，提出先機関の事務所に到達したときに，届出義務が履行されたものとされる（行手37条）。私人による申請についても，行政庁はその事務所に到達したとき遅滞なく審査を開始しなければならない（行手7条）。これらは行政手続における到達主義の現れといえる。同様に，行政庁による行政行為が書面で表示されたときは，その書面の到達によって行政行為の効力が生ずると解されている（最判昭29・9・28民集8・9・1779。その場合，「表示行為が当該行政機関の内部的意思決定と相違していても表示行為が正当の権限ある者によってなされたものである限り，書面とおりの行政行為があったものと認めなければならない」とされる）。

私人による電子申請は，「行政機関等の使用に係る電子計算機に備えられたファイルへの記録がされた時に当該行政機関等に到達したもの」とみなされる（行政手続オンライン化法3条3項）。同じく，行政機関による処分通知等については，「処分通知等を受ける者の使用に係る電子計算機に備えられたファイルへの記録がされた時に当該処分通知等を受ける者に到達したものとみなす」（同法4条3項）。いずれも，電子計算組織のファイルへ記録された時点で，効力が生ずるという到達主義が採られている。

〔井上禎男〕

第 **17** 章

情報管理制度
——情報公開と個人情報の保護

I　情報公開法制

▶ 地方公共団体の情報公開法制の展開

　ロッキード，ダグラス・グラマンの航空機疑惑事件などを契機とする1970年代後半からの行政の透明性と市民参加をめぐる議論の高まりが，情報公開の制度化検討を促した。1982年4月に施行された山形県金山町の「金山町公文書公開条例」がわが国最初の条例である。その後，翌83年4月に施行された「神奈川県の機関の公文書の公開に関する条例」が都道府県条例の嚆矢となった。

　今日では都道府県と市区町村を合わせた地方公共団体全体のほぼすべて，またすべての都道府県が執行機関を対象とした条例を制定している。さらには，行政機関ではないが，すべての都道府県条例において議会が対象とされており，出資比率等に応じて「第三セクター」「外郭団体」「地方独立法人」についても情報公開の対象とする施策が地方公共団体ごとに講じられている。

▶ 不開示情報の種別と条例をめぐる裁判例の蓄積

　不開示情報について，代表的な6つの種別を示して概説する。

(1)　個人情報　　特定の個人を識別する情報は不開示情報となる。ただし，㋐法令の規定や慣行によって公とすることが予定されている情報，㋑人の生命・健康・生活・財産などを保護する必要があると認められる情報，㋒公務員の職務遂行等にかかる情報については，開示される場合がある。

　不開示事由としての個人情報について条例上では，個人が識別される情報を不開示とする場合（これを「個人識別型」という。国の法律もこの類型に属する）と，個人識別性に加え，たとえば，条文中に「他人に知られたくないと望むこ

とが正当と認められる」といった要件を明記して当該情報などについて不開示とする場合（これを「プライバシー型」という）とがある。

　大阪府知事交際費訴訟では，プライバシー型の不開示事由としての個人情報を規定している大阪府公文書公開等条例に基づく知事交際費の支出をめぐる文書の開示が争われた。最高裁は，公務員ではなく私人である「相手方の氏名等が外部に公表，披露されることがもともと予定されているもの」等に該当しない限り，原則として当該情報を不開示にできる旨を判示した（第一次上告審判決：最判平6・1・27民集48・1・53）。これについては，第二次上告審判決（最判平13・3・27民集55・2・530）が，「……交際の相手方及び内容が不特定の者に知られ得る状態でされる交際に関する情報を意味」すると判示している。

(2)　法人情報　　法人その他の団体に関する情報で，競争上の地位その他正当な利益を害するおそれのある情報，行政機関からの依頼を受けて公開しないといった条件で法人から任意に提供されたものであり，通例公にしないとされている情報，公開しないといった条件を付すことに合理的な理由があると認められる情報（いわゆる任意特約・非公開約束条項）については，不開示となる。ただし，人の生命・健康・生活・財産などを保護する必要があると認められる情報については，開示される場合がある。

(3)　国の安全，防衛・外交情報　　国の場合にとくに問題となるが，防衛・外交に関する情報で，公にすることにより国の安全を害し，国際的な信頼や外交交渉に不利益もたらすおそれがあると行政機関の長が認めるにつき相当の理由がある情報は，不開示とされる。

(4)　公安情報　　犯罪の予防，鎮圧または捜査などに関する情報で，公にすると公共の安全と秩序の維持に支障を及ぼすおそれがあると行政機関の長が認めるにつき相当の理由がある情報は，不開示とされる。

(5)　意思形成過程情報　　行政機関の内部で審議・検討・協議されている事項に関する情報で，公にした場合に率直な意見の交換もしくは意思決定の中立性が不当に損なわれる，あるいは市民の間に混乱を生じさせ，公益を害するおそれがあると認められる情報は，不開示とされる。

　京都府情報公開条例をめぐって争われた鴨川ダムサイト訴訟は，意思形成過程情報（同条例5条6号前段は「公開することにより，当該若しくは同種の意思形成を

公正かつ適切に行うことに著しい支障が生じるおそれのあるもの」と規定する）の開示が問題とされた事案である。本件での開示請求文書は，鴨川改修協議会に提出されたダムサイト候補地点選定位置図であり，本件上告審判決（最判平6・3・25判時1512・22）は，原審の大阪高裁の判断（平5・3・23判タ828・179）を踏襲した上で，不開示事由を規定する本件条例の当該規定につき，憲法21条1項等の憲法各規定に反しないことをもって上告を棄却した（なお，本件に同じく，ダム建設をめぐる関連文書の開示が問題となった安威川ダムサイト訴訟では，大阪府条例［前述参照。8条4号該当性のほかに，9条1号該当性も争われた］に基づき，府知事が建設中のダムの調査資料を不開示としたことが問題とされた。）。

　その他，意思決定過程情報をめぐる最高裁判例としては，逗子市情報公開条例に基づいて行われた最判平11・11・19（民集53・8・186），岐阜県情報公開条例に基づいてなされた事務事業の決定と意思形成の完了後の開示請求に対する不開示処分を取り消した最判平16・6・29（判タ1160・99），旅費支出調査にかかる関係部署作成の取りまとめ文書（決裁手続の基礎となる文書）が福井県公文書公開条例2条1項規定の「公文書」に該当しないとした原審名古屋高裁金沢支部判（平13・2・7平成12年（行コ）7号）を取り消した最判平16・9・10（判時1874・65）などの注目すべき事案がある。

(6)　行政執行情報　　国や公共団体が行う事務や事業に関する情報で，公にした場合に事務や事業の性質上，その適正な遂行に支障を及ぼすおそれ（具体的には，監査・検査・取締りまたは試験にかかる事務に関して，正確な事実の把握を困難にするなどのおそれなど）があると認められる情報は，不開示とされる。

　大阪府条例をめぐっては，大阪府水道部が支出した「外部の飲食店を利用して行った会議，懇談会」の費用，いわゆる食糧費をめぐる訴訟も提起された（大阪府水道部懇談会費訴訟）。ここでは，条例8条1号（法人等情報），同条4号（企画調整等事務情報），同条5号（事務事業・事務執行情報）所定の非開示事由該当性が問題となった。本件対象文書には，出席者の氏名等また具体的な内容が原則として記録されていなかった。最高裁は，本件上告審判決（最判平6・2・8民集48・2・255）において，とくに被告行政側の立証責任の不履行という観点から，行政側の上告を棄却している。

▶ その他の注目すべき裁判例

「兵庫県レセプト訴訟」（最判平13・12・18民集55・7・1603）では，兵庫県公文書公開等条例に基づく本人の診療報酬明細書（レセプト）の不開示処分が争われた。最高裁は，個人情報保護条例が制定されていない段階で，既存の公文書公開条例に基づいて，本人が当該本人情報の開示請求を行うことは許容され，本件請求への拒否処分ができないことが「条例の合理的な解釈というべき」と判断した。なお，個人情報保護条例が整備された今日にあっては，自己情報開示の問題は個人情報保護法制で処理すべきとされ，個人が識別されることからすれば，情報公開法制での本人開示を否定する傾向がみられる（なお，条例中に自己情報開示請求権を規定する大田区公文書開示条例に基づいて，請求者本人にかかる小学校児童指導要録の開示が争われた事例として，最判平15・11・11判時1846・3がある）。

逆情報公開訴訟とは一般に，法ないし条例に基づく開示決定が行われた場合に，当該開示決定を行った行政機関の長と開示請求者以外の者，すなわち第三者が当該開示決定によって法律上の利益侵害を受ける場合，当該第三者が当該開示決定の取消しを求めて出訴することをいう。わが国においては，那覇市情報公開条例に関する最判平13・7・13（判自223・22）があり，国・行政機関による当該開示請求は原則として認められないことが判示されている。

▶ 国の情報公開法制

全国の各自治体の情報公開条例に遅れて1999年に，国の「行政機関の保有する情報の公開に関する法律」（平成11年法42。行政機関情報公開法）が制定され，2001年4月に施行された。また，同年には「独立行政法人等の保有する情報の公開に関する法律」（平成13年法140。独立行政法人等情報公開法）が制定され，2002年10月に施行された。

(1) 行政機関情報公開法　同法の第1章では，まず法1条が「国民主権の理念にのっとり」，行政文書あるいは法人文書の「開示を請求する権利につき定めること等により」，行政機関，独立行政法人等の「保有する情報の一層の公開を図り」，もって「その諸活動を国民に説明する責務が全うされるようにする」と規定している。自治体条例には「知る権利」を明記する例もみられるが，ここでは説明責任（accountability）が法の目的として打ち出されている。

法2条2項は，行政文書ないし対象文書について定める。ただし書きで除外されるものを除き，広く行政文書・対象文書に含まれる。つまり，狭義の文書のみに限定されることなく，図面，写真，フィルム，磁気テープなども対象となり，さらには「行政機関の職員が職務上作成し，又は取得した」文書で（行政自らが作成せず，取得しているものも含む），「当該行政機関の職員が組織的に用いるものとして，当該行政機関が保有しているもの」が対象とされるので，責任者の決済済みであることを要しない。職員の個人的なメモの類は除かれるが，それが組織共用文書にあたれば開示対象とされる。

　法第2章では，まず3条が，開示請求権の行使主体について「何人も」と規定し，これには法人ならびに外国に居住する外国人も含まれる。また，法5条は，行政文書の開示義務について，あくまで開示が原則であることを明記する。ただし，対象文書に記載される情報の全部もしくは一部が，本条各号所定の不開示事由（前記の6つ）のいずれか，もしくは複数に該当すれば不開示とすることも可能である。法6条は「部分開示」について定める。法7条は「公益上の理由による裁量的開示」を定める。法8条は「行政文書の存否に関する情報」につき，「開示請求に対し，当該開示請求に係る行政文書が存在しているか否かを答えるだけで，不開示情報を開示することとなるときは，行政機関の長は，当該行政文書の存否を明らかにしないで，当該開示請求を拒否することができる」ことを規定する。第9条の不開示決定における理由付記については，根拠条項と理由を具体的に記すことが求められ，開示請求から開示決定までの期限は，第10条で「30日」とされる。

　不服申立てにかかる裁決・決定を行う行政機関の長は，「不服申立てが不適法であり，却下するとき」などを除いて，情報公開・個人情報保護審査会に諮問しなければならない（同19条）。この審査会は，国（法律上）のみならず地方公共団体（条例上）においても，また，その名称からもうかがえるように，情報公開法制上のみならず，個人情報保護法制（国の場合には，後述する行政機関個人情報保護法および独立行政法人等個人情報保護法，ならびに地方公共団体の個人情報保護条例）上で設置される機関である。

(2)　独立行政法人等情報公開法　　独立行政法人等情報公開法は，独立行政法人通則法2条1項に規定される独立行政法人のすべて，および独立行政法人情

報公開法の「別表第一」に掲げられる法人を対象とした，別途の情報公開法である（独立行政法人以外の法人については個別の判断が必要とされるため，対象法人の別表列記方式がとられている。特殊法人，認可法人の一部も本法の対象法人となる）。

　開示請求者については，「何人」も開示請求をなしうる点で，行政機関情報公開法と同様である（独立行政法人等情報公開法3条）。

▶ 情報公開・個人情報保護審査会への救済手続

(1)　審査会の役割　　情報公開・個人情報保護審査会（以下，審査会という）は，行政庁が保有する情報（国のレベルの法律としては，①行政機関情報公開法，②独立行政法人等情報公開法，③行政機関個人情報保護法，および④独立行政法人等個人情報保護法）をめぐる不服申立てに対し，第三者的な立場から調査審議を行う機関である。つまり，この「審査会」は原処分の前段階で機能するのではなく，原処分に対する不服申立てが提起された段階で，当該不服申立てが不適法であり却下すべき場合などを除いて，行政機関，独立行政法人等からの義務的な諮問に応ずる諮問機関となる。

(2)　審査会の機能　　国の審査会の設置・組織・調査審議の手続等は，情報公開・個人情報保護審査会設置法（平成15年法60。以下，設置法という）が定める。

　国の審査会は，①15人の委員で構成され，委員は優れた識見を有する者から両議院の同意を得て内閣総理大臣によって任命される。任期は3年である（設置法3条・4条）。②調査権限に関し，審査会が必要と認める場合に対象文書などの提示を求めることができる。これを「インカメラ審理」という（設置法9条2項）。また，審査会は，対象となる文書などに記録されている情報の内容を分類・整理した資料の提出を求めることができる。これを「ヴォーン・インデックス」という（同条3項）。さらに，③審査会は意見書または資料の提出を求め，鑑定その他必要な調査もすることができる（同条4項）。

　なお，審査会の決定に法的な拘束力はないが，救済制度としての実効性を考慮すると，諮問庁（法や条例に基づき審査会への諮問を行った行政庁）は，上記調査権限をふまえて出される審査会「答申」の結論を尊重するのが通例である。

▶ 情報公開訴訟における裁判所による救済の役割強化

　情報公開訴訟は不開示ないし部分開示の処分（通常は原処分）の取消しを求める取消訴訟が一般的であったが，今日では開示の義務付けを求める申請型義

務付け訴訟（行訴3条6項2号・および37条の3）でも争われている。

　ここで開示請求者が提起した訴訟の原告勝訴率は一般の行政訴訟と比べて高いとされ，情報公開制度の推進のために重要な役割を果たしてきた。もっとも，情報公開訴訟においては，裁判所が間接証拠や周辺資料に基づいて不開示事由の該当性を判断する。そのため，司法審査・統制の限界が従来から指摘されてきた。つまり，公開を原則とする裁判に至って，請求対象とされた行政文書等そのものを行政機関等が証拠として提出すれば，当該文書を開示したのと同じ結果をもたらすことになると考えられてきたからである。

　そのため，前述の不服申立てにかかる審査会審理の場合とは異なり，裁判所はインカメラおよびヴォーン・インデックスによる審理を行うことができない。最高裁（最決平21・1・15民集63・1・46）も，民事訴訟の基本原則に反するとして，明文の規定がない限り，インカメラ審理が許されない旨を判示している。

▶ 特定秘密保護法

　2013年に制定され，翌年に施行された「特定秘密の保護に関する法律」（平成25年法108。以下，特定秘密保護法という）に基づき，行政機関の長によって「特定秘密」として指定を受けた情報（指定対象等につき同法3条参照）は，行政機関情報公開法5条各号（とくに3号）所定の不開示事由にも該当することになる。なお，公文書等の管理に関する法律（平成21年法66。以下，公文書管理法という。下記Ⅲで解説）7条は，情報公開法5条に規定する不開示情報に該当する場合の行政文書ファイル管理簿の記載にかかる免除を認めており，特定秘密が記録された文書についても同様の対処が図られることになる。

　そうすると，特定秘密に関してはとくに，「情報保全諮問会議」（特定秘密保護法18条2項・3項。特定秘密の指定・解除および適性評価の実施に関する運用基準の策定にあたり，行政機関外部の意見を聴くための会議として設置される組織）および「情報保護監視委員会」（法18条4項との関係で，同法に関する基本的方針や運用基準に関する企画立案や総合調整を行うために事務次官級で組織される内閣官房設置の組織）の機能，すなわち当初指定段階での事前のチェックの役割がきわめて重要になる。

Ⅱ 個人情報保護関連法制

▶ 個人データ保護の潮流と個人情報保護法制の沿革

　世界初の一般法としては，1970年に，旧西ドイツのヘッセン州でデータ保護法が制定されていた。その後，国レベルでは，1973年にスウェーデンで初めてデータ保護法が制定され，1974年にアメリカ，1977年の（西）ドイツ，1978年のフランスへと続く。そして1980年には，OECD（経済協力開発機構）「プライバシー保護と個人データの国際流通に関するガイドライン」に関する理事会勧告が公にされた。ここでの「OECD8原則」（①収集制限，②データ内容（正確・安全・最新），③目的明確化，④利用制限，⑤安全保護，⑥公開，⑦個人参加，⑧責任）は民間部門をも対象としており，個人情報に関する国際的なルールの必要性と枠組みを初めて示した画期的なものであった。

　わが国では，1984年7月に公布された「春日市個人情報保護条例」，85年6月に公布された「川崎市個人情報保護条例」を先がけとして，各自治体への広まりをみせた。そのなかでも注目すべきは，1990年3月に公布された神奈川県個人情報保護条例が，わが国で最初に民間部門への対応に踏みこんだことである。

　OECD ガイドラインの影響を受け，国レベルでは1988年に「行政機関の保有する電子計算機処理に係る個人情報の保護に関する法律」（以下，旧法（1988年法））が制定された。しかし，同法では民間部門もマニュアル（手作業処理）情報も対象外であった。この旧法は2003年に全面改正され，後述する「個人情報の保護に関する法律」（平成15年法57。以下，個人情報保護法という），および「行政機関の保有する個人情報の保護に関する法律」（平成15年法58。以下，行政機関個人情報保護法）として，今日に至っている。

▶ 個人情報の保護をめぐる法制度の全体像

　2003年に整備された個人情報保護法制は5つの法律，すなわち，①個人情報保護法，②行政機関個人情報保護法，③「独立行政法人等の保有する個人情報の保護に関する法律」（平成15年法59。以下，独立行政法人等個人情報保護法という），④情報公開・個人情報保護審査会設置法（情報公開法制の箇所で前出の「設

図17-1　個人情報保護法制の構造

基本法部分（官民共通）→①法の第1章〜第3章		
【民間部門】民間部門の一般法部分（個人情報取扱事業者の義務等）↓①法の第4章〜第6章	**【公共部門】**国の行政機関↓②法	独立行政法人等↓③法
		地方公共団体↓条例
事業分野ごとの各省庁ガイドライン	（④法）（⑤法）	

置法」），および⑤「行政機関の保有する個人情報の保護に関する法律等の施行に伴う関係法律の整備等に関する法律」（平成15年法61）から成るものである（**図表17-1**参照）。

　5つの法律のうち，民間部門を規律するのが①法（個人情報保護法）である。同法は「基本法部分」，すなわち官民共通の部分として，総則（第1章：1条-3条），国および地方公共団体の責務（第2章：4条-6条），個人情報の保護に関する施策等（第3章：7条-14条）を設ける。さらに，「一般法部分」すなわち民間部門への規律として，個人情報取扱事業者の責務等（第4章：15条-49条），雑則（第5章：50条-55条），罰則（第6章：56条-59条）を設ける。

▶個人情報保護法の対象となる事業者

　個人情報保護法が定める「個人情報取扱事業者」（以下，事業者という）について同施行令は，事業のために用いている個人情報データベース等を構成する個人情報によって「識別される特定の個人の数の合計が過去6月以内のいずれの日においても5000を超えない者」を除外する（2条）。また，ここでの事業者は営利事業に限らず，NPOのような非営利事業を行う者も含む。さらに，外部から個人情報処理を委託されて「個人情報データベース等」を作成し，委託業者に個人データを提供する情報処理業者も含む。

　なお，憲法上の権利との調整を図った結果，同法50条は，つぎのように個人情報取扱事業者に課される種々の義務規定の適用除外を定めた（同条第1項1-5号）。すなわち，①報道機関，②著述を業として行う者，③学術研究機関等，④宗教団体，⑤政治団体の各主体は，同条第1項に明記された各号所定の目的で個人情報を扱う限りで，法が定める事業者としての義務を負わない。

▶個人に関する情報の種別と事業者の義務

　個人情報保護法は，「個人情報」（2条1項）＞「個人データ」（2条4項）＞「保有個人データ」（2条5項）という種別を設け，これら各々の情報概念に応じた

事業者の義務，あるいは本人関与の仕組み（本人の権利等）を定める。

　まず，「個人情報」の次元で事業者は，①利用目的の特定・変更（15条），②利用目的による制限（16条），③適正な取得（17条），④取得に際しての利用目的の通知等（18条）の義務を負う。

　つぎに，事業者の保有する情報が「個人データ」の次元になると，事業者はさらに，①正確性の確保（19条），②安全管理措置（20条），③従業者の監督（21条），④委託先の監督（22条），⑤第三者提供の制限（23条）について義務を負う。事業者は，個人データの入力・編集・出力などの処理を内容とする契約締結によって処理を行わせる場合，委託先に対しても，自己処理同様の監督義務を負う（22条）。第三者提供のためには，原則として事前の本人同意が必要である（23条1項）。この例外として，提供される個人データの種類，提供方法等を本人が知ることができ，本人から求められたら提供を停止することを条件に第三者提供が許される。第三者提供の「第三者」に該当しない場合として，本人の同意なく共同利用者全体での管理責任が生じる場合の「共同利用」（23条4項）がある。

　最後に，「保有個人データ」の次元では，本人の請求権に応じて，①当該データに関する事項の公表等（24条），②開示（25条），③訂正等（26条），④利用停止等（27条。同意なき目的外利用［16条］，偽りその他不正な手段による取得［17条］，同意なき第三者提供［23条］の場合）の義務を負う。

　事業者は本人との争いについて苦情処理を通じて解決する努力義務を負う（31条）。苦情に対する事業者の対応が十分でない場合には，行政処分の対象になる。個人情報保護法は，各業界を所管する大臣が「主務大臣」として勧告，命令等により監督するしくみを採用した。さらに，主務大臣の「命令」に反すれば，裁判所に起訴され処罰される（34条2項・3項・58条）。

　なお，個人情報を漏洩した事業者の従業員等については，処罰規定がないので個人情報保護法上では処罰されない。もしこうした個人が処罰される場合があるとすれば，不正競争防止法（平成5年法47）2条1項4号ないし9号に定められる「営業秘密」の不正な方法による取得，第三者への開示，利用行為の禁止に違反した場合になる（同法21条）。また個人情報保護法は，個人情報の売買を禁じていない。もっとも，取引を含めて個人情報が事業者から第三者へと

提供される場合には，本人の同意が原則必要とされる（いわゆる「オプト・イン」原則。法23条1項参照）。しかし，個人の権利利益の保護と，個人データの第三者への提供を目的とする産業（たとえば，住宅地図業者やデータベース事業者）の保護との双方の要請を調和させるために，個人情報保護法は一定の要件・手続の下で，事前の本人同意がなくても第三者提供を認めている。これが，いわゆる「オプト・アウト」手続（法23条2項参照）による場合である。

▶ 行政機関個人情報保護法の概要

(1) 旧法（昭和63年法95）との異同，公共部門法としての位置づけ　　個人情報保護法制の一端をなす行政機関個人情報保護法は，1988年に制定されていた旧法を全部改正し，新たに制定された法である。

　法制定の背景には，政府・地方公共団体の住民情報の一括管理の開始を可能にするための1999年の住民基本台帳法の改正（平成11年法133による同法第4章の抜本改正）によって，いわゆる「住基ネット」が本格稼動に至っていたことがあげられる。なお，公共部門については，別途，独立行政法人等個人情報保護法（前述）が制定された。

　地方公共団体に目を向けると，情報公開条例の制定と同じく，地方公共団体が先行して個人情報保護の法令整備を進めてきた。今日では都道府県および市町村のすべてで個人情報保護に関する条例が制定されている。さらには，地方公共団体の外郭団体等が保有する個人情報の保護にかかる取組みの促進も図られている。

　行政機関における個人情報の保護に関する現行法と旧法との異同は，①対象個人情報が旧法では電子計算機処理情報であったのに対し，現行法では手作業処理をも含む保有個人情報になったこと（2条3項），②開示請求対象の範囲について旧法13条1項が医療情報・教育情報を除外していたが，現行法ではこれらを含むこと，③行政不服審査制度について旧法は，処分庁への異議申立て等を定めていたが，現行法では開示決定等・訂正決定等・利用停止決定等について審査請求があったときは，情報公開・個人情報保護審査会への諮問が義務づけられており（42条），全般的に，対象とされる機関や範囲が大幅に拡大されていることを指摘できる。

(2) 現行法の特色と構成　　個人情報保護法の"基本法部分"は公共部門にも

かかるが，民間部門が同法の"一般法部分"の適用を受けるのに対して，行政機関個人情報保護法は，公共部門のために，あえて別法をもってより厳格な制度を構築している。具体的には，詳細な個人情報ファイル管理簿の作成と公表の義務づけや，開示決定等に対する不服について第三者的な審査会（情報公開・個人情報保護審査会）によるチェックがかけられる点である。

現行法が定める「行政機関」とは，会計検査院も含むすべての行政機関である。ただし，内閣は対象とされていない（2条1項）。

情報概念については，個人情報保護法とは別の概念が立てられており，「個人情報」（2条2項）＞「保有個人情報」（2条3項）＞「個人情報ファイル」（2条4項）の区分に基づき，それぞれに応じて行政機関が果たすべき義務を定める。具体的には，「個人情報」については，①保有制限等（3条），②利用目的の明示（4条），③従業者の義務（7条），である。つぎに，「保有個人情報」については，①正確性の確保（5条），②安全確保措置（6条），③利用・提供制限（8条），④措置要求（9条），⑤開示（12-26条），⑥訂正（27-35条），⑦利用停止（36-41条），不正な利益を図る目的での提供・盗用に対する罰則（54条）である。そして「保有情報ファイル」については，①総務大臣への事前通知（10条），②不正提供に対する罰則（53条），③個人情報ファイル簿の作成・公表（11条）である。

なお，刑事事件などにかかる保有個人情報には，開示・訂正・利用停止の規定は適用されない（45条）。行政機関の長には，適切かつ迅速な苦情処理についての努力義務が課せられている（48条）。罰則については，主務大臣の命令に違反したときに罰せられる民間部門に比して，法律に違反したときに直ちに罰せられる厳しい内容となっている。

▶ 独立行政法人等個人情報保護法について

公共部門を対象とした個人情報保護法制には，基本法制を定める個人情報保護法，その下での行政機関個人情報保護法や条例，独立行政法人等個人情報保護法があるが，これらに関連する政省令や規則などとともに，さらに統計法（統計調査における秘密保護など）や住民基本台帳法（住民票コードを利用する情報の保護）などの個別法でも，個人情報の保護が規定されている。さらに，より広義な個人情報保護関連法規として，主に公務員をその対象として守秘義務を

定める国家公務員法（100条）・地方公務員法（34条）・自衛隊法（59条）・日米安保協定にともなう秘密保護法制・特定秘密保護法（前記Ⅰ参照）が存在する。

独立行政法人等個人情報保護法は，独立行政法人通則法（平成11年法103）2条1項に規定される独立行政法人および別表に掲げる法人，すなわち政府の一部を構成する法人を対象にする。行政機関個人情報保護法との違いは，適正取得にかかる条項（5条）の存在，個人情報ファイルの保有等に関する事前通知規定を置かない点，手数料（25条），一部の開示基準（14条5号イおよびロ），総務大臣の資料提出および説明要求ならびに意見陳述規定が置かれない点などである。

▶ 個人情報保護法制をめぐる訴訟

個人情報の保護に関連する訴訟のうち，行政庁を相手どり，個人情報の不開示処分等を本人が争う場合には取消訴訟によるのが一般的である（なお，京都市個人情報保護条例に基づくレセプトをめぐる本人からの事実の誤りについての訂正請求権行使に対し，市の訂正権限および市長による本件訂正請求にかかる調査権の不在を根拠としてなされた，訂正しない旨の処分についての取消訴訟として，「京都市レセプト訂正請求事件」最判平18・3・10判時1932・71がある）。もっとも，本人が個人情報の訂正や利用停止を求める場合には，さらに義務付け訴訟も活用できる。これに対し，民間部門が保有する個人情報，すなわち個人情報保護法上の開示請求等にかかる訴訟においては，個人情報取扱事業者が開示請求等に応じない場合に，本人が法25条等に基づく具体的な権利の侵害を主張して司法的な救済を求めることになる。

▶ 個人番号（マイナンバー）制度・特定個人情報

2013年に制定された「行政手続における特定の個人を識別するための番号の利用等に関する法律」（平成25年法27。マイナンバー法，番号法ともよばれる）によって，①社会保障（年金・雇用保険・医療保険・福祉分野の給付・生活保護など），②税（申告・届出など），③災害対策（被災者台帳作成事務などに利用）の各分野（なお，今後は分野の拡大が検討されている）での行政手続上で，個人番号（マイナンバー）の記載が義務づけられた。同法の目的は，「効率的な情報の管理及び利用並びに他の行政事務を処理する者との間における迅速な情報の授受を行うことができるようにする」ことによって，「行政運営の効率化及び行政分野に

おけるより公正な給付と負担の確保を図」り，かつ「国民が，手続の簡素化による負担の軽減，本人確認の簡易な手段その他の利便性の向上を得られるようにする」ことにある。そして，行政機関個人情報保護法および独立行政法人等個人情報の「特例を定める」ものである（1条）。

　もっとも，個人番号制度は，住民基本台帳法上の「住民基本台帳ネットワークシステム」（住基ネット）のように，官・行政のみで完結するものではない。個人番号によって識別される本人が属する企業等の事業者組織においても，前記の所定分野にかかる事務処理の限りで，個人番号ないしは特定個人情報（個人番号付きの個人情報を「特定個人情報」とよぶ）が取り扱われることになる。

　そのため，本人自らによる対応・意識づけはもちろん，さらに行政独自の対応とは別途のものとして，個人情報の場合と同様に，企業等の事業者による組織的・物理的・技術的・人的な安全管理措置等の徹底が求められる。

　なお，同法では，正当な理由なく特定個人情報ファイルを「提供した者」に対し4年以下の懲役もしくは200万円以下の罰金（48条），また，不正アクセスなどで個人番号を取得した場合には，3年以下の懲役もしくは150万円以下の罰金を科す旨が規定されるなど，比較的重い刑罰をもって特定個人情報・個人番号の管理徹底を図ることにしている。

Ⅲ　公文書管理制度のしくみ

1　法制定の背景

　国の行政機関等が作成・保有する行政文書としての現用文書は，情報公開法制によって作成・取得，整理・保存され，また保存期間の満了による廃棄等，適正な事務事業のための文書管理措置がとられる。他方，歴史資料として重要な公文書等の保存・利用については，従来から「国立公文書館法」（平成11年法79）が規律してきた。つまり，現用文書で保存期間を満了したもののうち，上記観点から保存・利用すべきものである一定の非現用文書について，国立公文書館等での保存・利用が図られてきた。

　しかし，文書価値にかかる行政職員の意識の希薄さや，府省ごとの文書管理運用のばらつき，協議の不調や保存期間延長措置の繰返しを理由とする国立公

文書館への移管停滞等など，問題が少なからず存在していた。そこで「あるべき公文書管理」を目指して，2009年に「公文書等の管理に関する法律」（平成21法66号。以下，公文書管理法という）が制定された。

2　公文書管理法の目的と文書の管理プロセス

　公文書管理法は，「健全な民主主義の根幹を支える国民共有の知的資源」について，「国及び独立行政法人等の有するその諸活動を現在及び将来の国民に説明する責務が全うされ」なければならないことを目的として掲げる（1条）。

　公文書管理法上での文書管理のプロセスは，おおまかに，文書の作成 → 文書の整理 → 文書の保存 → 行政文書ファイル管理簿への記載・公表 → 文書の移管・廃棄である。

3　公文書管理法の制度設計の概要

　法2条で定義される「公文書等」とは，①行政文書（同条4項），②法人文書（同条5項），③特定歴史公文書等（同条7項）である。つまり公文書管理法は，行政機関等における現用文書の管理と国立公文書館等における非現用文書の管理についての統一的な管理ルールを定める立法である。

　作成基準（4条），保存期間基準（5条1項・3項），管理簿の記載事項（7条）等の統一的な管理ルールにのっとって，各府省において文書管理規則が作成されるが，ここではレコードスケジュールが導入されている。各府省で移管するか廃棄するかはできるだけ早期に設定することが求められ（5条5項），歴史的資料として重要なファイル等はすべて移管される（8条1項）。

　さらに行政文書の管理状況については，各府省のみならず，内閣府による定期的な管理状況の把握が図られる（9条1項）。そのために，行政機関の長から内閣総理大臣への定期報告が義務づけられており（9条1項），また，内閣総理大臣による実地調査制度や勧告制度も法定化されている（9条3項・31条）。

　さらには外部有識者組織として，内閣府に「公文書管理委員会」が設置される（28条1項）。公文書管理委員会は，政令の制定または改廃（29条1号），行政文書管理規則（同条2号），特定歴史公文書等の廃棄（同条2号），利用等規則（同条2号），公文書等の管理について改善すべき旨の勧告（同条第3号）につい

て調査審議を行うほか，特定歴史公文書等の利用請求に係る異議申立て（21条2項）についても調査審議を行い，これらについて内閣総理大臣等に対して答申を行う。なお，公文書管理法では，国立公文書館の機能強化も図られており，国立公文書館による実地調査制度（9条4項）が新設されている。中間書庫における保存制度（国立公文書館法11条1項2号・3項2号），歴史公文書等の保存・利用に関する専門的技術的な助言制度（国立公文書館法11条1項4号）についても，公文書管理制度上で有意に機能することが求められている。

　公文書管理法は，国民による歴史公文書等の利用促進のため，利用請求権を明記する（16条）。さらに，デジタルアーカイブ化の促進（23条），行政機関文書のみならず独立行政法人文書についても国立公文書館に移管すること（11条4項）等も規定している。

〔井上禎男〕

第 18 章

行政調査

I　行政調査の概念／即時強制との異同

▶ 概説

　行政調査とは，行政機関が行政目的を達成するために，あるいは何らかの決定に先行して行う，さまざまな情報収集作用である。

　これを性質の観点から分類すると，行政調査には，行政処分の前提となるような事実を収集する「個別調査」と，行政立法・行政計画などのために広く一般からの情報収集を行う「一般調査」とがある。また，調査手段の別に着目すれば，文書提出命令，報告要求，質問，立入り検査などがある。

　しかし，行政上の即時強制（第14章を参照）と行政調査との区別に明確な基準があるわけではない。目前急迫の障害を除去する必要上，義務を命ずる暇がない場合に採られる実力行使（たとえば，強制入院など，根拠法に基づいてそれ自体，行政目的の実現にかかる行為）を即時強制とすると，その性質上義務を命ずることによっては目的を達成できない場合になされる実力行使（手段としては，立入や立入検査など）が行政調査であると説かれる。そのため両者は必ずしも明確に区別されず，これまで行政調査は即時強制に含まれるものとして位置づけられ，「即時強制の二分化」の文脈のなかで理解されてきた。他方で，緊急性の要件の存在に力点を置くのなら，あくまで急迫の危険を必要とした実力行使が即時強制であって，急迫の危険を必要としない行政上の情報収集や調査措置が行政調査ということになる。

Ⅱ　行政調査と法律の根拠

▶ 任意性の有無による区分と法律の根拠

　行政機関による情報収集活動自体はごく一般的な作用であり，行政目的の達成のために，あるいは何らかの行政の決定に先行して，必ずといっていいほど行われているものである。

　しかしここで考えなければならないのは，こうした作用が実際にさまざまな態様で実施されている現実に照らすとき，とりわけそれが強制力をもつ場合に，どこまで許容可能とするかである。このことは，当該作用の許容可能性と法律の根拠をめぐる行政調査の限界問題となる。

　ここで任意性の有無という観点から行政調査を区分すると，以下の３つに分類できる。①相手方の任意の協力を待って行われる調査であり，法律の根拠を必要としない「任意調査」，②相手方が調査を拒否した場合に，罰則によって制裁が課されることが予定されている「間接強制調査」（相手方が調査を拒絶した場合に罰則が科される例に，所得税法234条・242条９号，独占禁止法47条・94条４号がある），③相手方の抵抗を排して実力を行使する調査であり，法律の根拠を必要とする「実力強制調査」である。

　このうち③は，従来からの即時強制と一致する。そのため，行政調査としてみた場合には，法定手段の拒否等の場合に罰則が科せられる②の場合と，法に明示の根拠規定をもたないので，あくまで相手方の任意に委ねられる①の場合が特に問題になる。

▶ 任意調査とその統制

　任意調査に法律の根拠が不要であるとしても，その範囲・限界をどのように画するかが問題である。この点については，以下の２つの事案が注目される。

　ひとつは，警察官職務執行法２条１項に基づく職務質問に付随して行う所持品検査が問題とされた，最判昭53・9・7（刑集32・6・1672，判時901・15）である。最高裁は，当該所持品検査は任意手段として許容されるものであり，所持人の承諾を得てその限度でこれを行うのが原則であるが，捜査に至らない程度の行為は，強制にわたらない限り，たとえ所持人の承諾がなくとも，所持品

の検査の必要性，緊急性，これによって侵害される個人の法益と保護されるべき公共の利益との権衡などを考慮し，具体的状況の下で相当と認められる限度において許容される場合がある，と判示した。

いまひとつは，自動車の一斉検問についての最判昭55・9・22（刑集34・5・272，判時977・40）である。最高裁は，警察官が警察法2条1項の交通取締りの一環として交通違反の多発する地域等の適当な場所において，交通違反の予防検挙のための自動車検問を実施し，同所を通過する自動車に対して走行の外観上の不審な点にかかわりなく短時間に停止を求めて，運転者などに対して必要な事項についての質問などをすることは，それが相手方の任意の協力を求める形で行われ，自動車の利用者の自由を不当に制約することにならない方法，態様で行われる限り，適法であると判示した。

▶ 間接強制調査とその統制

間接強制調査の代表的なものとして，税務調査がある。

最高裁は，憲法31条の行政手続への適用を認めた「成田新法事件」大法廷判決（第16章参照）以前に，「川崎民商事件」の大法廷判決（最大判昭47・11・22刑集26・9・554，判時684・17）で，行政調査の捜索・押収および質問・検査に憲法35条および38条の適用を認めている。この「川崎民商事件」で問題とされた行政調査は所得税法上の税務調査である。こうした憲法上の問題からさらに進むと，「荒川民商事件」最判昭48・7・10（刑集27・7・1205，判時708・18）で最高裁は，所得税法上の質問・検査権（所得税234条1項）発動の要件および手続についての客観的な必要性を求めている（なお，本判決は税務調査が行政庁の合理的な裁量に委ねられるため，調査日時・場所等の事前通知，および調査理由などの告知は当然には必要とされない旨，判示した）。

他方，国税犯則取締法上の捜索・押収（同法は2条1項および3条1項で，収税官吏による犯則事件調査としての臨検・捜査・押収を裁判官の許可の下に行うことを定めるが，必要かつ急を要する場合で許可を得ることができない場合には，犯則現場で収税官吏が当該「処分」をなすことができる旨を規定している。ただし同法は，1条1項が定める質問・検査等の場合にこれを拒むと19条の2によって罰則を科すものの，2条1項および3条1項の規定に基づく調査自体を拒否しても罰則を科していない。ここでは，その後の調査の結果として犯則があると思料されれば，処罰・告発へと進むことに

なる）については，まず最大判昭30・4・27（刑集9・5・924，判時50・4）が
ある。ここで最高裁は，当該犯則調査に憲法35条の手続が及ぶか否か，さらに
は同法3条の上記手続が行政手続なのか刑事手続なのかの明言を避けたが，そ
の後の国税犯則取締に関する事件においては，当該手続を「一種の行政手続」
とみており（最大決昭44・12・3刑集23・12・1525），さらに別途，憲法38条の保
障について当該調査手続にこれが及ぶことも明確にしている（最判昭59・3・27
刑集38・5・2037）。

　国税犯則取締法上の行政調査は，そもそも処罰の可能性を念頭に置いて行わ
れる行政による情報収集活動（犯則調査は一般行政職員による調査であるが，実力
行使を伴うために，刑事手続に準じた厳格な規制を受ける。すなわち，捜索・押収など
の令状を要する場合）であるために，所得税法上の税務調査（通常の行政調査は，
一般行政職員による調査である）とは本来的に区別すべきものといえる。

　そして，問題となる調査が「行政調査」であるのならば，あくまで行政の活
動や決定のために調査権限が行使されなければならないはずである。したがっ
て，犯罪捜査のための権限行使は許されない（犯罪捜査は，一般行政職員による
調査ではなく捜査機関による捜査であって，手続は刑事訴訟法による）。この点で，法
人税法（平成13年改正前）156条が，同法153条から155条までに規定される質
問・検査権を「犯罪捜査のために認められたものと解してはならない」と規定
していることと，国税犯則法上の犯則調査との関係が問題とされた，最決平
16・1・20（刑集58・1・26，判時1849・133）がある。最高裁は，この質問・検
査権の行使の際に取得・収集される証拠資料が，のちに犯則事件の証拠として
利用されることが想定できる場合であっても，そのことによって直ちに当該権
限が犯則事件の調査または捜査のための手段として行使されたことにはならな
い，と判示する。

Ⅲ　行政調査の瑕疵と救済

　行政調査は事実行為であるため，行政調査それ自体に単独の瑕疵があった場
合の救済手段は国家賠償請求に限られる。しかしながら，瑕疵ある行政調査に
基づいて行政処分が行われた場合には，当該処分（行政行為）も瑕疵を帯びる

場合がありうる。すなわち，質問検査権などの行政調査が行政処分の内容に重大な影響を与え，両者が不可分の関係にある場合には，調査の瑕疵をもって行政処分の違法と解することができるからである。もっともこれは，先行行為と後行行為とがともに公定力を有する独立の行政処分である場合の「違法性の承継」とは区別されることになる（第11章参照）。しかしながら，先行行為あるいは後行行為それ自体の性格が事実行為か法的行為かといった問題よりも，ここではむしろ，両行為の間に①目的・効果の同一性，②手続の同一連続性の双方が認められるかが重要である。

★コラム16　国勢調査

　本文では行政調査について「個別調査」を中心に検討したが，「一般調査」としての行政調査の典型として「国勢調査」がある。国勢調査は統計調査のひとつであり，統計法（平成19年5月23日法律第53号）5条2項，国勢調査令（昭和55年4月15日政令第98号），国勢調査施行規則（昭和55年4月15日総理府令第21号）および国勢調査の調査区の設定の基準等に関する総務省令（昭和59年4月27日総理府令第24号）に法令上の根拠がある。その目的は，人口の状況を明らかにすることにあり，1920（大正9）年以降，ほぼ5年ごとに実施されている。直近の国勢調査は2015（平成27）年であるが，この年から従来からの調査票記入方式と並立（先行）して，オンライン調査（インターネット回答）が導入された。プライバシーや個人情報に対する意識の高まり（また，集合住宅の集合ポストに名前が書かれないことなども多いとされる）や集合住宅のオートロック化など，社会環境に応じた必要から生じた調査手法といえる。なお，最近の国勢調査は，総務省統計局 ― 都道府県 ― 市町村 ― 国勢調査指導員（一般公募，公務員・教師経験者等から総務大臣によって任命される非常勤の公務員。約10万人）― 国勢調査員（総務大臣によって任命される非常勤の公務員。約70万人）によって実施されており，予算は670億円程度とされる。

〔井上禎男〕

第Ⅴ部

国民の権利保護

行政救済制度

第**19**章

行政救済のしくみ

I　行政救済制度の意義

　これまでの章では，行政活動を規律するさまざまな法原則をみてきた。行政の法治主義の原則によれば，行政活動がこれらの法原則に反するとき，それが確実に是正されることが必要である。では，いかにすれば確実な是正が行われるであろうか。

　まず，行政は，自ら誤りに気がついたときには，自発的にそれを正すことができる。実際，このようにして正しい行政活動が確保されることは少なくないであろう。しかし，自らの誤りに気がつくということは一般には容易ではないし，また気がついたとしても知らないふりをしたいと考えるのが人情である。このことは行政についても妥当する。したがって，行政の自発性に期待するだけでは，違法な行政活動の是正は十分に行われなくなってしまうであろう。

　このような考えに基づき，違法な行政活動の是正をめざすさまざまなしくみが考えられてきた。これらのしくみにおいては，多くの場合，違法な行政活動によって権利・自由を侵害された個人が公的機関に救済を申し立てることによって，手続が開始される。そのため，これらのしくみは，行政救済制度とよばれている。行政救済制度は，つぎにみるように，その目的および手続に応じて，さまざまな種類が存在する。

　これからの章では，これらの行政救済制度に関する法原則をみていく。これらの法原則は，おおまかにみて2つの要請から導かれるものである。第1の要請は，主として救済を求める個人に向けられたものである。行政救済制度が規律なく用いられれば，法秩序に無用の混乱を生じさせるおそれがある。たとえ

ば，必要がないのにこれらの制度が用いられたり，同じ事件が何度も蒸し返されたりすることがあっては問題である。このため，行政救済制度を用いるための条件やとるべき手順などに関してルールを定めることが必要となる。第2の要請は，主として救済を行う公的機関に向けられたものである。救済の方法がこれらの機関に委ねられてしまえば，救済が不十分にしか行われないおそれがある。たとえば，申立人の言い分を十分に聞くことなく判断が行われたり，救済が遅すぎたりすれば，これらの制度は無意味となってしまう。このため，実効的な救済を確保するためのルールを定めることが必要となる。

なお，これから説明する行政救済制度のなかには，個人の救済という側面が必ずしも強くないものも存在する。また，違法な行政活動ではなく，適法な行政活動によって権利・自由を侵害された者を救済するしくみもある。

II　行政救済制度の種類

行政救済制度には，大きくみて，違法な行政活動が行われたとき，正しく行政活動をやり直させることを目的とするものと，やり直しそのものではなく，それによってすでに生じた損害を，代わりのもの（主として金銭）で埋め合わせることを目的とするものが存在する。前者を行政争訟制度といい，後者を国家補償制度という。

▶ 行政争訟制度

行政争訟制度には，行政自身が救済を行うものと，行政から独立した裁判所が救済を行うものがある。

行政自身が救済を行うしくみには，まず，行政上の苦情処理とよばれるものがある。行政上の苦情処理は，申立てをするための条件がほとんどないことが特徴で，行政活動に不服がある者であれば誰でも，またどのような内容についても行うことができる。このため，救済を求める者にとっては，負担が少ないというメリットがある。その一方で，このしくみは，行政に救済の求めに応じる義務を課するものではない。救済が行われるかどうかは行政の温情に左右され，救済の実効性は低いというデメリットがある。行政上の苦情処理は，法律・条例に定められるまでもなく，昔から日常的に行われてきたものである。

しかし近年では，その柔軟さにおいて，他の行政救済制度がうまく機能しない部分をカバーする有用なものとして注目される傾向にあり，その一層の活用のため，法的整備が行われることもある。くわしくは第22章で扱う。

　同じく行政自身が救済を行うものであるが，申立てをするための条件が課されるのが，行政上の不服申立てである。このしくみは，一定の期間内に一定の内容についてしか用いることができない。しかしその反面，行政には救済の求めに応じる義務が課される。行政は申立てを受けて調査をし，申立人の意見を聞き，最後に決定を行う義務があるため，救済の実効性はより高いと考えられる。行政上の不服申立ては，行政不服審査法という法律によって規律されている。くわしくは第23章で扱う。

　これらの行政救済制度に対し，行政自身ではなく，裁判所が救済を行うしくみは，行政訴訟とよばれる。行政訴訟においては，行政上の不服申立て以上に厳しい申立ての条件が課されるため，救済を求める者に負担がかかることは確かである。しかし，裁判所には救済の求めに応じる義務があり，また，行政から独立した立場からの公平な判断が期待できるため，救済の実効性は最も高い。行政の法治主義の原則の下では，行政訴訟制度が設けられることが不可欠であると考えられている。行政訴訟は，行政事件訴訟法という法律によって規律されている。くわしくは第24章と第25章で扱う。

　最後に，オンブズパーソン（オンブズマン）という行政救済制度もある。オンブズパーソンは，行政活動を監視しその是正を求めることを目的として設立された民間団体，または，このような目的で設けられた公的機関をいう。救済を求める者は，オンブズパーソンに相談することもできる。民間団体である場合はもちろんのこと，公的機関である場合も，行政から（少なくとも一定の）独立性を有しているのが特徴である。オンブズパーソンは，行政に是正の勧告を行うことができるのみであるため，救済の実効性は高くはないが，行政から独立した立場から積極的な監視を行うものとして，行政救済制度をより充実させるものと考えられている。

▶ 国家補償制度

　国家補償制度には，大きく分けて，国家賠償と損失補償という２つのしくみがある。

国家賠償は，違法な行政活動によって個人に生じた損害を埋め合わせること
を目的とするしくみである。違法な行政活動によって生じた損害は，正しく行
政活動がやり直されても埋め合わせられるとは限らない。国家賠償は，それを
行うことで，個人の救済の実効性を高める役割を果たしている。国家賠償は，
国家賠償法という法律によって規律されている。くわしくは第20章で扱う。

　これに対し，損失補償は，それ自体違法なところのない行政活動によって個
人に生じた損害を埋め合わせることを目的とするものであり，これまでに挙げ
た行政救済制度とは少し性質を異にする。損失補償は，土地収用のように，公
共の利益のために個人の財産を使用する場合に問題となる。土地収用が行われ
るときは，それに何ら違法なところがなくても，土地収用の相手に対し，失っ
た財産の埋め合わせが行われる。これは，公共の利益の実現に必要な負担を公
平に分担するという理念に基づくものである。くわしくは第21章で扱う。

〔福重さと子〕

第20章

国家賠償

I　総　説

▶ 国家賠償の意義

　違法な行政活動によって権利および自由を侵害された個人は，まずなにより，正しく行政活動をやり直してほしいと考えるであろう。このための手段として，個人は，行政訴訟，行政上の不服申立て，行政上の苦情処理などを用いることができる。しかし，違法が正されるのみでは，個人の救済は十分ではない。たとえば，違法な営業停止命令が行われれば，店の経営者は営業活動をすることができず本来の稼ぎを失うが，後にこの命令が取り消されてもその損害は回復されない。このように，ひとたび違法な行政活動が行われれば，個人の身体または財産に取り返しのつかない損害が生じることがある。このとき，まったく落ち度のない個人にそれを我慢させることは不当である。違法を犯した行政がその損害を償うしくみが確立されて初めて，国民の救済は万全であるといえよう。この償いのしくみが，国家賠償制度である。

　国家賠償制度は，このように，違法な行政活動のいわば「後始末」であり，直接には，正しい行政活動が行われるようにするものではない。しかし，国家賠償制度は，間接的に，行政訴訟などと同様，正しい行政活動の遂行を行政に促すものである。国家賠償制度の下では，行政は，誤った活動をすればその償いを求められることとなる。このような事態を避けるため，行政は違法を犯さないよう慎重に行動するであろう。このように，国家賠償制度は，違法な行政活動を抑制する役割も果たしている。法治主義の下で，国家賠償制度が重要であるとされるゆえんである。とくに，行政訴訟によってカバーされない領域も

あるため，その役割は重要である。

▶ 国家賠償制度の沿革

　国家賠償制度は戦後に確立した。戦前においては，「国家無答責の原理」または「公権力無責任の原理」とよばれる原則が通用していた。この原則は，「王は悪をなし得ず（King can do no wrong）」という考え方に基づき，国・公共団体は，権力的活動によって国民に損害を与えたとしても，損害賠償責任を負わないとするものである。戦前の判例はこの原則に依拠し国家賠償責任を否定していた。

　ただ当時の判例も，営利を目的とする活動（鉄道事業など）や純粋な私経済的活動によって生じた損害，また，非営利の活動であっても，国・公共団体が設置・管理する営造物によって生じた損害など非権力的な活動によって生じた損害については，民商法に基づき国・公共団体の損害賠償請求を認めてきた。しかし，国・公共団体の活動のいわば中心というべき権力的活動については，責任を認めなかったのである。

　戦後，日本国憲法17条は，「何人も，公務員の不法行為により，損害を受けたときは，法律の定めるところにより，国又は公共団体に，その賠償を求めることができる」と定めた。この条文は，権力的活動による損害であるかどうかを区別せず，公務員の不法行為による損害につき国・公共団体が責任を負うことを宣言するものであった。こうして国家無答責の原理は放棄された。この条文の性質については議論のあるところであるが（本章のコラムを参照），この条文を具体化するものとして，日本国憲法制定後まもなく，国家賠償法が制定された。

▶ 国家賠償法と他の法令との関係

　国家賠償法は，民法の特別法である。国家賠償法は，民法709条以下に定められた不法行為責任に関する規定のなじまない部分についてのみ定めるものである。したがって，国家賠償法に定めのない事柄については，民法709条以下の規定が適用される。たとえば，損害賠償請求権の時効については国家賠償法に定めがないので，民法724条が適用されることとなる。国家賠償法4条はこのことを確認している。

　また，国家賠償法は，国または公共団体の活動一般に適用されるが，その規

定がなじまない領域について，個別の法律によって特別の定めが置かれることが予定されている（国賠5条）。これに基づき，損害賠償額を限定する法律（消防6条3項，国税徴収112条），一定の場合における免責を定める法律（郵便50条）が存在する。

Ⅱ　国家賠償法1条——公権力の行使による責任

1　概説

▶ 意義

国家賠償法1条は，「国又は公共団体の公権力の行使」によって損害が生じたとき，国・公共団体が賠償すべきことを定めている。この条文はかつて否定されていた，公権力の行使（権力的活動）による損害にも賠償が行われる必要性を明らかにするものである。

▶ 国家賠償責任の本質

国家賠償法1条については，国または公共団体がいかなる根拠で賠償責任を負うかについて，2つの学説が対立してきた。

一方の学説は，公権力の行使による損害賠償責任は，本来的には違法な権力的活動を行った公務員個人（加害公務員）が負うべき責任であり，国または公共団体は，その責任を肩代わり（代位）させられるにすぎないとするもので，代位責任説とよばれる。この学説によれば，加害公務員に責任を負わせれば，公務員の活動を過剰に萎縮させ果敢な行政活動を妨げるおそれがあるため，国・公共団体に責任を肩代わりさせるしくみがとられたのだとされる。あるいは，十分な資力があるとは限らない加害公務員から，資力には申し分のない国・公共団体に責任を転嫁することで，被害者個人の救済を確保しようとしたのだとされる。

これに対し，もう一方の学説は，公権力の行使による損害は，本来的に国または公共団体自身の責任であるとするもので，自己責任説とよばれる。この学説によれば，国または公共団体は危険責任を負うとされる。危険責任とは，たとえばピストルのような危険な物を保有する者は，それが不正に用いられて被害を生じさせることがないように監視する義務を負うというものである。この

考え方に基づき，公権力という危険物を保有する国・公共団体は，それが不正に用いられないように監視する義務を負い，実際に不正に用いられたときには義務違反として責任を負うと主張される。

国家賠償法1条は，「公務員が，その職務について，故意又は過失により違法に他人に損害を加えたとき」に責任が成立すると定めており，文言上，公務員個人の活動を問題としているようにみえる。このような事情もあり，判例は，一般理論上，自己責任説の立場は取りえないとしてきた（最判昭44・2・18判時552・47）。

自己責任説は，代位責任説が加害公務員のみを不正の根源とし，組織としての国・公共団体の不正を不問とすることを問題視してきた。人が組織を形成し，広範囲に活動を展開するからこそ生じる被害もあるのに，つねに公務員個人に責任を帰するのは，物事を矮小化するもので，現実にそぐわないとするのである。また，代位責任説によれば，加害公務員が特定されその過失が認められなければ国家賠償法1条の責任は成立しないのが原則であるが，このことは必ずしも合理的なことではない。このように，自己責任説のなかには正当な指摘が含まれているのであり，下級審の判例には，自己責任説に立つことを明言するものもある。

判例は，一般理論上は代位責任説を維持しながら，後述するように，公務員個人の過失の認定を柔軟に行うようになっており，この点で，代位責任説による問題は実際上あまり生じなくなっている。伝統的に過失の認定は個人について行われてきたものであり，組織について行うのは困難であるという事情もある。このため，以下では，代位責任説の立場によって説明することとしたい。

2　国家賠償法1条の適用領域

▶ 総説

国家賠償法1条は，「公権力の行使」により生じた損害について適用される。本条が定められたのは，権力的活動による損害賠償責任については民法709条以下の規定がなじまないと考えられたためである。したがって，権力的活動以外の活動による損害賠償責任については，民法709条以下の規定を適用することが立法の趣旨に適合的であろう。しかし判例は，国家賠償法1条を権

力的活動に限定せず適用する傾向にある。以下具体的にみていきたい。

▶ 国または公共団体の活動

国家賠償法1条は、「国または公共団体」の公権力の行使を問題としている。国または公共団体に属しない活動（個人や民間企業の活動）によって生じた損害には本条は適用されないのが原則である。「公共団体」とは、普通地方公共団体および特別地方公共団体はもちろん、独立行政法人や公庫・公団も含まれうる。

ただしこの原則には例外がある。民間の団体が、国または公共団体から公権力の行使を委ねられて行使していたときは、本条が適用されることがある（弁護士会が所属する弁護士に対して懲戒処分を行った場合について、東京地判昭55・6・18下民集31・5～8・428）。

▶ 公権力の行使

国家賠償法1条は、国または公共団体の活動のうち、「公権力の行使」にあたる活動を対象とする。文字通りの意味で本条を理解するならば、非権力的活動によって生じた損害については、本条は適用されないこととなりそうである。

しかし、学説および判例はそのように解してこなかった。学説においては、国・公共団体の活動のうち権力的な活動のみが「公権力の行使」であるとする狭義説、権力的な活動のみならず、非権力的活動であっても公益の実現を目的とする活動もまた「公権力の行使」に含まれるとする広義説、純然たる私経済活動も含め、あらゆる行政活動が「公権力の行使」に含まれるとする最広義説が対立した。判例においては広義説が採られ、行政指導、公立学校における教育活動、公用自動車の運転なども「公権力の行使」に含まれると考えられている。

このように文言から離れた解釈を行うことは、被害者に困難な選択を強いることとなることは確かである。ただ、被害者は、損害賠償請求を行うとき、本条に基づく責任と民法の規定による責任を同時に主張することができるため、実際にはこのような困難はほとんど生じていない。また、国家賠償法1条と民法の規定に内容上ほとんど違いがないことも、判例のこのような立場が問題視されない理由である（条文上、民法715条によるときには、被害者は加害公務員の責

任を追及することができるとされているが，実際にはそれが行われることはごく稀である）。

▶ 職務を行うについて

加害者が公務員であるからといって，つねに国または公共団体の損害賠償責任が認められるわけではない。たとえば，公務員が休日にマイカーを運転して事故を起こしたような場合のように，公務員のプライベートな活動によって生じる損害について国・公共団体が責任を負わないことは当然である。このような考えに基づき，国家賠償法1条は，公務員が「その職務を行うについて」加害を行ったことが必要であるとし，公務員の職務中の活動にのみ本条が適用されることを明らかにしている。公務員のプライベートな活動によって生じる損害については，公務員個人に対し，民法に基づく損害賠償責任を追及することができるのみとなる。

公務員のある活動が職務中の活動であると認められるためには，一般的には，勤務時間中の活動で，かつ，公務員自身が職務遂行中であるとの意識をもって行った活動であることが必要であろう（たとえば私用外出中の活動は除かれる）。しかし判例は，このいずれの条件も満たさない活動を職務中の活動であると認めることがある。すなわち，警察官が同僚から盗んだ拳銃を使って非番の日に管轄地の外で行った犯罪について，この警察官が制服制帽を着用し，勤務中であるかのように装っていたことに着目し，国家賠償法1条を適用した（最判昭31・11・30民集10・11・1502）。判例は，「客観的に職務執行の外形をそなえる行為をしてこれによって他人に損害を与えた場合」には1条が適用されると述べている（このような考え方を外形説とよぶ）。国・公共団体の責任を過剰に拡大することには問題があるが，外形説の範囲におけるものであれば許容されるであろう。

3　責任の成立要件

▶ 総説

国家賠償法1条は，①公務員が「違法」な活動を行い，②そのことにつき公務員に「故意または過失」があり，またそれにより③「損害」が生じたときに責任が成立すると定めている。文言上明らかにされているわけではないが，民

法上の不法行為責任の場合と同様，④損害と加害行為の因果関係も要求される。

　以下では，③と④の要件はひとまずおき，①の違法性の要件および②の故意または過失の要件について説明することとしたい。まず，伝統的な枠組みに沿って説明し，つぎに，その枠組みを変化させる近年の判例の考え方を説明する。

▶ 伝統的な枠組み

(1) 民法上の不法行為責任が成立するには，客観的要件と主観的要件を満たすことが必要であるとされてきた。すなわち，社会的な「悪」が行われること（客観的要件）と，この「悪」がやむをえない事情によって行われたものでないこと（主観的要件）が必要であるとされてきたのである。たとえば，パンを盗んだ（これは悪である）が，窮乏して生きるためにやむにやまれず盗んだ場合は，主観的要件を満たさず，責任は成立しないとされた。国家賠償法１条については，客観的要件として違法性の要件が定められ，主観的要件として故意または過失の要件が定められた。

(2) まず違法性については，行政活動が法規範に反して行われたときに違法性があるといえる。たとえば，法律の定める要件を満たさない営業停止命令が行われれば，違法である。ここでいう法規範には，憲法，法律，命令などのほか，行政法の一般原則も含まれる。したがって，裁量権の踰越・濫用と認められるような場合にも違法性がある。このように考えれば，行政訴訟（抗告訴訟）において違法であるとされる活動は，国家賠償法１条においても違法と評価されることとなる。

(3) つぎに故意または過失は，加害公務員の落ち度を問題とするものである。故意は，公務員が意図的に違法な活動を行ったときに認められる。過失は，意図的ではないが，公務員が職務を行うについて通常要求される注意を払わなかったために違法を犯したと考えられるときに認められる。いずれの場合も，加害公務員に落ち度があると考えられてきた。

　判例では，拘置所において幼年者と被勾留者の接見を原則として禁じる旧監獄法施行規則は違法であり，それに基づいてされた拘置所長の処分も違法であると認めたが，この規則が違法であるのではないかという疑いが処分の時まで

提起されたことはなかったため，拘置所長の処分はやむをえなかったとし，過失を否定したものがある（最判平3・7・9民集45・6・1049）。同様に，「法律解釈につき異なる見解が対立し，実務上の取扱いも分かれていて，そのいずれについても相当の根拠が認められる場合に，公務員がその一方の見解を正当と解しこれに立脚して公務を執行したとき」にも過失はないとするものがある（最判昭46・6・24民集25・4・574，最判平16・1・15民集58・1・156）。

▶ 近年の判例による枠組みの変化

(1)　違法性の要件について，近年の判例の中には，行政活動が法規範に反して行われただけでは違法性があるとはいえず，行政活動が職務上の注意義務に違反して行われたといえるときに初めて違法性があるとする考え方を示すものが現れた。このような考え方は職務行為基準説とよばれる。

　職務行為基準説は，もともと，裁判官や検察官の活動のように，やや特殊な活動の違法性を判断するために用いられてきたものであった。すなわち，検察官の公訴の提起は，裁判の結果無罪判決が出れば誤っていたこととなる。しかし，このことのみを理由として，検察官の公訴の提起が違法であるとすることは不合理である。検察官は，収集した証拠資料から被疑者に犯罪の嫌疑があれば，正当に公訴の提起ができるからである。裁判官の裁判も，上級審において覆されたというだけで違法であるとすることは不合理であろう。裁判官は，上訴等により是正されることを予定して，自由な心証によって裁判をすることを認められているからである。このため，判例は，これらの活動については，その結果（公訴の提起に基づいて行われる裁判，または上級審における裁判）を基準として違法性を判断するのではなく，検察官または裁判官が，その活動の時点で，職務上尽くすべき注意を払っていたかどうかという点から違法性を判断してきた（検察官の公訴提起につき，最判昭53・10・20民集32・7・1367。裁判官の裁判につき，最判昭57・3・12民集36・3・329）。

　しかし近年，判例は，このような活動についてのみならず，通常の行政活動についても職務行為基準説を採るようになっている。たとえば，税務署長が所得金額の評価を誤り過大な金額の課税処分を行ったとしても，そのことから直ちに課税処分が違法となるわけではなく，「税務署長が……職務上通常尽くすべき注意義務を尽くすことなく漫然と更正をしたと認め得るような事情がある

場合に限り」国家賠償法上違法となるとした（最判平5・3・11民集47・4・2863）。

　通常の行政活動に対しても職務行為基準説が採られると，行政訴訟（抗告訴訟）において違法性が認められる場合であっても，国家賠償法1条において違法性が認められないことがありうることとなる。抗告訴訟においては，行政活動が法規範に反していれば直ちに違法と判断されるからである。このように，職務行為基準説は，国家賠償法上の違法と抗告訴訟上の違法は同じではないと考える立場であり，そのため，違法二元説（違法相対説）ともよばれる。これに対し，国家賠償法上の違法と抗告訴訟上の違法は同じであるとする伝統的な考え方を違法一元説という。

　両説の間には，違法性の要件の認められやすさについて大きな違いがあるが，しかし最終的な責任の認められやすさについて大きな違いはないとされる。違法二元説により違法が認められない場合には，違法一元説によるときでも，過失の要件が満たされないからである。しかし，法規範に反する活動を違法であると宣言することは，違法な行政活動を抑制することに役立つ。正しい行政活動の確保をめざす行政の法治主義の原則からすれば，伝統的な枠組みに利点があるであろう。

(2)　故意・過失の要件については，柔軟に解する傾向が生じている。故意・過失は公務員個人に対して問われるものであるため，かつては，故意・過失の認定の前提として，加害公務員を特定することが必要であると考えられていた。しかし，複数の警察官から一度に打撃を受けて骨折した場合のように，加害公務員を特定することが難しいこともある。このような場合にそれだけで責任の成立を否定することは不合理であろう。判例は，加害公務員の特定ができない場合であっても，公務員の一連の活動のうちいずれかの公務員に故意または過失がなければ被害が生じなかったときであって，一連の活動を行った公務員がすべて国または同一の公共団体に属するときには，当該国または公共団体の責任を追及することができると述べる（最判昭57・4・1民集36・4・519）。

▶ 規制権限の不行使による責任

　行政が公権力を行使し，行使の相手が損害を被った場合に国家賠償法1条が適用されることには問題がない。これに対し，行政が与えられた公権力を行使

せず，その結果，相手以外の個人（第三者）が損害を被ることがある。たとえば，行政が，製薬会社に対し十分な規制を行わず，その結果，その会社の製造した薬を服用した者が健康を害するような場合である。

当初，このような場合に損害賠償責任は成立しないという考え方もあった。規制権限を行使するかどうかは行政の裁量に委ねられており，行使しなかったからといって違法とはいえないとされ，あるいは，被害者の利益は，個人の権利として保護されているものではなく，公益が守られることによって生じる反射的利益にすぎないものであって，裁判で保護するに値しないとされたのである。しかし，いかに裁量の余地が大きいとしても，裁量権の踰越・濫用による違法が一般的に認められている今日において，規制権限の不行使がいかなる場合にも違法とならないとすることは正当ではない。また，行政が守るべき公益は具体的にはまさに被害者の利益であり，それを一切救済せずに放置することは妥当ではない。実際上も，このような考えは行政の怠慢を助長することになり適切でないと考えられた。最高裁は，比較的早くから，規制権限の不行使により国家賠償法1条の責任が成立することを認めてきた（警察官が事前に犯人からナイフを領置・保管しなかったために傷害事件が起きた事案につき，最判昭57・1・19民集36・1・19）。

規制権限の不行使による責任は，具体的にいかなるときに成立するであろうか。要点のみ述べるならば，判例は，被害が発生することを予見でき（予見可能性），かつ，規制権限を行使すれば被害の発生を防止することができた（結果回避可能性）のに，規制権限を行使しなかったときに責任を認めている。この基準に基づき，肥料工場からの有害な排水が原因で水俣病が発生したことについて（最判平16・10・15民集58・7・1802），また，労働環境の安全が確保されていなかったために炭鉱労働者がじん肺に罹患したことについて（最判平16・4・27民集58・4・1032），責任の成立を認めている。

▶ 立法活動による責任

国会による法律の制定（立法活動）も「公権力の行使」といえるが，いかなる法律を制定するかということは国会に広範な裁量が認められる事柄であり，国家賠償法1条責任が成立する余地は一般的には大きなものではない。しかし最近では，国家賠償法1条の責任に関わって立法の不作為の違憲性を認める例

も存在する。たとえば，在外邦人の選挙権の行使を認めなかった公職選挙法の違憲判決（最判平17・9・14民集59・7・2087）および女子に対する再婚禁止期間の「100日を越える部分」を違憲とした最高裁判決（最判平27・12・16）などが注目されている。

4 加害公務員に対する求償

　代位責任説によれば，公権力の行使による責任を負うのは本来加害公務員であり，国・公共団体は，その責任を肩代わりしているだけである。法の世界の原則では，肩代わりをした者は，本来責任を負う者に，その償いを求めること（求償）ができる。この原則によれば，国・公共団体は，加害公務員に対し，求償を求めることができることとなる。

　しかし，国家賠償法1条2項は，この原則がそのまま適用されないことを定めている。すなわち，国または公共団体は「公務員に故意又は重大な過失があったとき」に求償権を有すると定めている。これは，求償権の行使を，加害公務員に故意または重大な過失があった場合に限定するものであり，通常の過失があるにすぎない場合には許さないとするものである。このような限定が行われたのは，公務員の負担を取り除くことで，活動の萎縮を避けようとしたものといわれている。実際には，重過失の場合でも，求償権が行使されることはほとんどなかったといわれる。

　それでは，加害公務員が損害賠償責任を追及されることは，いかなる場合にもありえないのだろうか。被害者のなかには，民法709条に基づき，加害公務員に直接損害賠償請求する者が現れた。国家賠償法はこのような請求について定めておらず，学説は分れている。被害者救済のことを考慮しても，被害者自身が加害公務員に対して責任を追及することを選択することを妨げる理由はなさそうに思われる。また，このような請求を認めれば，加害公務員の違法な活動をより強く抑止できるであろう。しかし，このような請求を認めれば，公務員の活動を委縮させるおそれが生じ，代位責任を定めた国家賠償法1条の趣旨に反する結果を生じかねない。また，公務員個人に対しては，懲戒処分により組織内部での責任の追及がされないわけではない。判例は公務員個人に対する損害賠償請求を斥けている（最判昭30・4・19民集9・5・534）。

Ⅲ　国家賠償法2条——営造物の設置または管理に関する責任

1　総説

　国家賠償法2条は「公の営造物の設置又は管理の瑕疵」による責任について定めている。1条と異なり，公務員という人の行為により生じた損害ではなく，国または公共団体の管理する物に欠陥があったことにより生じた損害についての責任を定めるものである。たとえば，道路に穴が空いていたために，通行人がけがをした場合に，国家賠償法2条が適用される。

　公権力の行使に関する責任の場合と異なり，国・公共団体の管理する物の欠陥による責任は，戦前においても，「工作物の設置又は管理の瑕疵」による責任を定める民法717条に基づき認める判例があった（大判大5・6・1民録22・1088）。国家賠償法2条は，この判例を確立するために置かれたものである。2条の責任には，後に述べるように，無過失責任であるなどの特色がある。

2　国家賠償法2条の適用領域

▶ 公の営造物

　国家賠償法2条も，1条と同じく，国または公共団体の責任を定めるものである。そのため，2条が適用されるのは「公の」営造物，すなわち国・公共団体が管理する物に限られ，個人や民間企業の管理する物は，原則としてその適用対象とならない。

　行政法学において，「営造物」とは，物（建物などの施設）とそこで働く人（スタッフ）を併せた事業体のことであるとされてきた。この2つの要素を備える図書館，病院，学校などが営造物であるとされてきた。しかし，本条にいう「営造物」は，このような意味の営造物とは異なり，必ずしも人の要素は必要でないとされている。したがって，上に挙げた物のほか，道路，港湾施設，ダム，橋梁も本条にいう営造物に含まれる。

　また一般に，「営造物」という言葉は，建物などの比較的大きな構造をもつ物について用いられるものである。自動車や拳銃などの動産は通常は営造物とはよばれない。立法者も，動産の欠陥により生じる損害については，むしろ，

それを使った公務員の行為による損害として扱い，国家賠償法1条の責任を問うことが適切であると考えていたものと思われる。しかし，判例は，このような立法者の意図に反し，自動車，拳銃，電気かんななどが「公の営造物」にあたるとして2条を適用している。

さらに，「営造物」という言葉は，通常，道路など，人の手によってつくられる物（人工公物）のみを指す。しかし，国家賠償法2条における「営造物」は，人工公物のみならず，自然の状態で存在し，国・公共団体が管理する物（自然公物）も含むものと考えられる。なぜなら本条は，公の営造物の例として「河川」という自然公物を挙げているからである。河川のほかには，湖沼，海岸なども営造物となりえよう。

▶ 公務員が営造物の操作を誤った場合

はじめに述べたように，国家賠償法2条は，人の行為によって生じる損害ではなく，物の欠陥によって生じる損害について定めるものである。物に関わりがあるが，人の行為が直接の原因となっているような場合，たとえば，公務員が水門の操作を誤ったために水路の水が溢れ，近隣の家屋が浸水被害にあったような場合は，国家賠償法1条によって責任を問うべきこととなりそうである。しかし，判例は，ダムの過剰放流により水害が起きた場合に本条を適用するなど，本条の適用範囲を広く解している。このような判例の立場は，無過失責任を定める国家賠償法2条を広く適用することで，被害者の救済を容易にする意図によるものであると考えられる。

3 責任の成立要件

▶ 概説

国家賠償法2条は，「公の営造物の設置又は管理の瑕疵によって」被害が生じたとき，責任が成立すると定める。営造物の「瑕疵」とは，営造物に何らかの欠陥があることをいう。たとえば，道路の路面に大きな穴が空いていたり，あるいは落石を防止する目的で道路脇に設置されていた防護柵が破損していたりする場合のように，物が壊れた状態にあったときは欠陥があると認められよう。また，交通量の多い交差点に信号機が設置されていないなど，営造物を安全に利用するために必要な措置がもともと取られていなかったような場合も，

欠陥があるといえよう。さらに，一時的に濃霧などで見通しが悪くなった道路をそのまま通行させることも，場合によっては欠陥があるといえよう。判例には，集中豪雨により土石流が発生し，道路通行中の自動車が押し流された場合において，通行規制などの必要な措置をとらなかったことにつき，国家賠償法2条の責任を認めたものがある（名古屋高判昭49・11・20判時761・18）。最高裁は，営造物の設置または管理の瑕疵とは，「営造物が通常有すべき安全性を欠いていること」をいうとしている（最判昭45・8・20民集24・9・1268）。

▶ 故意または過失の必要性

国家賠償法2条は，同法1条と異なり，文言上故意または過失の要件を定めていない。このことから，多くの論者は，2条は無過失責任を定めるものと解してきた。すなわち，営造物に欠陥があれば，その欠陥がやむをえない事情によって生じたものであるかどうかを問うことなく，責任が成立するとするのである。このような考え方を，物的欠陥説または客観説とよぶ。この説によれば，無過失責任主義がとられたのは，営造物のように人に危険をもたらしうる物を管理する者は，通常よりも重い責任を負うのが当然であるからであるとされる。

これに対し，国家賠償法2条の責任も過失がなければ成立しないと主張する論者もいる。すなわち，物に欠陥があっても，その欠陥がやむをえない事情によって生じたときには責任は成立しないとされる。このような考え方を，主観説または義務違反説とよぶ。

最高裁は，一般理論上，過失は不要であるという立場をとっている（前掲最判昭45・8・20）。このような立場をとることで，道路において発生する事故などについては，容易に責任を認めることが可能となったといわれている。しかし，判例は，物の欠陥がやむをえない事情によって生じたものであるかどうかをまったく考慮しないわけではない。有名な例として，道路工事中であることを示す赤色灯標柱が倒れ灯火が消えていたことで生じた事故につき，標柱は事故の直前に通行した車両によって倒されたものであるため，道路管理者が道路上の欠陥を是正することは不可能であったと述べて，責任の成立を否定したものがある（最判昭50・6・26民集29・6・851）。また，この例とほぼ同時期の例では，故障した大型貨物自動車が道路上に放置されていたために生じた事故に

ついて，故障車が放置されてから事故に起きるまでに87時間ほど経っていたため，道路管理者が道路上の欠陥を是正することは十分に可能であったとして責任を認めている（最判昭50・7・25民集29・6・1136）。これらの例からすると，過失の有無は責任の成立に影響を与えていると思われる。

▶ やむをえない事情の具体的検討

(1)　予算の制約　　営造物の安全性を保つには，費用がかかる。その費用を賄うのに十分な予算がなかったという事情（予算の制約）は，国家賠償法2条の責任を免れる理由となるであろうか。

　最高裁は，一般理論上は，予算の制約は免責の理由とならないとしている（前掲最判昭45・8・20）。公金の使用には柔軟性があり費用を工面することは困難ではないこと，また，多くの場合において，費用をかけずに安全性を確保する手段があること（たとえば，道路脇に設置されていた落石防止のための防護柵が壊れていたときに，それをすぐに修復することはできなくても，道路の通行規制を行うことはできる）などがその理由であろう。

　しかし，予算の制約がまったく考慮されないわけではない。後述するように，新しく開発された安全設備の設置について，また，河川の氾濫による水害については予算の制約が考慮されているように思われる。

(2)　通常とは異なる方法で営造物を使用したことによって生じた損害　　営造物の管理者は，営造物が通常とは異なる方法で用いられることを予測し，それに対応しなければならないであろうか。危険責任の考え方を徹底すればそうであろう。拳銃を製造する者は，それが誤って操作される可能性も考慮しておかなければならない。しかし，営造物管理者に不可能を強いることは望ましいことではない。また，利用者も，便利な物にはその反面危険もあることを理解して行動するこことが正常な危険の分担のあり方であるように思われる。

　判例においては，通常とは異なる方法で営造物が使用されていたことを理由に，責任を否定したものがある。たとえば，道路の防護柵に座っていた幼児が後ろ向きに倒れて道路脇の4メートル下の校庭に転落した事故につき，防護柵は道路を通行する者の転落を防止する目的で設置されたものであり，その限りで欠陥はなかったとして責任を否定したもの（最判昭53・7・4民集32・5・809），テニスの審判台によじ登って遊んでいた幼児が審判台が倒れたため転落

した事故につき，本来の方法で審判台を使用する限り転倒の危険はなかったとして責任を否定したもの（最判平5・3・30民集47・4・3226）がある。

しかし，通常とは異なる用法であっても，それが実際に広く行われるなどの事情で，営造物管理者が事故の発生を容易に予測できるような場合には，営造物管理者の責任を認める余地があるであろう。判例には，幼児がフェンスを乗り越えてプールに侵入し溺死した事故につき，幼児がそのような行動をとることは予測できることであったとし，プール管理者の責任を認めたものがある（最判昭56・7・16判時1016・59）。

(3) 新しく開発された安全設備の設置　　営造物を安全に使用する技術は，日々進歩している。新しい安全設備が開発され，それによって飛躍的に事故を減らすことができるときには，それを設置することが望ましいであろう。これを行わないことは，営造物の欠陥といいうることもある。しかし，その判断は容易でない。安全設備が設置されるまでには，通常，開発，検証，確立，普及という段階を経る。開発されても検証が済んでいないものを設置することは，かえって危険を生じさせかねない。また，確立した後も予算上の問題から直ちに設置することが困難なことがある。

判例には，点字ブロックが普及し始めた頃，それが設置されていない駅のホームで起きた転落事故につき，点字ブロックがまだ普及していなかったこと，また，事故が起きた駅に優先的に点字ブロックを設置すべき事情があったとはいえないことを考慮して，責任を認めた原審判決を破棄したものがある（最判昭61・3・25民集44・9・1186）。

▶ 河川の氾濫による水害について

河川については，たとえば，増水中であることを十分に警告しなかったために人が泳いで溺れたような場合に，国家賠償法2条の責任が成立すると考えられる。なかでも，豪雨などによって河川が氾濫し水害が起きたような場合に，河川管理者の責任をどこまで追及することができるかということは，大きな問題となってきた。

かつての下級審の判例には，河川管理者の責任を比較的容易に認めるものも少なくなかった。これに対し，最高裁は，大阪府大東市で起きた水害に関する国家賠償請求事件において，河川については，道路などの人工公物とは異なる

基準によって瑕疵の有無が判断されるべきであるとした。すなわち，河川は，当初より「通常有すべき安全性」を備えている必要はなく，その時点での「過渡的安全性」を備えていれば瑕疵はないとしたのである（最判昭59・1・26民集38・2・53）。この基準は，水害の危険が予測でき，それに対処する方法があったとしても，必ずしも河川管理者の責任は成立しないとするものである。

このような最高裁の立場は，理解できないものではない。人の手によってつくられる物であって，安全性を確保することが容易な道路とは異なり，河川は自然のままで存在するものであり，それが容易でないためである。すなわち，道路の場合，安全が確保できないとき，道路管理者は通行規制を行って危険を回避できるが，河川の水害の防止は，そのようなわけにはいかない。また，河川における水害の防止は，堤防を整備するなど河川を改修することで行われるが，河川の改修には膨大な費用がかかるためそれは容易ではないのである。

その一方で，改修が済んだ河川で堤防が破綻して水害が生じたような場合には，通常の基準が用いられるべきである（最判平2・12・13民集44・9・1187）。

▶ 機能的瑕疵

国家賠償法2条の責任は，公の営造物を利用する者により追及されることが多い。しかし，それ以外の者であっても本条の責任を追及することができる。たとえば，空港周辺の地域に住む住民が，航空機の発着により生じる騒音によって生活の平穏または健康を害されたとき，空港管理者を相手に，本条の責任を追及することが認められている（大阪国際空港につき，最判昭56・12・16民集35・10・1369）。空港の設置によって生じる騒音のように，営造物の正常な運用により利用者以外の者に被害を生じさせるとき，営造物には機能的瑕疵（または供用関連瑕疵）があるという。

Ⅳ　費用負担者の責任

国家賠償法1条により責任を負う団体は，公務員を選任し，その職務の遂行を監督する（懲戒権を有する）団体（2条の場合は公の営造物の管理を行う団体）である。しかし，このような団体とは別の団体が，公務員の給与の支払いなど，費用の負担のみに参加することがある。たとえば，小中学校の教職員に対し，

人事権をもち監督を行うのは市町村であるが，給与を支払うのは都道府県である。このような場合，いずれの団体が責任を負うであろうか。

この問題について，国家賠償法3条1項は，費用の負担のみに参加する団体も責任を負うと定めている。この規定により，小中学校の教職員の活動により損害を被った者は，市町村に対しても都道府県に対しても損害賠償請求をすることができることとなる。さらに，国家賠償法3条2項は，損害賠償を行った一方の団体は，もう一方の団体に対して求償を求めることができることを明らかにしている。

一方の団体はもう一方の団体に対しどの程度の求償を求めることができるであろうか。この問題は，2つの団体がそれぞれどの程度の責任を分担すべきかという問題である。国家賠償法にはこの点について定めがないが，一律に決めることは困難であろう。判例においては，小中学校の教職員について，市町村が損害賠償の全額を負担すべきであるとした例がある（最判平21・10・23民集63・8・1849）。

★コラム17　日本国憲法17条の性質

公権力の行使による責任について定める日本国憲法17条は，立法者に対する指針を示すものにすぎず，個人がそこから何らかの請求権を引き出すことができるようなものではない（プログラム規定）とされてきた。この考えによれば，この条文に依拠して損害賠償を求めることはできないこととなる。

この考えに基づき，国家賠償法が制定されるまでに生じた損害について，国民は損害賠償請求をすることはできないとした判例もある。

しかし，判例は，最近になって，郵便の遅配や誤配によって生じる損害につき，一定の範囲において損害賠償責任を免除する郵便法の規定について，安い値段で広くサービスを提供するという郵便制度の目的からすると免責を定めることそのものは許されないものではないとしたが，郵便法の規定は過剰に広い範囲に免責を定めるもので憲法17条に反するとした（最判平14・9・11民集56・7・1439）。このように，個別法の定めが十分でないときに本条に依拠して損害賠償を求めることができることとされた。

〔福重さと子〕

第**21**章

損失補償

I 損失補償の意義と根拠

1 意義

　国家賠償制度の下で，国または公共団体は，違法な行政活動によって個人に損害を与えたときは，それを埋め合わせなければならない。しかし，個人に損害が生じ，その埋め合わせが必要となるのは，違法な行政活動が行われた場合だけではない。

　典型的な例は，土地収用を行う場合である。土地収用は，道路，ダム，学校などの公共施設の建設に必要な用地を確保するために国・公共団体に認められた手段であり，個人から土地の所有権を取り上げる権力的な手段である。土地収用が行われれば，土地収用の相手は土地の所有権を失う。そしてこのとき，土地収用の相手に対しては失った土地の価値に見合った埋め合わせが行われるべきであるとされている。

　このような埋め合わせが必要とされるのは，どのような理由によるものであろうか。公共施設の建設は，等しくすべての者に利益をもたらすものであるから，本来，そのために必要な費用は，等しくすべての者が公平に負担するべきである（負担の公平の原則）。土地収用は，いわば特定の者のみに負担を強いるものであり，負担の公平を乱すものである。土地が公共施設の建設予定地にあったというだけで，それを負担しなければならないとすることは不合理である。公平を回復するためには，土地収用の相手の負担を等しくすべての者が分担することが必要である。

　一般に，国または公共団体が，公共の利益のため，個人の財産を使用すると

きは，負担の公平の観点から，個人の被った財産上の損害（正常な行政活動によって生じる損害については「損失」という言葉を用いるのが通常であるので，以下では損失という）を埋め合わせなければならないと考えられる。このような理由で行われる埋め合わせを損失補償という。

2　法律上の根拠の必要性

　法律のなかには，一定の行政活動を行うにつき損失補償をすべきことを定めるものがある。上に述べた土地収用の場合（収用1条・68条以下）のほか，消火活動において延焼防止のため家屋を取り壊された者に対して（消防29条3項），また，自然公園の指定によりその所有する土地の利用を制限される者に対して（自然公園64条）損失補償をすべきことが定められている。しかし，損害賠償の場合と異なり，損失補償に関する一般法は制定されていない。

　個別法に損失補償の定めがあるときには，それに依拠して損失補償を求めることができることに問題はない。これに対し，そのような定めがないとき，財産上の損失を被った者は，損失補償を求めることができるであろうか。

　日本国憲法は，29条3項において「私有財産は，正当な補償の下に，これを公共のために用ひることができる」と定めている。この条文の主眼は「正当な補償の下に」という文言にあり，公共の利益の実現のため個人の財産を使用するときには，必ず損失補償が行われなければならないという原則を明らかにするものである。そこで，個別法に損失補償の定めがない場合には，日本国憲法29条3項に基づき損失補償を請求することができるのではないかと主張する学説が現れた。この学説に対し，この条文は具体的な効力をもつものではなく，あくまで立法の指針を定めるもの（プログラム規定）にすぎないと主張し，それに基づいて具体的な請求をすることはできないとする学説も存在する。しかし，現状において後者の学説をとると，損失補償が不合理に限定されてしまうこととなるように思われる。最高裁は，一般論として，「直接憲法29条3項を根拠にして，補償請求をする余地が全くないわけではない」として，損失補償の可能性を開いている（最判昭43・11・27刑集22・12・1402）。ただ，最高裁が憲法29条3項に基づいて実際に損失補償の支払いを命じた例は，現在までのところ存在しない。

また，このような判例の立場に対しては，日本国憲法29条3項の帰結をより重くみる学説もある。すなわち，個別法が必要な損失補償を定めなかったときは，この法律が全体として違憲無効となり，それに基づいて個人の財産を使用することも許されなくなるとするのである（この説によれば，もし土地収用法に損失補償の定めがなかったならば，土地収用法が違憲無効となり，土地収用を行うことそのものも許されなくなる）。このような学説を違憲無効説とよぶ。これに対し，判例の立場は，個別法は無効とはならず，原告に損失補償請求権が発生するのみであるとするもので，請求権発生説とよばれる。違憲無効説によれば，現行法に定められた多くの行政活動ができなくなるおそれがあると考えられ，一般的にそれを採ることは現実的ではないであろう。

3　損失補償の要否

▶ 総説

　損失補償の請求を受けた国または公共団体は，個別法が損失補償をすべきことを定めているときは，その定めるところに従って，損失補償をする必要があるかどうか（損失補償の要否）を判断することとなる。これに対し，個別法に損失補償の定めがない場合，あるいは具体的な要件が定められていない場合，損失補償の要否はどのように判断されるべきであろうか。

　伝統的に，損失補償は「特別の犠牲」を負った者に対して行われなければならないとされてきた。

　特別の犠牲という言葉には，2つの要素が含まれる。1つは「特別性」の要素である。具体的な例を用いて説明しよう。建築基準法は，建築することのできる建物の大きさ，構造，および用途を規制している。土地を所有する者は，このような規制により，本来自由なはずの建築を制限され，財産上の損失を被っていると考えるかもしれない。しかし，土地を所有する者に損失補償をすべきであるとは考えられていない。そのようにすれば，土地を有するあらゆる者に損失補償をしなければならないこととなるからである。このように，誰もが同じ負担をしているときには，損失補償は不要である。税金を納めたからといって損失補償を求めることができるとするのは不合理であろう。

　もう1つは「犠牲」の要素である。一般に，個人の被る損失がごくわずかな

ものであるときには，補償をする必要はないと考えられてきた。たとえば，食品衛生法は，食品中の微生物や残留農薬などを調べるため，食品製造施設や販売店から食品を収去することを行政に認めているが，収去される食品は通常ごくわずかであるため，補償は必要ないと考えられている（食品28条は，「無償で」収去することができることを定めている）。

ただ，実際の場面では，「特別の犠牲」があるかどうかを判断することが容易でないことも少なくない。そのような例をいくつかみておきたい。

▶ 警察規制を行うとき

人の生命・身体・財産を保護する目的で個人の活動を制限する行政活動は，警察規制とよばれるが，伝統的に，警察規制を行うのに損失補償は必要ないと考えられてきた。

たとえば，建築基準法が建築することができる建物の構造を規制しているのは，少しの衝撃で容易に崩壊するような構造の建物が建築されて，そこに住む人や周囲に住む人の生命・身体が危険にさらされることを防ぐことが目的である。したがって，このような規制は警察規制であるといえる。伝統的な考え方によれば，このような規制により個人に財産上の損失が生じても，損失補償は必要ないこととなる。

警察規制に損失補償が不要であるとされるのはなぜか。人の生命・身体・財産に危険を及ぼす活動は，本来誰にも行うことが許されないものである。それを制限・抑止する警察規制は，いわば「あたりまえ」のことを求めるにすぎない。あたりまえのことを求められたからといって，損失補償を求めることはできないのである（このように，あたりまえのこととして生じる制限のことを，財産権の内在的制約という）。

警察規制に対して，同じく個人の行動を制限する行政活動であっても，そのような目的でなく，公共の福祉を増進する目的で行われるものがあり，そのような活動については損失補償が必要であると考えられてきた。たとえば，文化庁長官は，土地の所有者が土木工事などを行おうとして遺跡を発見したときは，現状を変更する行為の停止・禁止を命じることができる。このような規制は，人の生命・身体・財産を保護することを目的とするものではなく，国民の文化資産を守り文化を発展させることを目的とするものである。法律上も，こ

の規制を実施するときには損失補償をすべきことが定められている（文化財保護96条9項）。

　最高裁は，古くからこの原則を確認している（最判昭38・6・26刑集17・5・521）。比較的最近の例では，ガソリン貯蔵タンクは道路から一定の距離を置いて設置しなければならないとする消防法の規定により，新しく地下道ができたためにガソリン貯蔵タンクを移転しなければならなくなった者について，消防法の規定が警察規制であることを理由に損失補償を否定したものがある（最判昭58・2・18民集37・1・59）。

　ただ，この原則を厳格に適用することには問題もある。第1に，警察規制とそれ以外の規制を分けることは必ずしも容易ではない。たとえば，建築基準法によるゾーニング規制は一般に警察規制といわれるが，同時に，町の美観や利便性を維持・向上することを目的とする規制であると考えられなくもない。第2に，近年豪雨の増加により急激に増大する洪水の危険に対処するため河川付近の区域において新たな利用制限が行われる場合のように，従来考えられなかった危険に対処するために行われる規制のすべてを「あたりまえ」の負担と考えてよいかどうかは疑問である。

▶ 公用制限を行うとき

　土地の所有権を取り上げる土地収用（公用収用）に対し，建物を建てることを禁じたり売買を禁じたりするように，土地の利用を制限するにとどまる規制のことを公用制限とよぶ。たとえば，都市計画法においては，都市計画のなかで道路の建設・拡張などが決まったときは，それをスムーズに進めるため，建設予定地で新たな建築を行うことは許可がなければできないとされている（都計53条）。また，自然公園法においては，自然の優れた風景を守るため，指定された区域において開発行為を行うには許可が必要とされている（自然公園20条3項）。

　公用制限については，実務上，土地収用の場合と異なり，損失補償の必要はないとされてきた。理論的には，公用制限は所有権を奪う土地収用に比較して損失が小さいと考えられること（「犠牲」がない），公用制限は多くの場合広範囲の者を対象とすること（犠牲の「特別性」がない），また実際上も，公用制限のすべてに損失補償を行えば多額の費用がかかることがその理由である。た

だ，個別法によって損失補償を定めることは妨げられない（自然公園64条は，開発行為を行う許可を得られなかった者に損失補償すべきことを定めている）。

しかし，見方によっては程度の差でしかない土地収用と公用制限の間に，このような截然とした区別を設けることは，論理的とはいいがたい。公用制限においても，小さな損失に応じて補償をすればよいだけであるとも考えられる。また，都市計画事業のなかには何十年も実施されないものもあり，このような場合に損失が小さいとはいえないであろう。

悪いことに，公用制限に損失補償が不要とされてきたことで，都市計画のなかに必要性の小さい道路建設などが定められる結果となったともいわれる。しかし，この実務上の扱いを変えることは容易ではない。最近の最高裁の判例では，60年間にわたって土地利用を制限された場合において，損失補償は不要であるとしたものがある（最判平17・11・1判時1928・25）。

▶ 行政財産の目的外使用許可を撤回するとき

行政財産は，国または地方公共団体が公の目的に供する物のことである。道路，公園，官公署などがこれにあたる。行政財産は，公の目的のために存在する（たとえば道路は通行のために存在し，官公署は行政の執務のために存在する）ものであって，通常の財産とは異なり，特定の個人が独占的に使うために存在するものではないが，行政財産の一部を特定の個人に独占的に使用させても，公の目的の実現を妨げず，あるいはかえってそれが公の目的の実現に貢献することがある。たとえば，役所の建物の一部で個人に食堂やコンビニエンスストアを経営させる場合がそうである。法律上，このような場合には，行政財産の管理者の許可により個人の独占的な使用を認めることとしている（国財18条6項，自治238条の4第7項）。これを行政財産の目的外使用許可とよぶ。しかし，状況の変化により，行政財産を個人に独占的に使用させることが，公の目的に適合しなくなることがある。たとえば，新たな行政事務のためにこれまでよりも執務室が必要となるような場合である。このような理由で行政財産の目的外使用許可を撤回された者は，行政財産の管理者に対して損失補償を求めることはできないとされてきた。

最高裁は，このような考えをとる理由として，行政財産の目的外使用許可によって与えられた使用権は，「当該行政財産本来の用途または目的上の必要性

を生じたときはその時点において原則として消滅すべきもの」であり，「権利自体に右のような制約が内在しているものとして付与されるものとみるべきである」と述べている（最判昭49・2・5民集28・1・1）。すなわち，行政財産の目的外使用許可は，賃貸借契約とはまったく異なる性質をもつもので，もともと行政財産を永続的に（期間満了まで）使用する権利を与えるものではないとするのである。法律上も，公の目的に供する必要が生じたときには目的外使用許可を撤回することができることが明らかにされている（国財24条1項（19条による準用），自治238条の4第9項）。したがって，賃貸借契約の解除の場合とまったく同様に扱うことはできないであろう。

　ただ，この事件において裁判所は，法律および条例の解釈に基づいて判断を下しているため，それらが別の定めをしたときに同様に判断されるかは明らかでない。また，民営化の下で，一定の行政財産については個人の独占的な使用を積極的に進めることが必要となっているところであるが，損失補償を一律に不要とすることはそれを妨げるおそれもあるところである。

4　損失補償の内容

▶ 総説

　損失補償は，現物によって行われることもある（土地収用の相手に代わりの土地を付与するなど）が，ほとんどの場合，金銭によって行われる。

　日本国憲法29条3項は「正当な補償」を行うべきことを定めている。個人が被った損失に対して僅かな補償しか行わないことや，逆に不相応に高額の補償を行うことは，負担の公平という理念にそぐわない。しかし，具体的な場面において，どのような内容の損失補償を行えば正当であるといえるのかは容易な問題ではない。

　以下では，土地収用を例にとって，損失補償の内容について検討していきたい。

▶ 土地の所有権についての補償（権利補償）

　土地収用は，土地の所有権を取り上げるものである。土地の所有権に相当する補償が行われるべきことに問題はない。このような補償を，権利補償とよぶ。

伝統的には，収用により相手の財産状況に変化を生じさせないような補償が理想的な補償とされてきた。具体的には，補償金によって，収用の対象となった土地の近くで代わりの土地を入手することができなければ，十分な補償とはいえないと考えられた。このような考えに基づき，土地収用法は，「近傍類地の取引価格等を考慮して算定した……（土地の）価格」を補償すべきことを定めている（71条）。

　このような考え方には異論もある。すなわち，財産状況の変化がゼロになることは必要でなく，「相当な」金額が支払われれば十分であるとするのである。たとえば，戦後直後に制定された旧自作農創設特別措置法（自創法）は，農地買収を行うにつき，土地の市場価格より低い金額の補償をすべきことを定めていた。これは，自創法が，地主の財産を取り上げて小作人に分配することを目的としていたためであり（このため財産状況の変化がゼロになれば不合理なこととなる），また実際上，短期間でその目的を実現するためには補償金の額を抑える必要があったためである。最高裁は，自創法に定められた補償は「正当な補償」であると認めている（最判昭28・12・23民集7・13・1523）。このような場合を一般化して，損失補償においては，必ずしも土地の市場価格を支払う必要はないとする説のことを相当補償説とよび，これに対し伝統的な考え方を完全補償説とよぶ。

　相当補償説の述べるところには首肯すべき点もあるが，何が正当な補償かについての明確な基準を示すことが困難であるという欠点がある。その点で完全補償説のメリットが大きいことは否定しがたい。自創法に関する上記の判例（相当補償説）もきわめて例外的な法律の下でのみ通用するものと考えるべきであろう。

▶ 土地の所有権以外の損失に対する補償

　土地収用により生じる損失は，土地の所有権だけではない。まず，収用の対象となった土地に家屋や事業所を設けていたとき，それを新しい土地に移転するための費用が必要となる。移転に付随して，事業所の移転が完了するまでの間事業を行うことができないこともある。土地収用法は，これらの損失に対しても補償すべきことを定めている（77条・88条。このような補償を通損補償とよぶ）。

　また，土地の一部のみが収用された場合には，残された部分を利用するた

め，新たな施設・設備が必要となることがある。たとえば，土地の排水を維持する機能を果たしていた部分が収用されたときは，新たに排水のための設備を設ける必要が生じる。土地収用法上，このための費用も補償されることとされている（75条。みぞ・かき補償とよばれる）。また，残された部分がごく僅かな面積となり，何らかの目的で利用することが難しくなった場合，土地の価格は大きく下落する。このような場合のための損失補償も定められている（74条。残地補償とよばれる）。

これらの補償に対し，その必要性が議論されているのは，生活補償とよばれるものである。たとえば，ダムの建設により1つの集落全体がダムの下に水没してしまうことがある。従来，集落の人々との密接な関係によって商業を営んでいた者が，別の土地で同じ商業を営むことは現実的に非常に困難である。農業を営んでいた者が，別の土地で同種の農業を再開することにも，大きな負担がかかる。このように，土地収用により従来の生業を営むことができなくなりそれを変更しなければならなくなったとき，それを支援するために行う補償のことを，生活補償（生活権補償，生活再建補償）とよぶ。

土地収用法は，土地収用により「生活の基礎を失うこととなる」者に対し，起業者が「生活再建のための措置の実施のあっせん」をすべきことを定めている（139条の2）。具体的には，生業に適した土地・建物の取得，職業の紹介，指導または訓練についてあっせんをすることなどがその内容である。ただ，この条文は努力義務を定めるものであり，法的拘束力をもつものではない。

なお，土地収用により影響を受けるのは財産だけではない。たとえば，長年住んで愛着のある土地を離れなければならないことは，個人にとって精神的・心情的に痛手である。損害賠償においては，精神的な痛手も慰藉料として賠償されるが，損失補償においてこのような痛手が考慮されることはほとんどない。

II　国家賠償と損失補償の谷間

国家賠償制度および損失補償制度が発展する一方で，この2つの法制度によってうまくカバーできない領域があることが問題となってきた。このような領

域のことを，国家賠償と損失補償の谷間という。

　とくに問題となったのは，感染症の蔓延を防止するために行われた予防接種によって副反応が生じ重篤な後遺障害が残った者の救済である。このような者を国家賠償制度によって救済することは困難である。というのも，予防接種の副反応は医学的に完全に解明されているわけではなく，どれほど注意しても完全に防ぐことは不可能なものであるから，いったん事故が起きたときにそれが過失によると証明することは難しいからである。その一方で，損失補償を求めることも困難である。というのも，損失補償は，伝統的に，もっぱら財産上の損失に対応するものであると考えられてきたためである。このような考えの背景には，財産と異なり，人の生命・身体は，いかに補償を行っても侵害されえないものである（損失補償を行えばそれを正当化することとなる）という考えがある。日本国憲法も，財産上の損失に対する補償しか定めていない。

　しかし，このような帰結には問題がある。というのも，財産に生じた損害は手厚く救済されるのに対し，財産より重要な法益であると考えられる人の生命・身体に生じた損害が放置されるということは正当とは思われないからである。このため，判例・学説は，予防接種による被害をいかにして救済するべきかについて議論してきた。

　学説においては，2つの救済制度のいずれかをひき寄せて救済すべきであると主張された。すなわち，財産上の損失についての補償を定める日本国憲法29条3項を類推適用するべきであるという考え方（損失補償説）と，国家賠償責任の成立を柔軟に認めることで救済するという考え方（国家賠償責任説）が唱えられた。判例においては，下級審において，損失補償説に依拠して救済したものが存在する（東京地判昭59・5・18判時1118・28）が，最高裁は，国家賠償責任説によって救済する方法をとっている（最判平3・4・19民集45・4・367）。

　「谷間」に属するような領域においては，個別の法律により手当てがされていることも少なくない。たとえば，刑事訴追を受けた個人が後に裁判で無罪判決を受けた場合につき，日本国憲法は「何人も，抑留又は拘禁された後，無罪の裁判を受けたときは，法律の定めるところにより，国にその補償を求めることができる」と定めており（40条），これに基づき刑事補償法という法律が制定されている。

★コラム18　受益者負担・原因者負担のしくみ

　損失補償は，負担を公平に分配させることを目的とするものであるが，負担の公平に関する法制度は損失補償だけではない。損失補償の場合とは逆に，行政活動によって特定の誰かがひとり多くの利益を得るといったこともある。このような場合，この者の利益を取り上げ，広く分配するためのしくみが必要となるであろう。この分配のしくみを，受益者負担という。

　受益者負担の例として，道路や水道などのインフラ施設の整備のときに行われるものがある。インフラ施設の整備を行えば，すでに済んだところと済んでいないところで生活の利便性に差が生じる。また，整備が済んだところは，それによって土地の価値が上昇し，財産的な利益を得ることとなる。このように，インフラ整備が済んだところに住む者は，ひとり多くの利益を得ていることとなる。このため，これらの者に負担金を課して利益を取り上げ，国庫に繰り入れる（広く国民に分配する）ことが行われる（道路61条，河川70条および下水道19条などを参照）。

　しかし，受益者負担は，実際には下水道を除いてはあまり用いられていない。その理由は，個人が得た利益の計算が容易ではなく，負担者の賛同を得ることが困難であったことなどがあるであろう。

　近年，インフラ施設の老朽化等に伴い修繕を行うことが必要となっているが，国・公共団体の財政状況は厳しく増税にも限界があるため，受益者負担制度に注目する向きもあるように思われる。インフラ施設以外の領域では，介護保険の導入も，受益者負担の考えに基づくものであるといえよう。また，原因者負担といい，公害の原因となる活動を行う事業者などに，公害防止に必要な費用を支払わせるようなしくみもある。受益者負担制度には大きなメリットがあると思われるが，受益者負担を過剰に進めれば，あらゆる人に最低限の社会施設を享受させるというインフラ設備の目的に反することともなりかねない。受益者負担の法的な検討がより一層要求されるところである。

〔福重さと子〕

第**22**章

苦情処理とオンブズマン(パーソン)制度

I 苦情処理

▶ 制度の意義と存在理由

苦情処理の制度は，行政に対する私人の苦情を行政機関が聞き，簡易な手段によってその解決を図ることを目的とする。したがって，これは，行政機関に対して私人が個別法や行政不服審査法に基づく不服を申し立て，その結果に不服があればさらに提訴できる「正式の争訟」とは異なるものである。

ここでは行政に対する苦情のみならず，ときには私人間での苦情が行政にもち込まれる場合もある（なお，「行政型 ADR」については後掲コラムを参照）。また，苦情処理にあたる行政機関をみても，一般的な窓口対応（たとえば，多くの自治体に設置される「市民相談室」の類がこれに当たる）もあれば，後述するように，特別に苦情処理のための機関を設置させる場合もある。「正式の争訟」にみられるような制度上あるいは事実上の制約がなく，制度利用に際しての私人の心理的な負担も軽いために，弾力的な救済手段として機能する点に，苦情処理制度固有の存在意義が認められる。

▶ 苦情処理機関の種類

現行法上の苦情処理ないし苦情処理のために設置される機関として，以下の(1)〜(3)がある。

(1) 行政苦情あっせん　　総務省設置法（平成11年法91）に基づいて総務省の所掌業務として行われる苦情処理があり，「行政苦情あっせん」とよばれる（総務省設置法 4 条21号参照）。総務省の管区行政評価局や行政評価事務所での行政相談窓口での相談，あるいは電話・インターネット・手紙・ファックスなど

のツールや，後述する行政相談委員への相談を介して寄せられた苦情などを受けて，機能・運用されるあっせん制度である。とくに制度改革などを必要とする案件が生じた場合に対処するため，1982年以降，総務省に「行政苦情救済推進会議」が設けられ，民間有識者の意見聴取による効果的な苦情の解決も図られている。また，地方レベルでも，「条例」や「規程」を根拠とした苦情処理員会等の機関が設置されており，管区行政評価局や一部の行政評価事務所においても，行政苦情救済推進会議が機能している。

(2) 行政相談委員　　行政相談委員法（昭和41年法99）に基づいて，総務大臣から市町村（特別区を含む）の区域で苦情処理に関する業務の嘱託を受けた民間の協力者（ただし，守秘義務が課させられる。また，無報酬であるが，業務遂行のための必要費用の支給を受けることができる）である「行政相談委員」が行う苦情処理がある。

　同法2条1項は，「行政機関等の業務に関する苦情の相談に応じて，総務大臣の定めるところに従い，申出人に必要な助言をし，及び総務省又は当該関係行政機関等にその苦情を通知すること」（1号），この「通知をした苦情に関して，行政機関等の照会に応じ，及び必要があると認める場合に当該行政機関等における処理の結果を申出人に通知すること」（2号）を，総務大臣からの委嘱業務として明示する。同法4条では，「委員は，総務大臣に対して，業務の遂行を通じてえられた行政運営の改善に関する意見を述べることができる」ことが規定されている。総務省によればその数は，全国で約5000人とされる。

(3) 人権擁護委員　　その他，苦情処理を目的として設置される機関ではないものの，人権擁護委員法（昭和24年法139）に基づく「人権擁護委員」による活動が，苦情処理の機能を担うことがある（2条参照）。人権擁護委員とは，法務大臣から市町村（特別区を含む）の区域で人権擁護活動にかかる業務の嘱託を受けた公務員ではない民間の協力者（ただし，関係者の身上に関する守秘義務や差別的優先的取扱いの禁止が課させられる。）であり，その数は，法務省によれば全国で約1万4000人とされる。法務局職員とともに，人権侵害事件の調査処理，人権相談，および人権啓発などの活動を行っている。

　また，同法は，「人権擁護委員協議会」（16条1項・17条），「都道府県人権擁護委員連合会」（16条2項・18条），「全国人権擁護委員連合会」（16条3項・18条

の2）の組織と任務も規定している。

Ⅱ　オンブズマン／オンブズパーソン制度

▶ 制度の意義と存在理由

　スウェーデン語で「代理人」を意味する Ombudsman（オンブズマン）は，行政に対する苦情処理を行うもの（人・制度）というよりもむしろ，議会以外の国家機関の監視のための制度として出発した。「議会の代理人」として議会によって選任された「オンブズマン」が，議会からの独立性を確保しながら，行政官と裁判官が真に法を遵守しているかを監視するものであった。

　スウェーデンがこうした「オンブズマン」を必要とした理由・背景としては，そもそもの制度導入時に議会が国政調査権を有しなかったこと，政策決定機関と執行機関が分離しており後者の独立性が保証されていたこと，そして個々の公務員もまた法と良心に従った業務遂行をなすことが保証されていたために公務員の行動を外部から監視する必要性が特に強かったことが指摘されている（総務庁行政監察局監修『オンブズマン制度』11頁）。

▶ 分類ないし種類

　オンブズマン／オンブズパーソン（Onbudsperson）の分類・種類をめぐる理解や整理は一様でない。ここでは，従来からのものを以下に示す。

(1)　公共機関が設置する「公共・公的オンブズパーソン」と，民間ないし私的レベルで設置される「民間・私的オンブズパーソン」の区分がある。後者については，わが国ではいわゆる「市民オンブズマン」という名称の民間組織として，地域のさまざまな職種の市民によって組織運営されており，実際に行政に対する情報公開請求や住民監査請求，住民訴訟の提訴などの活動を行っている組織として存在している。したがって，検討対象としては，主に公共機関が設置する前者が中心となる。

(2)　「公的・公共オンブズパーソン」のうち，議会の行政監視機能強化を目的として議会によって選任・設置されるものを「議会型」という。これが沿革の上でも，本来的なオンブズパーソンといえる。他方で，行政部内に設置され，行政監視にあたる場合を「行政型」とよぶ（政府による任命を受けるフランスの

「メディアトゥール」がその典型である)。「行政型」は,「議会型」を意識し,後発的にその理念を修正するかたちで生成展開してきたものである。そのため,本来的なものではないという意味から「疑似オンブズマン制度 (Pseudo-Ombudsman)」と称されることもある。「行政型」の特色は,行政組織の一部をなすことに加え,行政部の長によって任命され,主として苦情処理を行うことにある(渡邊榮文『初期オンブズマン論』120頁以下を参照)。

(3) また,(2)にあっては,それが国に設置されるのか(「ナショナル・オンブズパーソン」),地方レベルで設置されるのか(「ローカル・オンブズパーソン」)によっても区分される。

(4) さらに,(2)では,行政領域を広く対象とする「一般・総合オンブズパーソン」と,福祉等の特定の行政分野に対象を限定する「特殊・部門オンブズパーソン」とに区分される。

▶ わが国における展開

まず前述の(1)の区分については,わが国において両方が存在している。

そして,とくに問題とすべき「公共・公的オンブズパーソン」についてわが国では,(2)の区分における「議会型」は存在していない。わが国におけるその不存在の理由は,国(「ナショナル」)レベルでの国会の国政調査権(憲62条)が機能しており,地方(「ローカル」)レベルでも,議会の付属機関として地方自治法において法定されるものが「議会事務局」のみと解されていること(自治138条)等にあるとされる。

他方,前述の「行政型」の特色をふまえると,わが国では「ナショナル」レベルで総務省の「行政苦情救済推進会議」などの機関がこれに類似する機能を担っていることがうかがえる。しかしながら,こうした組織は「行政型」として完全なものとはいえない。そのためわが国では,1986年の「オンブズマン制度研究会」による国レベルでの制度導入の提言(詳細については,総務庁行政監察局監修・前掲書を参照)以降も,依然として「ナショナル」レベルでの「行政型」は実現をみていないのが現状である。

▶ ローカル・オンブズパーソンの特徴

反面で「ローカル」レベルでは,1990(平成2)年7月に,神奈川県川崎市が「川崎市市民オンブズマン」を設置するための「川崎市市民オンブズマン条

例」を制定（同年11月に施行）させた。わが国最初の「行政型」オンブズパーソンの制度的導入である。条例に基づく川崎市の「市民オンブズマン」は，市長が議会の同意を得て委嘱する（7条2項）。ここで議会の同意の要否については，その後わが国で制度化された「条例」「要綱」「要領」「規則」に基づく「行政型」の「ローカル」オンブズパーソン制度（1992年2月の長崎県諫早市。ただし1997年4月に廃止。1993年2月の新潟市。同年10月の埼玉県鴻巣市。1995年4月に都道府県レベルで沖縄県が初めて設置）にあって，首長の委嘱のみで足りるものと，さらに議会の同意をも要するものとが混在する状況にある。

▶ 特殊部門オンブズパーソン

最後に，わが国では特定の行政分野に対象を限定する「特殊・部門オンブズパーソン」（1915年設立・1968年廃止のスウェーデン「軍事オンブズマン」が世界最初のものとされる）についても，「行政型」「ローカル」レベルで存在している。

まず，「人権」分野の端緒として，1997（平成9）年10月に「人権が尊重される三重をつくる条例」に基づいて設置された「三重県人権施策審議会」がある（条例7条2項で，知事が任命する）。その後，市町村レベルでは兵庫県伊丹市や川西市，都道府県レベルでは埼玉県など，これまでにいくつかの自治体が「条例」「要綱」に基づく「人権」分野での制度設計を実践している。なお，「一般／総合オンブズパーソン」の嚆矢となった川崎市でも，2001（平成13）年6月に，「人権」分野での「川崎市人権オンブズパーソン」を設置する「川崎市人権オンブズパーソン条例」を制定（翌年4月に施行）している（8条2項で，市長が議会の同意を得て委嘱）。

しかし，ここでのオンブズパーソンは，わが国ではむしろ「福祉」分野において顕著といえる。わが国での「特殊・部門オンブズパーソン」の端緒も，「人権」分野ではなく「福祉」分野であった。その最初の制度的導入は，「川崎市市民オンブズマン条例」に同じ1990（平成2）年の9月に制定され，翌月に施行された「中野区福祉サービスの適用に係る苦情の処理に関する条例」に基づく「福祉サービス苦情調整委員」であった。この条例の第2章で規定される当該「委員」は中野区長の付属機関であり，区長からの委嘱を受けて「福祉サービスに関する申立てを受け付け」，条例の範囲内での所定の「調査，審査，通知及び意見の表明を行い」，「実施機関からの報告を受け」，「申立ての処

理状況について，毎年度区長に報告する」職務を行う（同条例7条）。その後，福祉分野では，1995年7月の横浜市，1996年10月の世田谷区へと続く。

こうしたオンブズパーソンの設置根拠となる「条例」「規則」「要綱」をみると，その多くは首長の委嘱のみで足りるものが多い。もっとも，2000（平成12）年9月に制定された埼玉県の「東松山市介護サービスオンブズマン条例」（現在は「東松山市福祉サービスオンブズマン条例」）のように，市長が議会の同意を得て委嘱する（条例4条1項）例もある。

最後に，「福祉」「人権」以外の「特殊・部門オンブズパーソン」としてとくに注目されるものとして，1996年（平成8）年7月に滋賀県が「滋賀県環境基本条例」に基づいて設置した「滋賀の環境自治を推進する委員会」（条例第3章に規定。委員は知事が県議会の同意を得て委嘱〔27条3項〕）がある。

Ⅲ　機能拡充の要請と制度的課題

▶ オンブズパーソンはスーパーマンではない

行政に対する苦情処理を行う人ないし制度としての存在意義は，今後も失われないと考えられるものの，「オンブズパーソンはスーパーマンではない」。そうすると，過度の期待を寄せることはできないはずである。事実，実質的な機能不全から廃止に至った諫早市の例（その経緯については，園部逸夫・枝根茂『オンブズマン法（新版）』77頁を参照）もある。その明確な任務と目標への共通理解が得られずに政治化を招き，市民の無関心もあって，「オンブズマン法案」が住民投票で否決されたアメリカの例も見受けられる（参照，福祉オンブズマン研究会編『福祉オンブズマン』183頁以下［髙谷よね子］）。

▶ 評価制度との連動──フィードバック機能への期待

現在，国の行政を評価し監視する手立てとしては，総務省によって実施される行政評価や会計検査院法に基づく会計検査があり，地方レベルでは，法定の制度として地方自治法上の住民監査請求（自治242条1項），特別監査（98条2項・199条6項），外部監査（252条の27以下）がある。こうした行政評価・監視のシステムは，行政の活動を是正し，公正，かつ透明な行政を担保することにその存在意義がある。住民監査請求のように，住民が法定の要件・手続に従って

行政の活動の是正を求める場合もあるが，ここでの評価と監視のシステムのほとんどは，制度的・組織的に行政自らが実施するものである。もっとも，今日では，政策評価のシステム（各府省に所管の政策の効果について測定・分析し，客観的な判断を行うことを求める制度）を通じて，効率的で成果重視の政策を実施すること，また，評価制度による国民の信頼向上と国民への説明責任が要請されている（2002年［平成14年］4月施行の「行政機関が行う政策の評価に関する法律」を参照）。そのため，さらに行政手続法における意見公募等の手続（第16章参照）や，個別分野におけるパブリック・インボルブメントの拡大と一般化を通じて，一層の市民参加・関与の行政実践が求められる現状にある。

こうした趨勢にてらせば，市民による意見や苦情を行政の活動にフィードバックさせることが不可欠となる。そのための手立てとして有効に機能するシステムが苦情処理制度（たとえば，行政相談委員法4条の積極活用）であり，オンブズパーソン制度である。従来から行政救済の一端として個別の市民のための簡易な救済制度ととらえられてきた両制度には，今日，上記観点からの機能拡充が求められており，各地での実践の検証をふまえた発展的な展開が期待されている。

★コラム19　行政型 ADR

　行政機関の有する専門・技術的知見を用いて，私人間での紛争処理を目的とする機関を「行政型 ADR（Alternative Dispute Resolution：裁判外紛争処理）機関」という。本文でふれた行政苦情あっせんとしての「行政苦情救済推進会議」もその一例であるが，行政型 ADR はむしろ，私人間での紛争を解決する機関である点に特色がある。代表的な行政型 ADR としては，厚生労働省の外局である「中央労働委員会」および地方の「労働委員会」（労組法第4章），内閣府の外局である「公正取引委員会」（独禁法第8章），総務省の外局である「公害等調整委員会」（国家行政組織法3条2項・公害等調整委員会設置法）のような各種行政委員会，また，金融庁に設置される審議会等としての「証券取引等監視委員会」（金融庁設置法6条1項），建設工事の請負契約に関する紛争の解決を図るため国土交通省に設置される「中央建設工事紛争審査会」および都道府県に設置される「都道府県建設工事紛争審査会」（建築業法25条）などがある。

〔井上禎男〕

第23章

行政不服申立て

I 総 説

1 行政不服申立ての意義

▶ 行政不服申立てとは

行政不服申立て（行政不服審査ともいう）とは，国民が，行政処分などに関し行政庁に対し不服を申し立てて，その取り消し，是正，その他の措置を求める争訟手続である（抗告争訟ともいう）。行政不服申立ては，国民の権利救済手段の1つであるが，①正式に審理・判断を求める争訟手続である点で，請願や苦情処理手続などと，また，②審理機関が裁判所でなく，行政機関である点で訴訟手続と本質的に異なる。

▶ 行政不服申立ての一般法

行政不服申立てのしくみを定めたわが国最初の法律は，1890年制定の訴願法（明治23年法105）である。この法律が定める訴願制度は，訴願事項を租税の賦課や滞納処分など6項目の処分に限定し（列記主義），また申立人の手続保障がきわめて不十分であるなど，明治憲法下ではともかく，日本国憲法下の国民の権利救済制度としては不備欠陥の多いものであった。そこで，行政事件訴訟法の制定にあわせて，1962年，訴願法が廃止され行政不服審査法（以下「旧法」という）が制定された。旧法は，列記主義をやめ，処分を広く不服申立ての対象とする一般概括主義を採用し，また申立人の手続保障を強化するなど多くの点で訴願法を改善するものであった。

しかし，旧法は制定以来，実質的な改正がなされないまま50年余が経過し，この間，行政手続法の制定や，行政事件訴訟法の改正等もあったため，種々問

題が生じていた。たとえば，旧法は処分庁・不作為庁自身に不服申立てをする「異議申立て」と処分庁・不作為庁以外の行政庁に不服申立てをする「審査請求」という二元的な不服申立てのしくみを採用しており，しかも両者の関係が複雑であるため，国民の立場からすれば非常に使い勝手が悪かったこと，また，処分に関与した者が不服申立ての審理に加わることが禁止されていないなど公平性に問題があったこと，申立人の手続保障が不十分であったことなどである。

そこで，行政不服申立ての「公正性の向上」や「使いやすさの向上」をめざし，2014年，行政不服審査法が全面改正された（施行は2016年4月。以下「新法」という。また，新法を引用する場合は単に条文のみを示す）。また，これにあわせて，国民の救済手段の拡充・拡大のため行政手続法も改正されたが，この点については行政手続法の説明にゆずる。

2 行政不服申立ての種類

▶ 審査請求，再調査の請求，再審査請求

行政不服審査法が定める不服申立ては，審査請求（2条・3条），再調査の請求（5条），再審査請求（6条）の3種類である。このうち審査請求は，処分または不作為についての審査庁に対し不服申立てをするもので，原則的な不服申立手続である。再調査の請求は，処分庁が審査請求よりも簡易な手続で処分を見直す不服申立手続で，個別法に定めがある場合にのみ許容される。再審査請求は，審査請求の裁決に不服がある場合に，再度不服を申し立てる手続であり，個別法に定めがある場合にのみ許容される。

▶ 審査請求への原則的一元化

前述のとおり，旧法では，異議申立てと審査請求という二元的な不服申立てのしくみを採用していたが，新法では，異議申立てを廃止して，手続保障を強化した新たな審査請求制度を設け，原則的に，これに不服申立手続を一元化した。すなわち，不服申立ては審査請求を原則とし，個別法で許容された場合にのみ，例外として，再調査の請求や再審査請求ができるというしくみに整備されたのである。

そこで，以下では審査請求を中心として説明し，再調査の請求や再審査請求

の説明は簡潔なものにとどめることにしたい。

II　審査請求

1　審査請求の要件

▶審査請求の要件とは

審査請求の要件とは，適法な審査請求であるための要件である。したがって，この要件を満たさないと審査請求は不適法ということになり，本案審理（後述）に入ることなく却下裁決（後述）がなされることになる。主要な要件は以下のとおりである。

▶審査請求の対象

審査請求の対象になるのは，行政庁の「処分」（2条）と「不作為」（3条）である。これ以外の行為，たとえば契約等は審査請求の対象にはならない。「処分」について行政不服審査法は，行政事件訴訟法3条2項と同様，「行政庁の処分その他公権力の行使に当たる行為」（1条2項）と規定している。このなかには，人の収容，物の留置のような「事実上の行為」も含まれる。旧法は，処分の中に「公権力の行使に当たる事実上の行為」が含まれることを明示していたが，新法は，これを当然のこととしたため処分の定義の中には規定せず，裁決の中で，規定するにとどめている（46条1項など）。なお，「処分」について詳しくは取消訴訟の処分性の説明にゆずる。

一方，不作為とは私人が行政庁に法令に基づく申請をしたのに対し，行政庁が相当の期間内に応答（許可または不許可等の処分）をしないことをいう（3条）。たとえば，私人が公安委員会にパチンコ店の営業許可の申請をしたのに（風営2条1項7号・3条1項），公安委員会が相当の期間内に何らの応答をしない場合がここでいう不作為に当たる。

▶審査請求適格

処分について審査請求ができるのは「行政庁の処分に不服がある者」（2条）である。これは，単に処分に不満がある者という意味ではなく，行政事件訴訟法9条1項の「法律上の利益を有する者」と同一と理解するのが判例である（最判昭53・3・14民集32・2・211）。「法律上の利益を有する者」の解釈につい

ては，取消訴訟の原告適格の説明にゆずる。

また，「不作為」について審査請求ができるのは，「法令に基づき行政庁に対して処分についての申請をした者」であって「当該申請から相当の期間が経過したにもかかわらず，行政庁の不作為（法令に基づく申請に対して何らの処分をもしないことをいう……）がある場合」（3条）である。法令に基づく申請といえるためには，必ずしも明文で定められている必要はなく，法令を解釈して申請権が認められれば足りる（東京地判平8・4・26判自156・76）。

▶ 審査庁

審査請求をすべき行政庁（審査庁）は，処分庁・不作為庁に上級行政庁がある場合は，原則として，最上級行政庁である。上級行政庁がない場合は，処分庁・不作為庁自身が審査庁になる。ただし，法律または条例に特別の定めがある場合は定められた行政庁に対して審査請求をすることになる（4条1号～4号）。

▶ 審査請求期間

処分に対する審査請求は，正当な理由がない限り，処分があったことを知った日の翌日から起算して3か月以内にしなければならず，その期間を経過すると審査請求はできなくなる（18条1項）。また，正当な理由がない限り，処分あった日の翌日から起算して1年を経過した場合も審査請求はできなくなる（18条2項）。なお，不作為の場合には，不作為が継続中は審査請求をすることができ，期間の制限は受けない。

2 審理員

▶ 審理員制度の導入

旧法では，処分等に関与した職員自身が不服申立ての手続（旧法の異議申立てと審査請求）に関与することが禁じられておらず，また実際にも関与することが少なくなく，このため，不服申立ての公正性への批判が強かった。そこで新法では，審査請求の公正性・中立性を担保するため，処分等に関与していないことなど一定の要件を満たした審査庁の職員，すなわち審理員が審査請求の審理を主宰するしくみを導入した。

審理員は，審査庁が処分等に関与していないことなど法の定める要件を満た

した職員の中から指名する（9条1項・2項）。また，審査庁となるべき行政庁
は，審理員となるべき者の名簿を作成する努力義務を負い，名簿を作成したと
きは審査庁の事務所への備え付けなど適当な方法でそれを公にしておかなけれ
ばならない（17条）。

▶ 審理員の指名が必要ない場合

　審理員は審査請求の審理の公平性・中立性を担保するためのものであるか
ら，行政委員会のように公平性・中立性を備えた組織が審査庁になる場合に
は，審理員による審理は必要がないと考えられる。また，審査請求が違法であ
って補正できない場合のように審理手続を経ないで却下裁決がなされるときに
も審理員による審理は必要ない。そこで新法は，このような場合には審理員の
指名は必要ないものとしている（9条1項但書）。

3　審理手続

▶ 標準審理期間

　新法16条は，審査庁となるべき行政庁に，審査請求が審査庁の事務所に到達
してから裁決するまでに通常要すべき標準的な期間（標準審理期間）を定める
よう努めることを求めている。この規定は，行政手続法6条の標準処理期間を
参考に設けられたもので，その趣旨は，審理の遅延を防止し，審査請求人の迅
速な救済を図るところにある。もっとも，標準処理期間の制定は努力義務にと
どまっているので，その効果は限定的といえよう。

▶ 手続の開始

　審査請求書は，他の法律（条例に基づく処分については，条例）に口頭でするこ
とができる旨の定めがある場合を除き，法所定の審査請求書を提出してしなけ
ればならない（19条）。審査請求書に法所定の要件を満たさない不備があり，
その不備が補正可能である場合には，審査庁は，相当の期間を定めその間に不
備を補正するよう審査請求人に命じなければならない（23条）。
　不備が補正できない場合や審査請求人が相当の期間内に補正をしない場合に
は，審査請求は不適法なものとして却下裁決がなされることになる（24条）。
補正することができるのに補正命令を出さずに却下裁決をした場合には，違法
な裁決として取消しの対象になる（津地判昭51・4・8判時832・111）。

▶ 計画的な審理

審査請求の審理が「簡易迅速かつ公正」（1条1項）に行われるためには，計画的な審理がなされる必要がある。そのため新法は，審理員に審理手続の計画的進行を図るべきこと，ならびに，審査請求人，処分庁等の審理関係人がこれに協力すべきことを規定した（28条）。さらに，審査請求の事案が複雑な場合などには，争点や証拠の整理をし，計画的な審理ができるように，審理員の判断で，審理関係人を招集して意見の聴取を行うことができる旨定めている（37条）。

▶ 代理人・参加人・補佐人

審査請求は，代理人によってすることができる（12条1項）。代理人は，各自，審査請求人のため，当該審査請求に関する一切の行為（ただし，審査請求の取下げには特別の委任が必要）をすることができる（同条2項）。本条は，審査請求を代理人によって行うことができることを明らかにするとともに，個々の委任契約によって代理権の範囲を決めることから生じる手続の遅延を避けるため，代理人の権限を画一的に定めたものである。

審査請求の結果に法律上の利害関係を有する者は，自己の権利利益を守るために，審理員の許可を得て，審査請求に参加することができる（13条1項）。また，審理員は，適正な審理を行うために必要と認めるときは，職権で，利害関係人を審査請求へ参加させることができる（同条2項）。これを参加人という。

審査請求人または参加人は，口頭意見陳述（後述）に，審理員の許可を得て，補佐人とともに出頭することができる（法31条3項）。補佐人は，専門知識を有する者で，審査請求人または参加人を助け，また，自ら陳述することができる。

▶ 弁明書の提出

審理員は，相当の期間を定めて，処分庁等に対し，弁明書の提出を求めなければならない（29条2項）。弁明書とは，処分をしたこと，または，処分をしていないこと（不作為）についての処分庁等の弁明を記載した書面で，処分の内容および理由，処分をしていない（不作為）の理由および予定される処分の時期，内容および理由を記載しなければならないことになっている（同条3項）。

審理員は，処分等に関与していないので，処分や不作為の理由を処分庁等に

弁明させて了知する必要がある。そこで新法では，旧法で任意とされていた弁明書の提出要求を審理員の義務としている。なお，処分庁等の弁明書提出義務は明文では規定されていないが，審理に協力する義務が定められていること（28条）などから認めるべきものと解される。

▶ 審査請求人等の手続的権利の保障

審査請求人等（審査請求人，参加人）には，旧法においても各種の手続的権利の保障があったが，新法ではその一層の充実が図られている。主要なものは次のとおりである。

(1) 反論書等の提出　　審査請求人は，弁明書に記載された事項に対する反論書を審理員に提出することができる（法30条1項）。提出するかどうかは審査請求人の判断に委ねられている。また，参加人は，審査請求にかかる事件に関する意見を記載した意見書を審理員に提出することができる（同条2項）。意見書の提出は新法で初めて認められたものである。

(2) 口頭意見陳述　　審査請求の手続は，簡易・迅速な審理を実現するため，書面による審理が原則となっている（書面審理主義）。しかし，審査請求人等の手続的権利を保障する観点から，審査請求人または参加人の申立てがあった場合（以下，両者を「申立人」という）には，口頭で審査請求にかかる事件に関する意見を述べる機会（口頭意見陳述）を与えなければならない（31条1項本文）。ただし，意見を述べる機会を与えることが現実的に困難な場合はその必要はない（同条同項但書）。

口頭意見陳述においては，申立人は，審理員の許可を得て，補佐人とともに出頭することができる。この点についてはすでに述べた。また，口頭意見陳述において，申立人は，審理員の許可を得て，審査請求にかかる事件に関し，処分庁等に対して質問をすることができる（同条5項）。

(3) 提出物件等の閲覧・写しの交付請求　　審査請求人等は，審理手続が終了するまでの間，審理員に対し，審理員に提出された書類その他の物件の閲覧または写し等の交付を求めることができる。この請求があった場合，審理員は，第三者の利益を害するおそれがある場合その他正当な理由がなければ，その閲覧または交付を拒むことができない（38条1項）。

審理請求人等が適切に自己の主張を行うためには，処分の根拠となっている

証拠書類等を直接検討できる必要がある。提出物件等の閲覧・写しの交付請求はこれに応えるものである。新法では，写しの交付請求が認められるなど，旧法よりも一層審理請求人等の権利保障が充実している。

(4) 証拠書類等の提出，参考人，鑑定，検証　　審査請求人等は，自ら証拠書類や証拠物を審理員に提出することができる（32条1項）。また，審査請求人等は，参考人の陳述，鑑定の申立て（34条），検証の申立てができる（35条1項）。検証を実施する場合にはこれに立ち会う機会が与えられる（同条2項）。

▶ 審理手続の終結

審理員は，必要な審理を終えたと認めるときは，審理手続を終結する（41条1項）。また，審理員は，必要な審理を終えていない場合でも，①提出されることになっている弁明書，反論書，意見書，証拠書類等が再度の要求にもかかわらず提出されない場合（同条2項1号）②申立人が，正当な理由なく，口頭意見陳述に出頭しないとき（同2号）には，審理手続を終結することができる（同条2項本文）。これは，審理員が，審理関係者から簡易迅速かつ公正な審理の実現への協力が得られないと判断した場合に，審理手続を終結することを認める趣旨である。

審理手続が終結したときは，速やかに，審理関係者に対し，審理手続が終結したことを通知するとともに，審理員意見書，事件記録を審査庁に提出する予定時期を通知する（41条3項）。

▶ 審理員意見書の作成・提出

審理員は，審理手続を終結したときは，遅滞なく，審査庁がすべき裁決に関する意見書（審理員意見書）を作成しなければならず（42条1項），作成したときは，速やかに，これを事件記録とともに，審査庁に提出しなければならない（同条2項）。

4　第三者機関（行政不服審査会等）の関与

▶ 制度の趣旨

審理員は，審査請求の公正性・中立性を担保するため，処分等に関与していないことなど一定の要件を満たした者が審査請求を主宰するというものであるが，審査員は審査庁の職員から指名されるので，制度の公正性・中立性の観点

からは，なお不十分と考えられる。そこで，新法は，審査請求手続の客観的かつ公正な判断を担保し，国民の権利利益の救済制度としてより充実したものとするため，行政不服審査会等の行政庁から独立した第三者機関を審査請求手続に関与させるというしくみを導入した。

▶ 第三者機関（行政不服審査会等）への諮問

審査庁は，審理意見書の提出を受けたときは，法が定める例外の場合を除き，審査庁が国の機関である場合は行政不服審査会に，自治体の機関である場合は自治体が設置する第三者機関に諮問しなければならない（43条1項）。諮問の内容は，審理員意見書の適切性や審査庁がしようとしている裁決の適否などということになろう。

ここでの諮問は，審査請求手続の客観的かつ公正な判断を担保し，国民の権利利益の救済制度としてより充実したものとするためであるから，審議会等の議を経て処分をするなど別のかたちで審査請求手続の客観的かつ公正な判断を担保できる場合や審査請求人が諮問を望まない場合などにはあえて諮問を義務づける必要はない。そこで，新法は，このような諮問を必要としない例外的な場合を列記している（43条1項1号〜8号）。

5 執行停止

▶ 執行不停止の原則

審査請求がなされた場合に，処分の執行または手続の続行をいったん停止するのを原則とするか（執行停止の原則），それとも妨げないのを原則とするか（執行不停止の原則）は，行政の円滑な運営と申立人の権利保全の必要をどのように調整するかという立法政策の問題である。この点，行政不服審査法は，行政事件訴訟法と同じく，行政の円滑な運営に重点を置き，執行不停止の原則を採用し，審査請求があっても，「処分の効力，処分の執行又は手続の続行」は妨げられないのを原則とした（25条1項）。その上で，法が定める要件を満たした場合に執行停止を認め，申立人の権利保全を図ることとしている（同条2項以下）。

▶ 執行停止の要件・方法等

執行停止には，審査庁が「必要あると認めるとき」になされる裁量的執行停

止（25条2項・3項）と，所定の要件を満たしたときになされる義務的執行停止（同条4項）がある。また，執行停止は，裁量的執行停止の場合も，審査請求人の申立てによりなされるのが通常であるが，処分庁の上級行政庁または処分庁が審査庁の場合には職権でも裁量的執行停止をすることができる。

義務的執行停止は，①審査請求人の申立てがあり，②処分，処分の執行または手続の続行により生ずる重大な損害を避けるため緊急の必要があると認めるとき，という要件（積極要件）を満たす場合になされる。ただし，③公共の福祉に重大な影響を及ぼすおそれがあるとき，④本案について理由がないとみえるときの何れかの要件（消極要件）がある場合にはすることができない（同条4項）。

執行停止の態様は，「処分の効力」の停止，「処分の執行」の停止，「手続の続行」の停止，「その他の措置」（たとえば免職処分に代わる仮の停職処分をすることなど）があるが，「処分の効力」の停止は，処分の効力の停止以外の措置によって目的を達することができるときは，することができない（同条6項）。また，「その他の措置」は処分庁の上級行政庁または処分庁が審査庁の場合にのみすることができ，その他の行政庁が審査庁の場合はすることができない（同条2項・3項）。

6　裁決

▶ 審査請求の終了と裁決

審査請求手続は，通常，審査庁の裁決によって終了することになる。もっとも，審査請求人は，裁決があるまでは，いつでも，審査請求を取り下げることができる（27条1項）ので，取り下げによっても審査請求手続は終了することになる。

裁決とは，審査請求に対する審査庁の最終的な判断の表示であり，行政行為としての性質を有するものである。審査庁は，行政不服審査会等から諮問に対する答申を受けたとき，諮問を要しない場合にあっては審理員意見書が提出されたときなどには，遅滞なく，裁決をしなければならない（44条）。以下，処分についての裁決と不作為についての裁決に分けて説明することにしよう。

▶ 処分についての裁決

　審査請求の期間経過後に審査請求がなされた場合のように審査請求が要件を欠き不適法であるときには却下裁決がなされる。これは，本案の審理を拒絶する旨の判断の表示である（45条1項）。

　審査請求に理由がない場合，すなわち処分が違法または不当と認められない場合には，棄却裁決がなされる（同条2項）。もっとも，審査庁が，処分が違法または不当ではあるが，これを取り消し，または撤廃することにより公の利益に著しい障害を生ずる場合において，審査請求人の受ける損害の程度，その損害の賠償または防止の程度および方法その他一切の事情を考慮した上，処分を取り消し，または撤廃することが公共の福祉に適合しないと認めるときは，棄却裁決をすることができ（事情裁決という），この場合には，審査庁は，裁決の主文で，当該処分が違法または不当であることを宣言しなければならない（同条3項）。

　処分（事実上の行為を除く）についての審査請求に理由がある場合，事情裁決をする場合を除き，審査庁は，処分の全部あるいは一部を取り消し，またはこれを変更する認容裁決をする（46条1項）。ただし，審査庁が処分庁の上級行政庁または処分庁のいずれでもない場合には，当該処分を変更する認容裁決はできない（同項但書）。審査請求に理由があるため，法令に基づく申請を却下し，または棄却する処分の全部または一部を取り消す場合において，当該申請に対して一定の処分をすべきものと認めるときは，①審査庁が処分庁の上級行政庁であるときは，処分庁に対し，当該処分をすべき旨を命じる措置をとり，②審査庁が処分庁であるときは，当該処分をする措置をとる。また，①，②の場合に，必要があれば，審査庁は，審議会の議を経ること（同条3項），また，関係行政機関との協議等をすること（同条4項）ができる。

　一方，事実上の行為についての審査請求に理由がある場合，審査庁は，裁決で，当該事実上の行為が違法または不当である旨を宣言し，①審査庁が処分庁以外の行政庁であるときは，処分庁に対し，事実上の行為の全部もしくは一部を撤廃し，またはこれを変更すべき旨を命ずる。ただし，審査庁が処分庁の上級行政庁以外の審査庁である場合には，事実上の行為を変更すべき旨を命ずることはできない。また，②審査庁が処分庁であるときは，事実上の行為の全部

もしくは一部を撤廃し，またはこれを変更する（47条1項）。

　審査庁は，処分（事実上の行為を含む）を変更する場合，審査請求人の不利益に変更することはできない（48条）。この趣旨は，審査請求は，国民の権利利益の救済に主眼があるので，審査請求をしたことによる不利益変更を禁止したものである。

▶ 不作為についての裁決

　不作為についての審査請求が不適法である場合は，審査庁は，却下裁決をすることになる（49条1項）。また，不作為についての審査請求に理由がない場合は，審査庁は，棄却裁決をすることになる（同条2項）。

　一方，不作為についての審査請求に理由がある場合は，審査庁は，裁決で，当該不作為が違法または不当である旨を宣言する。この場合において，当該申請に対して一定の処分をすべきものと認めるときは，①審査庁が処分庁の上級行政庁であるときは，不作為庁に対し，当該処分をすべき旨を命ずる措置をとり，②審査庁が処分庁であるときは，当該処分をする（49条3項）。また，①，②の場合に，必要があると認めるときは，審査庁は，審議会の議を経ること（同条4項），また，関係行政機関との協議等をすること（同条5項）ができる。

▶ 裁決の効力

　裁決は行政行為の一種であるから，一般の行政行為と同様に，公定力，不可争力などの効力が認められる。また，裁決は慎重な争訟手続を経てなされる紛争裁断行為であるから，不可変更力も認められるものと解される。

　審査請求が認容され，処分の取消し，事実行為の撤廃があっても，行政庁が同様の処分等を繰り返すことを許すのであれば，何ら救済にはならない。そこで，行政不服審査法は，取消裁決等の実効性を担保するために，裁決は関係行政庁を拘束する（52条1項）と規定し，関係行政庁に裁決内容を実現すべき義務を課している。その結果，たとえば処分の取消しの裁決があった場合には，処分庁は，同一事情の下で，同一内容の処分をくり返すことが許されなくなる。これが拘束力である。

　拘束力は，認容裁決にのみ認められ，却下，棄却の裁決には認められないと解される。したがって，審査請求が棄却された場合でも，処分庁が独自の判断で処分を取り消しても拘束力には反しないことになる。

III 再調査の請求

▶ 再調査の請求とは

　たとえば国税や関税に関する処分等に対してはしばしば大量の不服申立てがなされるので，このような処分等については，審査請求の前段階として，申立人の請求により処分庁が簡易な手続で速やかに処分を見直し，申立てに対する判断を示す手続を設けるのが合理的である。このため，再調査の請求という審理員による審理，行政不服審査会等への諮問手続などが適用されない簡易な不服申立手続が設けられている。

▶ 再調査の請求ができる場合

　再調査の請求は，処分庁以外の審査庁に対して審査請求をすることができる場合であって，かつ，個別法に規定がある場合にかぎりすることができる（5条1項）。再調査の請求には審査請求の場合と同様の期間制限がある（54条1項・2項）。また，再調査の請求をした場合には，3か月を経過しても決定がない場合や，その他正当な理由がある場合をのぞき，当該再調査請求についての決定を経た後でなければ審査請求をすることができない（同条2項）。

▶ 却下・棄却・認容の決定

　処分庁は，再調査の請求が法定の期間経過後になされたなど不適法である場合には，却下決定をする（58条1項）。再調査の請求に理由がない場合は，請求棄却の決定をする（同条2項）。

　処分庁は，処分（事実上の行為を除く）についての再調査の請求に理由があるときは，当該処分の全部もしくは一部を取り消し，または当該処分を変更する決定をする（59条1項）。事実上の行為についての再調査の請求に理由がある場合は，当該行為が違法または不当である旨を宣言するとともに，当該行為の全部もしくは一部を撤廃し，または変更する（同条2項）。なお，再調査の請求にも不利益変更の禁止が適用され，処分や事実行為は，再調査の請求人の不利益に変更することはできない（同条3項）。

Ⅳ　再審査請求

▶ 再審査請求とは

　再審査請求は，処分（原処分）についての審査請求の裁決（原裁決）に不服がある場合になされる第2段階の不服申立手続で，個別法に規定がある場合に限り認められる（6条1項）。再審査請求をせずに，裁判所に出訴することも，もちろん認められる。

▶ 手続の内容

　再審査請求は，正当な理由がない限り，原裁決があったことを知った日の翌日から起算して1月を経過したとき，また，原裁決があった日の翌日から起算して1年を経過したときはすることができない（62条1項・2項）。

　再審査請求は第2段階の審査請求であるので，その手続は審査請求に準じたものになっており，性質上準用することが適当でないもの（たとえば行政不服審査会等への諮問など）を除き，基本的に審査請求の規定が準用される（法66条）。したがって，具体的な手続の詳細は省略する。

Ⅴ　教　　示

▶ 意義

　不服申立ての手続は一般国民にはかなり複雑で，必ずしも利用は容易ではない。そこで，行政不服審査法は，旧法以来，訴願法にはなかった教示という通知の制度を設け，不服申立ての可否，不服を申し立てる行政庁，不服申立期間などについて行政庁（処分庁）の教示義務を規定するとともに，教示義務違反があった場合の救済などについて定めをおいている。なお，行政不服審査法の教示に関する規定は，同法による不服申立てのみならず，原則として，他の法令に基づく不服申立てにも適用される。

▶ 教示義務

　行政庁は次の場合には教示をしなければならない。第1は，不服申立て（審査請求，再調査の請求または他の法令に基づく不服申立て）をすることができる処分

を書面で行う場合で，この場合は処分の相手方に書面で教示しなければならない（82条1項）。第2は，利害関係人から教示を求められた場合である（同条2項）。とくに書面による教示を求められたときは，書面で教示しなければならない（同条3項）。

▶ 教示をしなかった場合などの救済

行政庁に教示義務を課しても，行政庁が教示を怠ったり，あるいは教示を誤ったりということはありうるので，行政不服審査法は，これらの場合に備えて以下のような規定を設け，処分の相手方や教示を求めた利害関係人の救済を図ることとしている。

(1) 教示を怠った場合　　行政庁（処分庁）が，教示義務があるのに教示をしないときは，処分に不服がある者は，当該処分庁に不服申立書を提出することができる（83条1項）。この規定は，教示がないためどの行政庁に不服申立てをすればよいかわからない場合に当該処分庁に不服申立書の提出を認めた規定である。不服申立書の提出があった場合，当該処分庁の責任において，不服申立書の提出時に本来不服申立てをすべき行政庁に不服申立書を提出したものと取り扱う措置がとられるべきことを規定している（同条2項〜5項）。

行政庁が教示義務を怠った場合でも不服申立期間の進行には影響がないというのが判例である（最判昭61・6・19判時1206・21）。したがって，行政庁が教示をしない場合であっても，処分に不服がある者は上記の措置をとらないと不服申立期間を徒過して不服申立てができなくなるので注意を要する。

(2) 誤った教示をした場合　　行政庁が誤った教示をした場合，当該教示に従った者に不利益が及ばないように，行政庁の責任において，必要な救済措置がとられるべきことを規定している。たとえば，審査請求をすることができる処分につき，処分庁が審査庁を誤って教示し，その誤った行政庁に審査請求がされたときは，当該行政庁または処分庁が審査庁となるべき行政庁へ審査請求書を送付しなければならず，送付された場合には，はじめから審査庁となるべき行政庁に審査請求がなされたものとして取り扱われる（22条1項・2項・5項）。なお，再調査の請求について誤った教示をした場合の救済については同条3項・4項が規定している。

★コラム20　「簡易迅速な手続」か「公正な手続」か
——行政不服審査法改正の狙い

　旧法1条では，不服申立てを「簡易迅速な手続」としていたが，新法1条では「簡易迅速かつ公正な手続」とし，新法では，不服申立手続の公正性にも力点を置くことを明言している。そして，このことは新法が審査請求に審理員制度や第三者機関（行政不服審査会等）への諮問制度を導入し，その公正性を向上させたことなどに端的に現れている。

　ところが実際は，不服申立手続の「簡易迅速性」と「公正性」は必ずしも両立するものではない。むしろ，相反する要請とさえいえる。そうだとすると，今回の行政不服審査法の改正の狙いはどのように理解すればよいのであろうか。本文でも説明したように，審理員制度は，処分等に関与していない職員を審理主宰者とすることによって公正な審理を実現しようとするものであるが，そうすると審理員は白紙の状態から事実の審理をしなければならないことになり，事実を了知している者が審理する場合に比べて少なくとも「迅速性」は劣ることになる。また，審査請求人等の手続的権利の保障を充実すると，より公正で慎重な審理の実現が期待できるが，その反面，手続の「簡易迅速性」は後退せざるをえなくなるであろう。さらに第三者機関への諮問制度は，「公正性」の担保という点では優れたものといえるが，裁決が遅延するという欠点も有している。

　もちろん，新法でも計画的な審理の導入のように「簡易迅速性」の要請に応えるものもあるが，これとて審理員制度という「公正性」に応える制度を前提にしたものである。このように考えると，新法は「簡易迅速かつ公正な手続」とは謳っているものの，本質的には「簡易迅速」よりも「公正」の要請に応えようとした改正であったということができようか。

〔山下義昭〕

第24章

行政訴訟 (1)——総論

I　総　説

▶ 行政訴訟の歴史的展開

　日本国憲法制定に伴い，従来の特別裁判所としての行政裁判所（一審制）は否定され，行政裁判は最高裁判所を頂点とする通常裁判所で民事訴訟の一環として扱われることとなった。しかし，1948年に片山内閣の農相に任命された平野力三議員に対する公職追放の決定について，同議員による地位保全を求める仮処分の申請に対し，東京地裁がこれを認める決定を行ったことに対する連合国総司令部からの抗議に対して，日本政府は，東京地裁の同決定は行政権の行使を制約し憲法違反であるという声明を出し，その結果，仮地位保全の決定が取り消されることとなった。このいわゆる平野事件を契機に，連合国側の要請により急遽，行政事件訴訟特例法が制定されることとなった。

　この行政事件訴訟特例法は，民事訴訟の特例と位置づけられ，条文数も12条と少なく，内容的にも民事訴訟の特例の記述にとどまるものであった。その主な特徴は，訴願前置主義の採用，被告を処分庁とすること，行政処分の取消しまたは変更の訴えと原状回復，損害賠償等の関連請求につき訴えの併合を認めたこと，出訴期間を6か月とすること，執行不停止制度の採用と内閣総理大臣の異議の制度，事情判決などがあげられる。ここにみられるように，行政事件訴訟特例法は，明治憲法時代の法制度を引き継いでいる部分が多くみられ，実際の運用の上でもさまざまな問題が指摘されるようになった。

　それをうけて，その後1962年には，行政事件訴訟特例法にかわって，行政事件訴訟法（以下「行訴法」という）が制定された。行訴法では特徴的なものとし

て，訴訟の種類の類型化して明確にしたこと，訴願前置主義の原則的廃止（自由選択主義の採用），専属管轄の廃止，出訴期間を 6 か月から 3 か月にしたこと，執行停止原則および内閣総理大臣の異議の制度の整備，行政処分の取消判決の第三者への効力を法定するとともに第三者再審の訴えを認めたこと，無効確認訴訟の原告適格の制限および争点訴訟の規定を設けること，などがあげられる。

行訴法は，1962年制定以来約40年，実質的な改正を受けることはなかったが，その間の社会情勢の変化，行政の役割の変化，行政活動のあり方の変化に伴い，従来の行政処分に対する国民の権利保護を中心とする行訴法では対応しにくい問題に直面するようになった。そこで，2004年に行訴法が抜本的に改正されることになったのである。改正のポイントは以下の点である。

まず，救済範囲を拡大するものとして，①取消訴訟の原告適格の実質的拡大，②義務付け訴訟の法定，③差止め訴訟の法定，④当事者訴訟の一類型としての確認訴訟の明記などがあげられる。さらに，行政訴訟を利用しやすくするための変更としては，①抗告訴訟の被告適格の行政庁から行政主体への変更，②抗告訴訟の管轄裁判所を拡大する，特定管轄裁判諸制度の整備，③取消訴訟の出訴期間を 3 か月から 6 か月に延長，不変期間の撤廃，④教示制度の創設がある。さらに，仮の救済制度を拡充するものとして，①執行停止要件の緩和，②仮の義務付け制度の創設，③仮の差止め制度の創設があげられる。

▶ 行政事件訴訟法の意義と体系

行訴法は，「行政事件訴訟については，他の法律に特別の定めがある場合を除くほか，この法律の定めによる」（1条）と定め，同法が行政事件訴訟に関する一般法であることを明示するとともに，行訴法に規定のない事項（たとえば，和解，立証責任，および既判力など）については民事訴訟法の例によるものとしている（同 7 条）。

行政訴訟の種類については，①抗告訴訟（行訴 3 条），②当事者訴訟（同 4 条），③民衆訴訟（同 5 条），④機関訴訟（同 6 条）の 4 種が規定されているが（表参照），その中でも，「公権力の行使に関する不服の訴訟」である抗告訴訟が中心的位置を占める。①抗告訴訟については，当初は「処分」または「裁決」の取消訴訟，（同 3 条 2 項～3 項），無効等確認訴訟（同 4 項），不作為の違法

図表24-1　行政事件訴訟の種類と体系

主観訴訟 ※国民の権利・利益の保護を目的とする訴訟	抗告訴訟 （3条） ※公権力の行使に関する不服の訴訟	法定抗告訴訟 （3条2項から7項）	取消訴訟 （2項・3項）	処分の取消しの訴え
				裁決取消しの訴え
			無効等確認の訴え（4項）	
			不作為の違法確認の訴え（5項）	
			義務付けの訴え（新設　6項） 　　　　　*非申請型・申請型	
			差止めの訴え（新設　7項）*	
		法定外（無名）抗告訴訟 （2項から7項に含まれない公権力に関する不服の訴訟の可能性）		
	当事者訴訟（4条）	形式的当事者訴訟（前段）：法令に定めがある場合のみ		
		実質的当事者訴訟（後段）：確認訴訟の新設		
客観的訴訟 ※法秩序維持のための訴訟（司法権の行使外の訴訟）	民衆訴訟（5条）：国または公共団体の法規に適合しない行為の是正を求める訴訟 　　　*住民訴訟，選挙訴訟など			
	機関訴訟（6条）：国または公共団体の機関相互間における権限の存否またはその行使に関する紛争についての訴訟 　　　*国地方係争処理委員会の勧告に対する執行機関・国の訴訟など			

確認訴訟（同5項）が規定されており，その他，無名抗告訴訟として解釈上，義務付け訴訟，差止め訴訟などが考えられていたが，2004年の法改正により，義務付け訴訟，差止め訴訟が規定されることとなり（同3条6項・7項），さらにそれぞれの仮の救済制度が導入された（37条の5）。そしてこれらの改正により，国民の実効的で迅速な権利利益の救済が可能となると考えられているのである。

　②の当事者訴訟については，「法令の規定によりその法律関係の当事者の一方を被告とする」ことが定められている形式的当事者訴訟と，「公法上の法律関係の確認の訴えその他公法上の法律関係に関する」訴えである実質的当事者訴訟とに大別され，実質的当事者訴訟の一種として「確認の訴え」が例示された（行訴4条）。

　以上の①抗告訴訟と②当事者訴訟は，いわゆる主観訴訟であり，すなわち自己の法律上の利益の保護を主たる目的とする訴訟であるが，③民衆訴訟と④機関訴訟はいわゆる客観訴訟であり，すなわち自己の法律上の利益にかかわらない資格で提起し，または個人の権利利益の保護ではなく行政活動の適正な運営

を主たる目的とする訴訟である。

　以下では，①抗告訴訟から④機関訴訟まで順に論じていくが，抗告訴訟のうち取消訴訟は，その重要性にかんがみ次章（25章）で別に取り上げることとする。

II　主観訴訟

1　抗告訴訟

　行政法は，主観訴訟，客観訴訟の分類はとくに行っておらず，学説上，個人の権利利益を保護するという性格をもつ訴訟形態を主観訴訟と分類し，そこに抗告訴訟と当事者訴訟が該当するものとされ，他方民衆訴訟と機関訴訟については個人の権利利益の保護ではなく，行政活動の適正な運営を主たる目的とする客観訴訟であると考えられている。ここでは，主観訴訟の抗告訴訟から順に解説を行う。

　行訴法は3条1項で「この法律において「抗告訴訟」とは，行政庁の公権力の行使に関する不服の訴訟をいう」と規定されており，抗告訴訟として①処分取消しの訴え，②裁決取消しの訴え，③無効等確認の訴え，④不作為の違法確認の訴えとともに，新たに，⑤義務付けの訴え，⑥差止めの訴えが規定されている。このうち，①処分取消しの訴え②裁決の取消しの訴えは，取消訴訟としてその重要性から第25章で別に説明をするので，ここでは取消訴訟以外の抗告訴訟をまず扱っていくこととする。

2　抗告訴訟 (1)──無効等確認訴訟

　③の無効等確認訴訟とは，「処分若しくは裁決の存否またはその効力の有無の確認を求める訴訟」（行訴3条4項）をいう。無効等確認訴訟は，「後続の処分によって損害を受けるおそれのあるもの」，あるいは「当該処分若しくは裁決の存否またはその効力の有無を前提とする現在の法律関係に関する訴え」（同36条），すなわち当事者訴訟や民事訴訟などによって目的を達することができない場合にかぎり，提起することができる予防的・補充的性格をもつ訴訟である。

　無効等確認訴訟は，1948年制定の行政事件訴訟特例法には規定されていなかったが，戦後の数多くの農地改革訴訟をめぐる判例・学説の積み重ねのなかで

形成された訴訟で，行政処分の無効確認のほか不存在の確認，有効（失効）確認などのいくつかの訴訟類型がある。

▶ 無効等確認訴訟の原告適格 (1)

無効確認訴訟の原告適格については，行訴法36条は「当該処分または裁決に続く処分により損害を受けるおそれのある者，その他当該処分または裁決の無効等の確認を求めるにつき法律上の利益を有する者で，当該処分若しくは裁決の存否またはその効力の有無を前提とする現在の法律関係に関する訴えによって目的を達することができないもの」に限り，提起することができると規定されている。この36条の解釈については，一元説と二元説との対立がある。一元説は，①当該処分または裁決に続く処分により損害を受けるおそれのある者，②その他当該処分または裁決の無効等の確認を求めるにつき法律上の利益を有する者に該当し，かつ，③当該処分もしくは裁決の存否またはその効力の有無を前提とする現在の法律関係に関する訴えによって目的を達することができないものというもので③の要件が①②両方にかかるとする見解である。これに対して，二元説は①の要件に該当する者，および②③の要件に該当する者が原告適格を有するとするものである。二元説は①の予防的無効等確認訴訟を独立に認めるもので，一元説に比べて原告適格の範囲を広く捉えることができるというメリットがある。つまり，①の予防的無効等確認訴訟は，かりに当事者訴訟や争点訴訟の提起（現在の法律関係に関する訴え）ができる場合であっても，その処分によって被っている不利益を排除するという目的が実質的に達成できないと思われる場合には，無効等確認訴訟を認めると考えられるのである。

▶ 無効等確認訴訟の原告適格 (2)

つぎに，現在の法律関係に関する訴えによって目的を達することができないものという③の要件についてもさまざまな見解があるが，最高裁はこの点について，従来「当事者訴訟や民事訴訟によっては，本来，その処分のためにこうむっている不利益を排除することができないことをいうのである」（最判昭45・11・6民集24・12・1721）とし，還元不能説の立場をとっていた。しかし，1992（平成4）年9月22日のもんじゅ訴訟上告審判決（民集46・6・571）では，「当該処分に起因する紛争を解決するための訴訟手段として，当該処分の無効確認を求める訴えの方がより直截的で適切な訴訟形態であると見るべき場合」にも許

されるとして，高速増殖炉（もんじゅ）に対する（民事上の）差止訴訟が提起されていても，無効等確認訴訟の原告適格を認めている。これは，処分の性質や紛争の実態に即してより直截的で適切であると思われる場合には無効等取消訴訟を柔軟に，弾力的に認めるべきとするもので，目的達成不能説の立場をとるものである。

▶ 無効等確認訴訟と争点訴訟，当事者訴訟

無効等確認訴訟は，処分または裁決が無効，すなわち通説・判例によると「重大かつ明白な瑕疵」があるため本来効力を有しないが，後続の処分などによって損害を受けるおそれがあるもの，あるいは「現在の法律関係に関する訴えによって目的を達することができない」ためその無効の確認を求める利益のあるものに限り，提起できるものである。つまり，処分の無効が争点となっていても現在の法律関係に関する訴えによって目的が達成できる場合には，そちらを優先させることとなる。その1つが争点訴訟である。これは典型的なケースとしては，農地の買収処分が無効でありその土地の返還を求めたいという場合に，農地買収処分の無効等確認訴訟を提起するのではなく農地の所有者に対し土地返還訴訟を提起し，その訴えの中で農地買収処分の無効を主張するというものである。2つ目は実質的当事者訴訟である。典型的なケースとしては無効な懲戒処分により免職となった公務員が，懲戒処分の無効等確認訴訟を提起するのではなく，懲戒処分の無効を前提とした現在の法律関係に関する訴え（たとえば公務員の地位の確認，給与支払い請求など）を提起するというものである。このように現在の法律関係に関する訴えによって，目的を達することができる場合には，そちらを優先すべきであり，これによって目的を達することができるのであるから無効等確認訴訟は提起できないと解される。

▶ 無効等確認訴訟と取消訴訟との関係

無効等確認訴訟と取消訴訟の相違点は，①出訴期間（行訴14条）の適用がないこと，②個別法で定められている審査請求前置主義の適用がないこと（同8条1項但書），および③第三者に対しても取消判決の効力が及ぶ対世効（同32条1項）の適用がないことである。これら以外の点については，原則として取消訴訟に関する規定が無効等確認訴訟にも準用される。たとえば被告適格（同11条），管轄（同12条），第三者・行政庁の訴訟参加（同22条・23条），職権証拠調べ

（同24条），執行不停止の原則（同25条），および執行停止に対する内閣総理大臣の意義（同27条）などが無効等確認訴訟にも準用される。

なお，取消訴訟の出訴期間内に提起された無効等確認訴訟は，取消しの請求を含むという判例がある（最判昭33・9・9民集12・13・1949）。

3　抗告訴訟 (2)——不作為の違法確認訴訟

不作為の違法確認訴訟とは，「行政庁が法令に基づく申請に対し，相当の期間内に何らかの処分または裁決をすべきであるにかかわらず，これをしないことについての違法の確認を求める訴訟」（行訴3条5項）をいう。このように不作為の違法確認訴訟は，①「法令に基づく申請」を前提として，②行政庁が「相当の期間内」にこれに応答しないことの違法性の確認を求める訴訟であるから，法令による申請に基づかないで直接行政庁の不作為の違法確認，もしくは義務付けを求める訴訟（非申請型義務付け訴訟）は，ここでいう不作為の違法確認訴訟ではなく，新設の義務付け訴訟の一種（同3条6項1号）と解すべきである。

解釈上最も問題となるのは，「法令に基づく申請」には法律・命令のほか，自治体の条例や要綱も含まれるか，また，「相当な期間」とはどの程度か，という点である。まず，この「法令」に自治体の条例や要綱も含まれるかについては，条例は当然含まれるが，要綱（資金貸付要綱など）に基づく申請については自治体の内部規範ということで一般的には否定されてきたが，判例にはこれを肯定する例もある（たとえば，大阪高判昭54・7・30判時948・44は，自治体の妊婦対策費支給要綱に基づく申請を「法令に基づく申請」として肯定した）。つぎに，「相当な期間」とはどの程度かという点については，申請に基づく処分を行うのに通常どの程度の期間が必要かによると考えられる。これについて，行政手続法は，申請に基づく処分に関して，「標準処理期間」の設定を義務付けており，これが「相当な期間」の一応の目安となる。なお，相当の期間後であっても，期間の経過を正当化する事情がある場合には違法ではなく（東京地判昭39・11・4行裁15・11・2168），逆に期間経過前であっても，「行政庁がいつ処分をなすかがまったく不確定であり，かつ処分まで相当の期間を要することが確実である」場合には，[相当の期間] 経過と同視され，違法となるケースもあ

る（熊本地判昭51・12・15判時835・3）。

　この訴訟の判決の効力は，行政庁の不作為の違法性を確定するにとどまり（福岡高判昭60・11・29判時1174・21），それ以上に行政庁の一定の作為を求めるのではないため，改めて拒否処分が発給されたとき再び取消訴訟を提起するほかはない，という限界がある。2004年の行訴法の改正により，この二重訴訟の負担を解消するため申請満足方義務付け訴訟（行訴3条6項2号）が新設されたのである。

4　抗告訴訟 (3)──義務付け訴訟

　2004年の行訴法の改正の中心は，取消訴訟などの原告適格の拡大のための考慮事項規定（9条2項）とともに，これまで，法定外（無名）抗告訴訟としてその許容性が論議されてきた「義務付けの訴え」（3条5項）と「差止めの訴え」（3条6項）が新設されたことである。

　このうち，義務付け訴訟は，「行政庁がその処分または裁決をすべき旨を命ずることを求める訴訟」であり，それは，①行政庁が一定の処分をすべきであるにもかかわらずこれがされないとき（直接型・非申請型義務付け訴訟，行訴3条6項1号）と，②行政庁に対し一定の処分または裁決を求める旨の法令に基づく申請または審査請求がされた場合において，当該行政庁がその処分または裁決をすべきであるにかかわらずこれがされないとき（申請満足型義務付け訴訟，同3条6項2号）とに分けられる。ここでは，①直接型・非申請型義務付け訴訟と②申請満足型義務付け訴訟とに分けてまとめる。

▶ ①直接型・非申請型義務付け訴訟

　処分の義務付けの訴え（直接型・非申請型義務付け訴訟）の提起の要件は，①一定の処分がされないことにより重大な損害を生ずるおそれがあり，かつ，その損害を避けるため他に適当な方法がないとき（行訴37条の2第1項）と，ⅱ行政庁が一定の処分をすべきことを命ずることを求めるにつき法律上の利益を有するものであることである。①の要件中，「重大な損害」の要件について，これをあまりに厳格に解釈すると，義務付け訴訟提起の可能性が著しく狭められるおそれがあるし，逆に，「重大な損害」をあまりにも緩やかに解すると，非申請型の義務付け訴訟は司法権の行政権への著しい介入となってしまい司法と

行政のバランスを崩すことになってしまうことになる。また,「他に適当な方法がないとき」に関しても,たとえば民事訴訟の可能性が残っているからといって他の方法があると考えると,義務付け訴訟提起の可能性が著しく狭いものとなると思われる。重大性の要件につき,下級審の判決では,出生届が受理されなかったことを理由に住民票が作成されなかったものがした住民票の作成義務付けの訴えが,住民票に記載されないことによる社会生活上の不利益の累積は市民生活上看過しがたい,将来の選挙人名簿のみ登録が回避できないなどとして重大な損害が生ずるおそれを認めた事例(東京地判平19・5・31判時1981・9)がある。また,産業廃棄物処理場の周辺地域に居住する者による,措置命令等の義務付けの訴えについて,産業廃棄物処分場の周辺住民には生命・健康に損害を生ずるおそれがあるものと認められるとした上で,その性質上回復が著しく困難であるから重大な損害の生ずるおそれがあるとし,かつ,処分業者に対する民事訴訟の提起が可能であるとしても直ちに他に適当な方法があるとはいえないなどとして,義務付けの訴えを認容した例(福岡高判平23・2・7判時2122・45,最決平24・7・3は県の上告を棄却)がある。

つぎに,裁判所が義務付け訴訟に係る処分または裁決をすべき旨を命ずる判決を行うための要件としては,上記義務付け訴訟の訴訟要件を満たすことと,「行政庁がその処分をすべきであることがその処分の根拠となる法令の規定から明らかであることが認められ」ること,または「行政庁がその処分をしないことがその裁量権の範囲を超え若しくはその濫用となると認められる」(行訴37条の2第5項)場合があげられている。

▶ ②申請満足型義務付け訴訟

申請満足型義務付け訴訟の訴訟要件は,申請に対してなんらの処分・裁決がない場合と,申請に対して拒否処分がなされた場合とに分けられる。前者の場合の訴訟要件は,①法令に基づく申請または審査請求に対し相当の期間内になんらの処分または裁決がされないこと,ⅱ法令に基づく申請または審査請求をした者であること,ⅲ処分または裁決に係る不作為の違法確認の訴えを併合提起することであり,後者の訴訟要件は,①法令に基づく申請または審査請求を却下しまたは棄却する旨の処分または裁決がされた場合に,当該処分または裁決が取り消されるべきもの,または無効もしくは不存在であること,ⅱ法令に

基づく申請または審査請求をした者であること，⑩処分または裁決に係る取消訴訟または無効等確認の訴えを併合提起することである。申請満足型義務付け訴訟の例としては，保護者による保育園入園申込み不承諾処分について，処分庁が複数の保育園のうちいずれにも入園を承諾しないことは，裁量権の踰越・濫用に当たるとして市に入園承諾を義務付けたもの（東京地判平18・10・25判時1956・62）や，在留特別許可の義務付けの訴えについて，入管法は，異議の申し出権につき在留特別許可を求める申請権としての性質を併せ有するものと規定し，かつ，申請に対して在留許可をするか否かの応答義務を法務大臣に課したものとするのが自然であり，在留許可をしないことが裁量権の濫用・逸脱に当たると判断したものがある。

　さらに，裁判所が義務付けの判決を出すための要件としては，先の非申請型義務付け訴訟の要件に加えて，併合している不作為の違法確認訴訟，または取消訴訟若しくは無効等確認訴訟に理由があると認められることが必要となる。

5　抗告訴訟 (4)──差止め訴訟

　行訴法の改正により新設された差止め訴訟は，「行政庁が一定の処分または裁決をすべきでないにもかかわらずこれがされようとしている場合において，行政庁がその処分または裁決をしてはならない旨を命ずることを求める訴訟」（行訴3条7項）と規定されている。この差止め訴訟の訴訟要件は，①一定の処分または裁決がされることにより重大な損害を生ずるおそれがあること，⑪損害を避けるため他に適当な方法があるときに該当しないこと，⑩行政庁が一定の処分または裁決をしてはならない旨を命ずることを求めるにつき法律上の利益を有する者であること（37条の4）があげられる。「法律上の利益」については，行訴法9条2項の「考慮事項」が適用されることとなる。さらに，差止め判決を出すための要件としては，以上の訴訟要件のほかに⑩行政庁がその処分または裁決をすべきでないことが法律上明らかな場合（つまり，行政庁に裁量が認められない場合），または，行政庁に裁量権があったとしても行政庁がその処分または裁決をすることが裁量権の濫用・逸脱となると認められる場合という要件が必要となる。下級審では，たとえば，公有水面埋立の免許の差止めを求めた事案について，景観利益を主張する者に対して，免許に基づく工事施行後

では、取消し・執行停止を求めても直ちに執行停止を受けることが困難と思われること、景観利益は金銭賠償によって回復することが困難なことを理由に重大な損害を生ずるおそれを認め、その損害を避けるため他に適当な方法がない（広島地判平21・10・1判時2060・3）とし、差止めの訴えを認容したものなどがある。また、事後的に、懲戒処分の取消訴訟の中で国歌斉唱義務の存否などを争ったのでは「回復し難い重大な損害」を被るおそれがあるとして、差止め請求を適法としたケースもある（東京地判平18・9・21判時1952・44）。

▶ 仮の義務付け・仮の差止め

改正行政事件訴訟法は、義務付け訴訟・差止訴訟とともに、実効的かつ迅速な権利保護を図るため、「仮の義務付け」および「仮の差止め」制度を新設した（行訴37条の5）。要件としては、①義務付け訴訟または差止め訴訟の提起があり（積極要件1）、⑩行政庁の不作為、もしくは作為による「償うことができない損害を避けるため緊急の必要があり」（積極要件2）、⑩「本案について理由があると見えるとき」（積極要件3）に、裁判所は、決定により、仮の義務付けもしくは仮の差止めを行うことができる、と規定されている。ただし、「公共の福祉に重大な影響を及ぼすおそれがあるとき」はこれらの決定をすることができない（消極要件）。

取消訴訟・無効等確認訴訟については、迅速な権利保護を図るため民事保全法の仮処分に代わる執行停止制度（行訴25条2項）があり、これとのバランスから、仮の義務付け、仮の差止めが創設されたのである。後述の、25条の執行停止に比べて要件が加重されているのは、仮の義務付けに関しては、行政庁が処分する前に裁判所が処分すべきことを命ずる裁判であり、本案判決前に本案判決において求める結果と同じ内容を仮に命ずる裁判であるためであり、仮の差止めに関しては、行政庁が処分をしていないのに、裁判所が処分してはならない旨を直接命ずる裁判であり、さらに、本案判決前に本案判決において求める結果と同じ内容を仮に命ずる裁判であるためであると思われる。

すなわち、司法と行政のバランスを考えた結果、「償うことができない損害を避けるため緊急の必要がある」ことという厳格な要件を課しているのである。この「償うことのできない損害を避けるため緊急の必要がある」ことが認められる場合としては、たとえば、公的な保険・年金の給付、生活保護の資格

認定などの申請が拒否された場合には，これらの給付が原告の生活維持のため必要不可欠であることから「償うことのできない損害」に該当すると考えられる。

　仮の義務付け，仮の差止めが認められた判例としては，①身体障害を有する児童について，普通保育園への入園を仮に承諾することを市に義務付けた事例（本案訴訟の判決を待っていては保育園に入園して保育を受ける機会を喪失する可能性が高い，幼児期において子供をどのような環境においてどのような生活を送らせるかは親権者の権利，義務にも影響するから，子供の損害は親権者の損害でもあるなどとして償うことのできない損害を避けるため緊急の必要があると指摘されている）（東京地決平18・1・25判時1931・10），②生活保護開始の仮の義務付けの申立てが認容された事例（生活扶助等が支給されなければ，申立人が健康で文化的な最低限度の生活水準を維持することができないという損害を被るおそれがあったなどとして償うことのできない損害を避けるため緊急の必要があるとした）などがある。

6　当事者訴訟

　当事者訴訟とは，「当事者間の法律関係を確認し又は形成する処分又は裁決に関する訴訟で法令の規定によりその法律関係の当事者の一方を被告とするもの及び公法上の法律関係に関する確認の訴えその他公法上の法律関係に関する訴訟」（行訴4条）をいう。前者すなわち「当事者間の法律関係を確認し又は形成する処分又は裁決に関する訴訟で法令の規定によりその法律関係の当事者の一方を被告とするもの」を形式的当事者訴訟といい，後者すなわち「公法上の法律関係に関する確認の訴えその他公法上の法律関係に関する訴訟」を実質的当事者訴訟という。このうち，「公法上の法律関係に関する確認の訴え」は，2004年の改正により加えられたものである。この改正により，従来，訴訟の提起が困難であった行政立法，行政計画，行政契約などの行政処分以外のさまざまな行政活動について，訴訟レベルでの対応が期待される。

▶ 形式的当事者訴訟

　「当事者間の法律関係を確認しまたは形成する処分または裁決に関する訴訟で法令の規定によりその法律関係の当事者の一方を被告とするもの」（形式的当事者訴訟）の典型例は，土地収用法133条2項の損失補償に関する訴えである。

土地収用法に基づいて，収用委員会が定めた補償金の金額に基づいて起業者が私人の土地を収用した場合に，その補償金額に不服がある場合に，収用委員会を相手に収用裁決の取消しを求めず，当事者間で争うのである。損失補償額について，土地収用法に基づいて起業者が減額を求める訴えを提起する場合には「土地所有者または関係人」を，土地所有者または関係人が増額を求める場合には「起業者」をそれぞれ被告としなければならないと規定されているのである。形式的当事者訴訟の提起があった場合，争点は行政庁の行った処分・裁決の内容なので，裁判所は，当該処分・裁決をした行政庁にその旨を通知するものとされている。

　この形式的当事者訴訟の性質について，これを，①収用委員会の裁決の変更または取消しを求める形成訴訟と解する説と，②給付（確認）訴訟と解する説との対立がある。通説・判例は，一部反対の判例もあるが，収用委員会の裁決の効力を否定しなくても，直接補償額の差額を求めうるとする②の給付訴訟説に立脚している（名古屋高判昭58・4・27行裁34・4・660）。

▶ 実質的当事者訴訟

　実質的当事者訴訟について，行訴法4条は「公法上の法律関係に関する訴訟」と規定するのみで，その性質は必ずしも明確ではない。一般的には，行政庁の処分を含む公権力の行使に関する訴訟（抗告訴訟）ではなく，また固有の民事訴訟でもない「公法上の法律関係」に関する訴訟が，この当事者訴訟の対象であると考えられる。かつては，この実質的当事者訴訟の規定を根拠に，公法・私法二元論が論じられていたが，現在では公法・私法二元論自体が疑問視されており，実際問題として実質的当事者訴訟と民事訴訟とでは手続上の違いも少ないので，実質的当事者訴訟で取り扱われている事案をみてみると，主な判例としては以下のようなものがある。①地方公務員の勤勉手当の支給は，抗告訴訟としてその効力を争うことはできず，公法上の法律関係に関する訴訟として，争いのある差額分の給付請求訴訟を提起すべきであるとした事例（富山地判昭47・7・21行裁23・6＝7・553）。②選挙権は，これを行使することができなければ意味がなく，侵害を受けた後に争うことによっては権利行使の実質を回復できない性質のものである。2006年改正前の公職選挙法のもとでは，在外国民である原告らが投票することができず，選挙権を行使する権利を侵害され

るとして同項が違憲無効であるとして，各選挙につき選挙権を行使する権利を有することの確認を求めた訴訟で，確認の利益が肯定された事例（最大判平17・9・14民集59・7・2087）。③外国人である母の非嫡出子でその後父から認知された子の日本国籍を有することの確認請求でこれが認容された事例（最大判平20・6・4民集62・6・1367）

▶ 実質的当事者訴訟における確認の利益

　実質的当事者訴訟のうち「公法上の法律関係に関する確認の訴え」は，2004年の法改正によって新たに明示されたものである。従来，行政訴訟における実質的当事者訴訟の位置づけ・役割は必ずしも積極的なものではなく，抗告訴訟または民事訴訟の補充的なものでしかなかった。とくに，大阪国際空港事件の最高裁判決（最大判昭56・12・16民集35・10・1369）が，民事訴訟としての航空機の離発着の差止請求を却下して以降，学説の中には，このような行政の公権力作用と公企業・施設の管理作用のグレーゾーンについては実質的当事者訴訟を活用すべきとの議論があった。そこで，行訴法改正によって明示された「公法上の法律関係に関する確認の訴え」を，このような処分性を有しない公企業・管理作用について，積極的に活用すべきではないかという見解が提唱されている。

　問題は，どのような場合がこの「公法上の法律関係の確認の訴え」の要件に該当するかである。行政処分・裁決の効力を争う場合には，取消訴訟，無効確認訴訟をはじめとして各種抗告訴訟が用意されており，従って行政処分・裁決以外の行政活動，とくに，行政立法・通達・行政計画・行政契約などに基づく権利義務関係の確認がこの訴えに対応しうると想定される。しかし，これらの行政活動は，行政契約を除くといずれも一般的・抽象的性格が濃いことから「法律上の争訟」の該当性，訴訟の成熟度，および「確認の利益」の有無が問題となる。とくに「確認の利益」を類似の無効等確認訴訟（行訴36条）と同様と解すると，当事者訴訟の許容範囲が狭くなるおそれがある。いずれにしても，改正行訴法の趣旨を生かして包括的で有効な権利保護を保障するという憲法の視点から，いたずらにその要件を狭く解すべきではなく，できる限り門戸を広げて国民の裁判を受ける権利を充実すべきである。ここに該当すると思われる判例には以下のようなものがある。

①公立高等学校等の教職員が，卒業式等の式典において，国旗に向かって起立し，国歌を斉唱すること，国歌斉唱の際にピアノ伴奏をすることを職務命令によって義務付けられないことを前提に，これらの行為をする公的義務が存しないことの確認等を求めた事案につき，通達をふまえて処遇上の不利益が反復的継続的かつ累積加重的に発生し拡大する危険が現に存する状況等を考慮すると，本件職務命令に基づく公的義務の不存在の確認を求める訴えは，その目的に即した有効適切な争訟方法であるといえる（最判平24・2・9民集66・2・183）。②第一類および第二類医薬品の郵便等販売を禁ずる薬事法施行規則の規定は法の委任の範囲を逸脱した違法無効なものであるとして，インターネット販売を行う事業者らが第一類および第二類医薬品に係る郵便等販売をすることができる権利ないし地位を有することが確認された事例（最判平25・1・11民集67・1・1）。③先に述べた，在外邦人の選挙権確認の訴訟において，「在外国民である原告らが，今後直近に実施されることになる衆議院議員の総選挙における小選挙区選出議員の選挙等において投票をすることができず，選挙権を行使する権利を侵害されることになるので，そのような事態になることを防止するために，原告らが，公職選挙法附則8号が無効であるとして，当該各選挙につき選挙権を行使する権利を有することの確認をあらかじめ求める訴え」は，選挙権は「これを行使することができなければ意味がないものといわざるを得ず，侵害を受けた後に争うことによっては権利行使の実質を回復することができない性質のものであるから，その権利の重要性にかんがみると，具体的な選挙につき選挙権を行使する権利の有無につき争いがある場合にこれを有することの確認を求める訴えについては，それが有効適切な手段であると認められる限り，確認の利益を肯定すべき」ものであるとしている。

Ⅲ　客観訴訟

　客観訴訟とは，裁判所の本来の機能である「法律上の争訟」ではなく，法律によってとくに裁判所の権限と認められた，司法権の範囲外の訴訟である。裁判所は，本来，司法権を行使する機関であり，それは「法律上の争訟」，すなわち，「具体的な権利・義務に関する紛争がある場合に，裁判所が法律を適用

することによって解決する訴訟」を扱う機関である。しかし，行訴法は，民衆訴訟（行訴5条），機関訴訟（同6条）を規定しており，その性質は，当事者間の具体的な権利・義務に関する紛争ではなく，違法行為の是正を通じて法秩序を保護することを主たる目的とする訴訟なのである。

1　民衆訴訟

▶ 民衆訴訟の意義と種類

　民衆訴訟とは，「国または公共団体の法規に適合しない行為の是正を求める訴訟で，選挙人たる資格その他自己の法律上の利益にかかわらない資格で提起するもの」をいう（行訴5条）。民衆訴訟は，個人の権利利益の保護をその内容とする固有の意味の「法律上の争訟」（裁3条1項）ではないため，特別に「法律の定める場合において，法律に定める者に限り」，これを提起することができる（行訴42条）。このような民衆訴訟の代表的なものとしては，地方自治法242条の2の「住民訴訟」，公職選挙法203条・204条の選挙無効訴訟，および同207条・208条の当選無効訴訟などがある。

▶ 住民訴訟

　住民訴訟は，まず住民が住民監査請求をし，その監査の結果，その勧告もしくは議会等の措置に不服があるとき，または議会，執行機関，もしくは職員が措置を講じないときに，①差止の請求，②取消または無効確認の請求，③怠る事実の違法確認の請求，④損害賠償の請求，もしくは不当利得返還の請求，などをすることを求める請求訴訟である（自治242条の2）。このうち，最も活用されている④号請求については，2002年の地方自治法の改正により，まず，住民が長・執行機関などを被告として住民訴訟を提起し，これに勝訴した場合に，公金の不正支出などをした当該職員に長などが請求，もしくは訴訟を提起するという2段階システム（同条の3）に変更された。

▶ 選挙訴訟

　公職選挙法により，選挙人または候補者が，選挙または当選の効力に不服がある場合に提起する訴訟が，民衆訴訟としての選挙訴訟である。これについてはつぎのような種類がある。

　①地方公共団体の議会の議員，および長の選挙の効力に関する訴訟（公選203

条），②衆議院議員，および参議院議員の選挙の効力に関する訴訟（同204条），③地方公共団体の議会の議員，および長の当選の効力に関する訴訟（同207条），ならびに④衆議院議員，および参議院議員の当選の効力に関する訴訟（同208条）。

このような選挙訴訟，とくに②の選挙の効力に関する訴訟は，国会議員の議員定数の不均衡（１票の価値の不平等）の違憲性を争う訴訟（第一審高等裁判所）として幅広く活用されており，国民の１票の価値の平等を基本とする「公正」な選挙制度の実現に向けて大きな役割を果たしている。

そのほか，民衆訴訟として，最高裁判所の裁判官に対する国民審査の効力に関し，審査人または罷免を可とされた裁判官が，中央選挙管理委員会を被告として提起する「国民審査無効の訴訟」（最高裁判所裁判官国民審査法36条），農業委員会の委員（農業委員会法11条），および海区漁業調整委員会の委員（漁業法94条）の選挙に関する公職選挙法規定の準用がある。

2　機関訴訟

▶ 機関訴訟の意義と種類

機関訴訟とは，「国または公共団体の機関相互間における権限の存否またはその行使に関する紛争についての訴訟」（行訴６条）をいう。すなわち，国または公共団体の機関相互の紛争については，本来国民の権利義務に関する「法律上の争訟」（裁３条１項）でないため，上級庁の裁定（内７条，自治９条）によって解決すべきであるが，法律がその解決を裁判所の司法的判断に委ねる旨規定している場合にかぎって，客観的訴訟としての機関訴訟が許される。すなわち，機関訴訟は，民衆訴訟と同様，「法律に定める場合において，法律に定める者に限り，提起することができる」（行訴42条）。したがって，地方自治法176条５項（現在の７項）のように，法律で訴えの提起を認めている場合のみ機関訴訟は認められるのであり，たとえば，法律の規定のない「市議会の議員が，市または市長を被告として議決の無効または不存在の確認を求める訴え」は，機関訴訟として不適当である（最判昭28・６・12民集７・９・663）。

機関訴訟の代表例としては，以下のようなものがある。①市町村境界確定の訴え（自治９条８項），②法定受託事務の管理・執行における高等裁判所への代

執行訴訟（同245条の8第3項〜6項），および③議会の議決，または都道府県知事の「裁定」に対する不服訴訟（同176条1項〜7項）がある。

★コラム21　2004年の行訴法改正と確認訴訟

　「公法上の法律関係に関する確認の訴え」（行訴4条後段）は，従来の実質的当事者訴訟（公法上の法律関係に関する訴訟）に加えて今回挿入されたものである。従来の実質的当事者訴訟は，公法私法二元論を背景に，私法領域でなく，公法領域であって，抗告訴訟の対象とならない法律関係を対象とすると考えられていたが，公法私法一元論が通説となっている今日，実質的当事者訴訟の出番はあまりないと考えられてきた。しかし今回，この「確認の訴え」が法文上，明示されたことによって，たとえば，通達や行政指導によって，事実上の強制（義務付け）が行われた者がその義務がないことを確認する訴訟が認められうることになり，また，行政計画・行政立法等が法律に反し無効であることを主張してそこから生ずる義務がないことの確認を求める訴訟が認められることとなったのである。この「確認の訴え」によって，先に述べた在外邦人の選挙権確認の訴えや，国家斉唱時に教職員が起立斉唱する義務のないことの確認を求める訴訟が適法なものとされたことをはじめとし，数多くの「確認の訴え」が適法と認められている。

　たとえば，日本国民である父と日本国民でない母との間に出生した後に父から認知された子に対する国籍確認請求訴訟（最大判平20・6・4民集62・6・136），インターフェロン療法について混合診療を行っていたとしても，健康保険法に基づく療養の給付を受けることができる権利を有することを確認の訴えで確認した事例（東京地判平19・11・7判時1196・3），公立小学校の教員が勤務評定制度の一環としての自己申告提出義務の不存在確認を求める訴えで，原告の不安定な地位および給与上の不利益な地位を除去するためには確認の訴えを認めることが相当とされた事例（大阪地判平20・12・25判タ1302・116）などがある。

　このように，「公法上の法律関係に関する確認の訴え」は，効果的な救済という観点から，期待された成果が認められるという意見が多く，「確認の利益」はあるが，抗告訴訟の対象とならない事例に対応できるものとして，一定の評価があると思われる。

〔大谷美咲〕

第25章

行政訴訟 (2)——取消訴訟

I　取消訴訟の提起
原処分主義，自由選択主義，例外的審査請求前置主義

▶ 原処分主義

　行政事件訴訟法は，第3条の抗告訴訟を「行政庁の公権力の行使に関する不服の訴訟」と規定し，その第2項で，処分の取消しの訴えを「行政庁の処分その他公権力の行使にあたる行為の取消しを求める訴訟」とし，第3項で裁決の取消しの訴えを「審査請求，その他の不服申立てに対する行政庁の裁決，決定その他の行為の取消しを求める訴訟」と規定している。一般的にこの2つをまとめて取消訴訟という。処分の取消しの訴えは，行政庁の処分（原処分）の違法を理由に取消しを求めるものであり，裁決の取消しの訴えは，その原処分の不服申立てに対する裁決・決定を取消しの対象とする。ある処分に不服があり，不服申立てが行われ，その結果，請求棄却の裁決（すなわち原処分は適法であると判断される）が行われた場合，処分の取消しの訴えを用いるのか，裁決の取消しの訴えを用いるかが問題となるが，行訴法10条2項は，「裁決の取消しの訴えにおいては，処分の違法を理由として取消しを求めることができない」と規定し，原処分の違法を問題にしている場合には，処分取消の訴えを用いるとされている（原処分主義）。裁決の取消しの訴えを提起できるのは，裁決に固有の瑕疵がある場合のみということになるのである。

▶ 自由選択主義

　つぎに，行政事件訴訟法8条1項は，「処分の取消しの訴えは，当該処分につき法令の規定により審査請求をすることができる場合においても，直ちに提

起することを妨げない」と規定している。これは，従来の行政事件特例法2条の訴願前置主義を原則的に廃止し，自由選択主義を原則とするものである。自由選択主義とは，処分に不服がある場合に，「審査請求，取消訴訟，2つを同時に行う」のいずれをも選択できるということを意味する。審査請求の長所は，①簡易迅速な争訟の解決，②裁判所の負担軽減，③当不当にも審査が及ぶこと，④費用がかからないこと，さらに⑤行政機関自身が自ら行政処分を見直す機会をもつことなどであるが，審査請求は，行政庁自身による審査であり，第三者機関の判断ではない。そして，わが国の経験からみて，審査請求前置主義を一律に採用することは，国民の権利救済の観点からみると問題があると思われる。

▶ 例外的審査請求前置主義

　上記のように，現行訴法は，取消訴訟と審査請求に関して自由選択主義を採用しているが，個別法が審査請求前置主義を定めているときには，これが優先し，審査請求に対する裁決を経た後でなければ，処分取消訴訟を提起することができないとしている（行訴8条但書。例として都計52条，国通115条，国公2条の2など）。もっとも，この但書の場合でも，審査請求があった日から3か月を経過しても裁決がないときなどは，直ちに取消訴訟を提起できる（行訴8条2項）。このように，行政事件訴訟法が，原則として審査請求前置主義を廃止したのは，それが国民の裁判を受ける権利（憲32条）を制限するので，これを設ける場合には特別の合理的理由がなければならない。個別法が例外として審査請求を認める根拠としては，①大量（反復）的に行われる処分で，審査請求により統一を図る必要があるもの（国税通則法など），②専門技術的性質を有する処分（原子炉等規制法など），および③審査請求に対する裁決が第三者的機関によって行われるもの（独占禁止法，公害健康被害補償法など）などが指摘される（杉本良吉『行政事件訴訟法の解説』30頁以下）。ただ，このような審査請求前置主義は，「国民の裁判を受ける権利」に基づく審査請求と行政訴訟との自由な選択決定を制限することになるので，その「合理性」の有無については厳格に審査する必要がある。したがって，2014年行政不服審査法の改正（法68）に伴う関係法律の整備法（法69）により，この審査請求前置主義は大幅に見直され簡素化された。すなわち，従前個別法において採用されていた，異議申立て一審

査請求など「二重の前置主義」がすべて廃止され（審査請求への一元化），また96本の個別法に取り入れられていた前置主義が見直された結果，68本の法律で廃止ないし縮小された。ただ，国民生活に重要な影響を与える税法のほか，生活保護法，建築基準法，都市計画法などでは前置主義は残されたままである。

　また，裁判所は，審査請求と処分の取消訴訟が同時に継続している場合，審査請求の裁決があるまでは訴訟手続を中止することができる（行訴8条3項）。

Ⅱ　取消訴訟の訴訟要件

　取消訴訟が提起されると，裁判所はその訴えが適法になされているかどうか，つまり，訴訟要件が充たされているかどうかの審査をしなければならない。これが要件審査で，この訴訟要件を充たしていない場合，訴えは却下され，訴訟要件を充たしている場合にのみ，本案審理へと進むのである。取消訴訟の訴訟要件としては，①処分性，②原告適格（訴えの利益），③狭義の訴えの利益，④被告適格，⑤出訴期間，⑥管轄，⑦例外的審査請求前置主義の場合，審査請求を行っていることがあげられる。以下，訴訟要件を検討していく。

▶ ①処分性

(1)　取消訴訟の対象　　取消訴訟の対象となるのは，「行政庁の処分その他の公権力の行使に当たる行為」（行訴3条2項）および「審査請求，その他の不服申立て」に対する「行政庁の裁決，決定，その他の行為」（同3条3項）である。このうち，3条3項は裁決の取消訴訟の対象を裁決，決定など明確に規定しているのに対し，3条2項の処分の取消の訴えは，取消訴訟の対象を「行政庁の処分その他の公権力の行使に当たる行為」としており（これは一般に処分性といわれる），その内容は必ずしも明確ではない。処分性について，判例は，「行政庁の処分とは，公権力の主体たる国または公共団体が行う行為のうち，その行為によって，直接国民の権利義務を形成し，またはその範囲を確定することが法律上認められているものをいう」（最判昭39・10・29民集18・8・1809）と判示しており，この定式は現在に至るまで用いられている。この「行政庁の処分」とは何かに関しては，学説上の行政行為の概念と基本的には一致すると考えられているが，行政救済上の観点から機能的に規定されているので，その

範囲は行政行為よりも広いと解されている。

(2) 処分性についての判例・学説の立場　まず，「処分性のある行政庁の権力的行為」にはどのようなものがあるのかについて，「行政行為」を中心に考えてみる。そもそも，取消訴訟は，行政行為の公定力を排除する訴訟である（取消訴訟の排他的管轄）ことを中心に考えると，取消訴訟の対象となる処分は，公定力のある行政庁の権力的行為ということになる。つまり，①国民に対して発せられていること，②公権力の行使であること，③直接国民の権利義務関係を変動させるものであること，④紛争の成熟性が認められること，などを満たすものが「処分性」のある行政庁の権力的行為といえるのである。

逆にこれらの要件を充たさない場合には原則として処分性が否定されるということになる。行政庁の内部的行為，行政契約，私法上の行為，行政機関の行う公共事業に係る設置行為などの事実行為，通達（行政立法），行政指導，行政計画，行政計画等は，原則として処分性が認められないことになるのである。その結果，処分性が否定された判例としては，①農地の売り払い（私法上の行為）（最大判昭46・1・20民集25・1・1），②国有普通財産の払い下げ（最判昭35・7・12民集14・9・1744），③保険医に対する戒告（最判昭38・6・4民集17・5・670），④公務員の採用内定通知（最判昭57・5・27民集36・5・777），⑤墓地埋葬法の解釈に関する通達（最判昭43・12・24民集22・13・3147），⑥消防法7条に基づく消防長の知事への同意（最判昭34・1・29民集13・1・32），⑦土地区画整理事業計画の決定（最大判昭41・2・23民集20・2・271），⑧都市計画の工業地域指定決定（最判昭57・4・22民集36・4・705），⑨行政指導（最判昭38・6・4民集17・5・670），⑩交通反則金納付通告（最判昭57・7・15民集36・6・1169），⑪旧公害対策基本法に基づく環境基準の設定・改定（東京高判昭62・12・24行裁38・12・1807）などがある。いずれも行政庁の「処分」の要件に該当しないからである。

ただ，近年，学説・判例のなかには取消訴訟の対象となる処分性の認められる行為の範囲を拡大しようとする傾向のものがみられる。たとえば，前述の⑦の土地区画整理事業計画の決定に関しては，「市町村が施行する土地区画整理事業の事業計画の決定は，施行地区内の宅地所有者の法的地位に変動をもたらすものであって，抗告訴訟の対象とするに足りる法的効果を有し，実効的な権

利救済を図る観点からも抗告訴訟の提起を認めるのが合理的であって，本条2項の「行政庁の処分その他公権力の行使に当たる行為」に該当する」（最判平20・9・10民集62・8・2029）と判示し，従来の判例の変更を行っている。また，「都市開発法に基づき市町村が都道府県知事の認可を受けてなした第二種市街地再開発事業についての事業計画の決定は，その公告の日から土地収用法上の事業認定と同一の法律効果を生じるものであり，施行地区内の土地の所有者に，その対償の払渡しを受けることとするか又はこれに代えて建築施行部分の譲受け希望の申し出をするかの選択を余儀なくさせるものであるから，その法的地位に直接的な影響を及ぼすものとして，抗告訴訟の対象たる行政処分に当たる」（最判平4・11・26民集46・8・2568）も，計画の処分性を認定するものである。

　その他の判例には以下のようなものがある。①医療法（平成9年改正前）の規定に基づき都道府県知事が病院を開設しようとするものに対して行う病院開設中止の勧告ないし病床数削減の勧告は，医療法上は行政指導であるが，その保険医療機関指定の効果および病院経営上の意義を併せ考えると，「行政庁の処分」に当たる（最判平17・7・15民集59・6・166）。②検疫所長による食品衛生法違反に該当する旨の通知は，それにより関税法70条3項により輸入の許可を受けられなくなり，通関実務の下で輸入申請書を提出しても受理されずに返却されることとなるので，法的効力を有するものであって，取消訴訟の対象になる（最判平16・4・26民集58・4・989）。③土壌汚染対策法3条2項による通知は，通知を受けた当該土地所有者に汚染状況についての調査および報告の義務を生じさせ，その法的地位に直接的な影響を及ぼすから，抗告訴訟の対象となる行政処分に当たる（最判平24・2・3）。

▶ ② 原告適格（訴えの利益）

(1)　原告適格の意義と第三者の原告適格　　原告適格とは，取消訴訟において，原告として訴訟を追行して判決を受ける資格のことをさし，主観的訴えの利益ともいう。原告適格は訴訟の適法要件であるので，これを欠く取消訴訟は不適法として却下される。この意味で，原告適格は，「処分性」とともに訴訟を追行する上で最初の基本的ハードルである。行訴法は，処分，または裁決の取消しにつき「法律上の利益を有する者」（9条1項）だけに，原告適格を認め

る。この取消訴訟の原告適格が問題となるのは，行政処分の名宛人（申請者など）の原告適格ではなく，名宛人以外の「第三者」の原告適格である。すなわち，処分の名宛人の場合無条件に原告適格が認められるのに対し，営業許可など二重効果的（複効的）行政行為において不利益を受ける業者，および産業廃棄物処理施設など迷惑施設の付近住民ら「第三者」の利益は，原則として処分の根拠法規の保護目的に照らし個別的・法的利益であるか，公益（反射的利益）であるか解釈によって判断され，原告適格の有無が判定される。

なお，行訴法9条1項が規定する「法律上の利益を有する者」について，判例は，これまで一貫して「法律上保護された利益」説を採用し，学説で最近有力に展開されつつある，現に法律上保護されている利益のみならず，実生活上の不利益が裁判上の保護に値する利益であればよいとする「法律上保護に値する利益」説を否定している。

また，この「法律上保護されている利益」とは，当該行政処分の根拠となった法規が，私人の個人的利益を保護することを目的として行政権の行使に制約を課していることにより保障される利益であって，それは，行政法規が公益目的のため行政権に制約を課している結果，たまたま利益を受ける反射的利益とは区別される。主な判例は以下のとおりである。

○第三者の原告適格が認められた事例

①森林法上の「直接の利害関係を有する者」（最判昭57・9・9民集36・9・1679），②公衆浴場法上の許可制に基づく業者の営業上の利益（最判昭37・1・19民集16・1・57），③原子炉等規制法に基づく原子力発電所の安全審査の許可制についての周辺住民（最判平4・9・22民集46・6・571），④競願関係において免許の拒否処分を受けたもの（最判昭43・12・24民集22・13・3254），⑤建築基準法に基づく総合設計許可に関する建築物の倒壊・炎上などの被害を受ける範囲の住民（最判平14・1・22民集56・1・46），⑥林地開発許可に基づく開発により直接被害を受けるおそれのある居住者（最判平13・3・13民集55・2・283），⑦風俗営業の許可についての風俗営業制限地域に居住する者（最判平6・9・27判時1518・10）

○第三者の原告適格が認められなかった事例（反射的利益，事実上の利益）

①公有水面埋め立て法に基づく埋立水面の周辺において漁業権をもつ者

（最判昭60・12・17判時1179・56），②不当景品類および不当表示防止法の規定に基づく一般消費者の利益（最判昭48・1・19民集32・2・211主婦連ジュース訴訟），③地方鉄道法に基づく特別急行料金の改定認可についての列車利用者（最判平元・4・13判時1313・121），④町名についての住民の利益（最判昭48・1・19民集27・1・1），⑤文化財保護法および静岡県文化財保護条例に基づく史跡解除処分に対する学術研究者の利益（最判平元・6・20判時1334・201）

(2) 原告適格の「考慮事項」導入の意義　2004年改正行訴法では，原告適格について従来の9条1項に加えて，2項を新設した。これは，9条1項の「法律上の利益を有する者」が，これまで判例において，厳格かつ狭義に解釈されてきたため，処分の名宛人以外の第三者（迷惑施設における付近住民など）の利益は，「反射的利益」，あるいは「事実上の利益」として「法律上の保護された利益」に該当せず，したがって第三者の原告適格が認められない傾向にあったためである。9条2項では，第三者についての原告適格の有無を判断する際に，「当該処分又は裁決の根拠となる法令の規定の文言のみによることなく，当該法令の趣旨及び目的並びに当該処分において考慮されるべき利益の内容及び性質を考慮するもの」とし，さらに，「当該法令の趣旨及び目的」を考慮するに当たっては，「当該法令と目的を共通にする関係法令があるときはその趣旨及び目的をも参酌するもの」とし，「当該処分において考慮されるべき利益の内容及び性質」を考慮するに当たっては，「当該処分または裁決がその根拠となる法令に違反してされた場合に害されることとなる利益の内容及び性質並びにこれが害される態様及び程度」をも斟酌することが規定されている。つまり，①「法律上の利益」→②「法令の趣旨及び目的，並びに利益の内容及び性質の考慮」→③「関係法令の趣旨及び目的の参酌」→④「侵害行為の態様及び程度の勘案」というプロセスで原告適格の判断を行うものとされている。

　この考慮事項の導入以降の最高裁判決としては，①小田急最高裁判決（最大判平17・12・7民集59・10・2645），②サテライト大阪最高裁判決（最判平21・10・15民集63・8・1711），および③病院開設許可最高裁判決（最判平19・10・19判タ1259・197）がある。①小田急最高裁判決においては，「都市計画事業の事業地の周辺に居住する住民のうち当該事業が実施されることにより騒音・振動等による健康又は生活環境に係る著しい被害を直接的に受けるおそれのある者は，

当該事業の認可の取消訴訟における原告適格を有する」とされ，開発事業等の周辺住民に原告適格を拡大している。また，②サテライト大阪最高裁判決では，自転車競技法に基づく場外車券販売施設の設置許可の取消訴訟につき，当該場外施設の設置・運営に伴い著しい業務上の支障が生ずるおそれがあると位置的に認められる医療施設の開設者は，位置基準を根拠として原告適格を有するとしている。

　しかし①の判決を除いて，一定の条件の下で第三者である周辺住民に原告適格を認めておらず，その際，周辺「第三者住民」に原告適格を認めるか否かの判断基準として④の「侵害行為の態様および程度」を勘案しているのがうかがわれる。病院開設許可最高裁判決においては，新規の病院開設許可を既存の医療施設開設者が争った事例であるが，既存業者の原告適格が否定された。第三者の原告適格については，下級審でも数多くの判決が出されているが，従来，原告適格が認められにくかった周辺住民，すなわち第三者の原告適格が認められるようになったものも多数あり，その意味で9条2項は一定の成果を収めていると思われる。

▶ ③ 訴えの利益（狭義の訴えの利益）

　上記の原告適格も，広義では訴えの利益の概念に含まれるが，「法律上の利益を有する者（処分又は裁決の効果が期間の経過その他の理由によりなくなった後においてもなお処分又は裁決の取消しによって回復すべき法律上の利益を有する者を含む。）」という，行訴法9条の原告適格に関する規定の括弧つきの部分が，訴えの利益プロパー（狭義の利益）の問題である（あるいは訴えの利益の客観的価値ともいわれる）。判例でも，処分，または裁決の取消しにつき「法律上の利益」を有するものが，期間の経過等の理由によってその効果がなくなった後でも，この「回復すべき法律上の利益」を有するといえるかどうか，しばしば問題となっている。たとえば，①自動車運転免許の効力停止処分を受けたものがその停止期間が経過したときは，取消訴訟の回復すべき「法律上の利益」はない（最判昭55・11・25民集34・6・781），②保安林の指定解除の取消しについての訴えの利益はダムなどの代替施設の完了後消滅する（最判昭57・9・9民集36・9・1679），③免職された公務員が市会議員に立候補した場合に給料請求権等の権利利益について処分取消しの訴えの利益はある（最大判昭40・4・28民集19・

3・721），④建築基準法に基づく建築確認の取消しの訴えの利益は建築工事の完了によって消滅する（最判昭59・10・26民集38・10・1169），などの判例がある。このうち，②の第一審判決（札幌地判昭48・9・7判時842・22）では，逆に代替施設によっても，憲法前文の平和的生存権の立場から「訴えの利益」は消滅しない，と判示されている。

▶ 4 被告適格

　被告適格とは，行政庁の処分または裁決の取消しを求める訴訟の際の被告となる資格であり，行訴法は，①処分の取消訴訟においては，処分をした行政庁が所属する国，または公共団体，②裁決の取消訴訟においては，裁決をした行政庁が所属する国，または公共団体を被告とすると規定している（11条1項）。改正前の旧行訴法では，被告は処分を行った処分庁または裁決を行った裁決庁であったのに対し，現在の行訴法は，国，公共団体（行政主体）を被告としたのである。これは，従来，原告側が被告行政庁を正確に把握できず，被告行政庁を誤って取消訴訟を提起したりするという事例等があり，よりわかりやすい制度が望まれていたからである。被告を，原則として「国または公共団体」とすることによって，国家賠償法の際の被告と統一されることとなり，原告側にとってわかりやすいと判断されたのである。これは，取消訴訟以外の訴訟形態（その他の公告訴訟，当事者訴訟，民衆訴訟，機関訴訟）にも準用される。

　ただし，処分庁，または裁決庁が国または公共団体に所属しない場合には，当該行政庁を被告として取消訴訟を提起しなければならない（行訴11条2項）。たとえば，地方自治法上の「公の施設」における民間の指定管理者（自治244条の2第3項以下），および，建築基準法上の指定確認検査機関（同77条の18以下）などがある。

▶ 5 出訴期間

　行政事件訴訟法は14条で出訴期間を規定し，従来の3か月から延長するかたちの変更となっている。これは，従来の出訴期間が短期であったため，私人の救済の道を閉ざす結果になることも少なくないのではないかという批判を受けての改正であった。現行訴法14条の規定によると，出訴期間は，①処分のあったことを知った日から6か月以内，②処分のあった日から1年以内，③「処分または裁決につき審査請求をすることができる場合で審査請求を行ったとき，

または，行政庁が誤って審査請求をすることができる旨を教示し，それに従って誤って審査請求を行ったとき」は，これに対する裁決のあったことを知った日から6か月以内，または当該裁決の日から1年以内となっており，①〜③のそれぞれに正当な理由のある場合はこのかぎりではないという例外規定が設けられている。教示に関しては，後述することとする。

▶ 6 管轄

取消訴訟は，法律で定められた管轄裁判所に提起することが求められ，訴訟の適法要件となっている。改正前行訴法では，管轄裁判所を原則として被告行政庁の所在地の裁判所としていたが，国民にとって被告行政庁がどこであるかの特定が困難な場合も多く，その結果，誤った訴えの提起がなされ，国民の権利救済という点で問題があると指摘されてきた。これらの点を考慮して，また，行政事件訴訟法改正により取消訴訟の被告が行政庁から行政主体（国・公共団体等）に変更されたことに伴い，管轄も変更されることとなった。改正行訴法12条1項は，取消訴訟の管轄裁判所を，①被告の普通裁判籍の所在地を管轄する裁判所，または，②処分または裁決を行った行政庁の所在地を管轄する裁判所としている。行政庁の所在地と，被告の普通裁判籍の所在地のいずれかを選択できるということになる。

これに関しては，取消訴訟の被告は「国または公共団体であり」，たとえば国が被告の場合には，各省庁の所在地を管轄する東京地方裁判所となり，処分庁の特定が困難な場合でも被告である国の普通裁判籍の所在地で提訴できるという利点がある。さらに，2004年の改正により付け加えられたのが同条4項で，地方在住者が被告である国の管轄裁判所である東京ではなく，原告の普通裁判籍の所在地を管轄する高等裁判所の所在地を管轄する地方裁判所での提起を認めるものである。すなわち，国，独立行政法人および行訴法別表に掲げる一定の政府関係法人を被告とする取消訴訟については，原告の普通裁判籍の所在地を管轄する高等裁判所の所在地を管轄する地方裁判所（札幌，仙台，東京，名古屋，大阪，広島，高松，福岡）に対しても，取消訴訟の提起ができるのである。これによって，地方在住者の利便性の向上が図られることとなった。

▶ 7 例外的審査請求前置

前述のとおり，法が特別に審査請求前置（不服申立て前置）を規定している場

合，取消訴訟の提起に先立って，審査請求を行い裁決を待つことになる。しかし，①不服申立てから3か月たっても裁決がない場合，②処分，処分の執行または手続の続行によって生ずる著しい損害を避けるため緊急の必要がある場合，③裁決を経由しないことに正当の理由がある場合（行訴8条2項）には，国民の権利救済という観点から裁決を経ないで取消訴訟の提起が認められる。

III　取消訴訟の審理

　取消訴訟の審理について，行訴法7条は「行政事件訴訟に関し，この法律に定めがない事項については，民事訴訟の例による」と規定し，民訴法の準用を明示するとともに，行訴法の特殊性から明文で，いくつかの点に修正を行っている。

▶取消し理由の制限

　行訴法は，「取消訴訟においては，自己の法律上の利益に関係ない違法を理由として取消しを求めることができない」（10条1項），と取消理由の制限を定めている。取消訴訟は，行政庁の違法な処分・裁決の取消しを求める主観的訴訟であるので，原告の主張する違法性も「自己の法律上の利益」に関係のある違法性でなければならないと定める。したがって，この取消理由の制限は，原告適格の有無とは別個のものである。すなわち，これは訴訟の要件ではなく訴訟における主張制限における問題である。

　判例では，労働組合法5条では救済の申立てをした労働組合が同法2条および5条2項の要件を充足しているか否かを審査すべき義務を労働委員会に課しているが，これは労働委員会が使用者に対して負う義務ではないので使用者は，この審査の方法，手続，結果に瑕疵ないし誤りがあることのみを理由として救済命令の取消しを求めることはできないとするものがある（最判昭32・12・24民集11・14・2336）。また，条例定数を超えて吏員（地方公務員）を任用できないこと，および試験もしくは選考を経て吏員任用すべきことは，任命権者の義務であるが，この義務に違反したからといって，任用されたもの，または他の吏員に対する関係で違法行為があったとはいえない（最判昭39・5・27民集18・4・711），とするものがある。

このように，判例上，10条1項は，取消訴訟の原告適格に関して，処分の名宛人が提起した取消訴訟において「第三者のみにかかわる違法」の主張を制限するために用いられる傾向が強かったが，近年，空港騒音訴訟，原発訴訟等において，周辺住民の原告適格を広く認めようとする傾向にあるなかで，判例のなかにはこの取消理由の制限規定（10条1項）を援用して，たとえば，原子力設置許可処分の取消訴訟において，原告の主張できる違法性は，原子炉等規制法24条1項のうち，3号の「技術的能力」にかかるもの，および4号の「安全性に関するもの」に限られ，それ以外の1号〜2号の経理的基礎にかかる違法性は主張できないとして，原告による公益規定違反の主張を厳しく制限するもの（新潟地判平6・3・24行裁45・3・304）もある。

▶ 職権証拠調べ

訴訟の審理方式としては，裁判所が訴訟の主張・証拠などについて一般にイニシアティブをとる職権審理主義と，あくまで当事者の弁論・証拠に基づいて訴訟を進める弁論主義がある。民事訴訟においては，原則として，当事者が各々，自分の主張については自分で証拠を提出し立証するという弁論主義が採られるが，行政訴訟は，国民の権利利益の保護とともに行政の適法性の確保・適正な運営をも目的とするので，弁論主義を採用しつつも，職権審理主義の規定をおいている。行訴法は，24条で「裁判所は，必要があると認めるときは，職権で，証拠調べをすることができる」と規定し，裁判所が主張事実について証拠により十分な心証を得られない場合に，補充的に職権証拠調べの可能性を残している。ただし，裁判所は，証拠調べの結果について当事者の意見を聞かなければならない，という当事者主義的制限を課している（行訴24条但書）。

▶ 釈明処分の特則

改正行訴法により，裁判所は，「訴訟関係を明瞭にするため」に「国または公共団体に所属する」行政庁に対し，「処分または裁決の内容」，その「根拠となる法令の条項」，その「原因となる事実」，および「理由を明らかにする」資料提出を求めること，また，被告以外の行制庁には送付を嘱託することなどができると規定された（行訴23条の2）。つまり，取消訴訟における訴訟関係を明確にし，審理を充実させ，迅速化するために，訴訟の早い段階で，処分または裁決の理由等を明らかにするために，民事訴訟法の釈明処分の特則を定め，行

政の説明責任の原則を裁判過程においても実現させようとするものである。

▶ 第三者・行政庁の訴訟参加

　裁判所は,「訴訟の結果により権利を侵害される第三者があるとき」(行訴22条1項),または他の「行政庁を訴訟に参加させることが必要であると認めるとき」(同23条1項) は,当事者,第三者,もしくは行政庁の申立てにより,または職権で,第三者または行政庁を訴訟に参加させることができる。このうち,第三者の訴訟参加は,後述のように,取消訴訟の判決の効力が第三者にも及ぶ対世効をもつ (同32条) ので,判決の効力の及ぶ第三者が自ら訴訟に参加しないで訴訟の結果のみを甘受するのは適当でないことから,あらかじめ第三者の訴訟参加の可能性を認めたものである。「訴訟の結果により権利を侵害される第三者」に該当する例としては,「土地収用裁決を受ける起業者または買受人」,「競願関係において他業者の申請拒否処分の取消判決の拘束力によって免許を取消されるおそれのある被免許人」などがあげられる。また,訴訟参加の申立てをした第三者は,その申立てを却下する決定がなされた場合,即時抗告をすることができるとされている。

▶ 訴えの変更

　行訴法は,「裁判所は,取消訴訟の目的たる請求を当該処分または裁決に係る事務の帰属する国または公共団体に対する損害賠償その他の請求に変更することが相当であると認めるときは」,請求の基礎に変更がない限り,原告の申立てにより決定をもって訴えの変更を許すことができると定める (21条1項)。この規定は,取消訴訟の解除条件の成就,期間の満了などの理由によって訴えの利益を失う場合があり,訴訟資料の確保や訴訟経済の上から,損害賠償などの他の請求に変更して訴訟を継続させることが,原告の権利救済にも役立つなど,他の請求に変更して訴訟を継続させることが,原告の権利救済にも役立つので,訴えの変更を明文で認める趣旨である。たとえば,判例では,建築基準法上の民間の指定確認検査機関 (建基77条の18以下) を被告とする取消訴訟の係属中に訴えの利益が消滅し,損害賠償請求へ訴えを変更する場合には,その事務の帰属する地方公共団体を被告とすべきであるとの判決がある (最判平17・6・24判時1904・69)

　この訴えの変更とは逆に,民事訴訟または当事者訴訟から,取消訴訟への変

更は可能か，という問題がある。これについては，変更を認める実益がとぼしく行訴法自体も直接規定を設けず，その上，取消訴訟には，出訴期間，審査請求前置主義，釈明処分の特則，および職権証拠調べの制約があるため，このような変更は困難であるという見解が有力である（杉本・前掲書71頁以下）。

▶ 関連請求に係る訴訟の移送

行訴法は，行政庁の処分・裁決の取消訴訟と関連のある原状回復・損害賠償その他の請求を「関連請求」と位置づけ，関連請求に係る裁判所には，「申立てにより又は職権で，その訴訟を取消訴訟の継続する裁判所に移送することができる」と規定する（13条）。

取消訴訟と関連ある請求としては，当該処分，または裁決に関連する原状回復，または損害賠償の請求，当該処分に係る裁決の取消訴訟，および当該裁決に係る処分の取消請求，などがある。

▶ 請求の客観的併合

行訴法は，右の関連請求の概念規定を受けて，「取消訴訟には，関連請求に係る訴えを併合することができる」（16条1項），と請求の客観的併合を定める。これは，原告から同一の被告に対して，数個の請求を併合する場合であって，行訴法17条の請求の主観的併合と異なることには注意すべきである。なお，原告は，取消訴訟提起後，口頭弁論終結までに関連請求に係る訴えを併合して提起することができる（行訴19条）。すなわち，これは，原告が取消訴訟と関連ある請求については，任意に追加併合して，原告の法的要求を一括して処理しうる方法を規定したものである。

Ⅳ　取消訴訟の判決と効力

1　判決の種類

▶ 却下・棄却・認容

取消訴訟の判決には，裁決の場合と同じように，次の3種がある。ただし場合によっては，これらの判決の種類の組み合わせで判決が下されることがある（例：一部棄却，一部認容判決など）。

(1)　却下判決　　原告の訴えが，処分性・訴えの利益・原告適格等の取消訴訟

の訴訟要件を充たしていないため，事件の本案審理に入らず，不適法な訴えとして却けられる場合の判決。

(2) 棄却判決　訴え，または上訴に理由がないとして，排斥される場合の判決。棄却は，事件の本案審理に入ったが，その理由がない場合であって，取消訴訟の要件を充たさない不適法な訴えとして却けられる却下判決とは区別される。

(3) 認容判決　訴え，または上訴に理由があるとして，請求が認められる場合の判決。

2　事情判決

　行訴法は，「取消訴訟については，処分又は裁決が違法ではあるが，これを取り消すことにより公の利益に著しい障害が生ずる場合において，原告の受ける損害の程度，その損害の賠償又は防止の程度および方法その他一切の事情を考慮したうえ，処分又は裁決を取消すことが公共の福祉に適合しないと認めるときは，裁判所は請求を棄却することができる」として，いわゆる事情判決の規定をおいている（31条1項）。裁判所は，この場合，判決主文において，処分が違法であることを宣言しなければならない。この事情判決の規定は，旧行特法11条の規定を継承し整備したものである。

　事情判決の規定は，違法な処分は取り消されるべきという行政法の基本原則（法律の優位）の重大な例外であり，事情判決の適用を安易に認めると，多くの違法な処分が「公の利益」を理由に，違法と認められながら，主文で取り消されず請求棄却の判決を受けることになりかねない。したがって，本条では，事情判決適用の要件として，①処分等を取り消すことによって「公の利益に著しい障害を生ずる」ことという要件に加えて，②「一切の事情を考慮したうえ」で処分等を取り消すことが「公共の福祉に適合しない」と認められる場合にのみ事情判決の適用ができるとし，厳格な二重の基準枠を設定しているのである。

▶ 判例の立場

　判例では，町営土地改良事業の施行の認可について，工事・および換地処分が完了して原状回復が社会通念上不可能であるという事実は，事情判決に関して考慮されるべき事柄であるとした判決（最判平4・1・24民集46・1・54），ま

た，数百億円の巨費を投じたダムが完成しているので，これを取り消すことは
「公の利益」に著しい障害を生ずるとして，事情判決で収用裁決の取消請求を
棄却した判決（札幌地判平9・3・27判時1598・33）がある。さらに，数多くの選
挙無効訴訟において，事情判決の法理を適用し衆議院の1票の価値の格差は平
等原則に反し違法ではあるが，選挙自体は有効とした一連の判決がある（最判
昭51・4・14民集30・3・223）。後者のケースでは，公職選挙法自体がその適用
を否定している（219条1項）にもかかわらず，最高裁は「一般的な法の基本原
則」としてこれを適用し，選挙は違法（憲）ではあるが無効ではない，として
請求を棄却している。

3　判決の効力——形成力・既判力・拘束力

▶ 形成力

　訴えに理由があるとして処分が取り消され，その判決が確定すると，当の処
分はそれがなされたときに遡ってその効力を失う。行政庁が取消判決を受け
て，あらためてその処分を取り消す旨の意思表示をする必要はない。取消判決
のこのような効力のことを形成力というが，行訴法は「処分又は裁決を取り消
す判決は，第三者に対しても効力を有する」と規定して（32条1項），この形成
力が第三者にも及ぶことを明らかにしている（対世効）。取消判決にはこのよう
な対世効があるため，第三者の訴訟参加の制度（行訴22条）があり，さらには
再審の訴えの制度が設けられている（同34条）。

▶ 既判力

　ある処分について判決が確定すると，当事者や後訴の裁判所はそれに反する
主張や裁判をすることができなくなる。このような判決の効力のことを既判力
という。たとえば，取消訴訟で認容判決があり，違法が確定した処分について
は，国家賠償請求訴訟で適法の主張をすることはできないし，逆に棄却判決が
あった処分について，あくまでも違法を主張して国家賠償を求めることもでき
ない。

　ただし，棄却判決のあった処分について，行政庁が職権によりそれを取り消
すことはできる。また，既判力は当事者と承継人にのみ及ぶのが原則である
が，当然のこととして，当の処分を行った行政庁の帰属する国，あるいは地方

公共団体といった行政体にも及ぶと解すべきである。

▶ 拘束力

行訴法33条1項は,「処分又は裁決を取り消す判決は,その事件について,処分又は裁決をした行政庁その他の関係行政庁を拘束する」と規定する。この効力のことを拘束力とよんでいる。すなわち,取消判決があった場合,当の処分を行った行政庁や関係行政庁は,その判決の趣旨を守り実現するよう努めることを義務づけられる。具体的には同一の事情の下で,さらに,同様の処分を繰り返すことなどが禁じられるのである。この拘束力は,既判力が実際に訴訟で争われたある処分についてのみ生じ,それが取り消されても同様の処分が行われることを防ぐ力がないことなどの理由から,とくに認められた効力である。

なお,同法33条2項と3項は同条1項を具体化して,たとえば,2項は,申請や審査請求を却下し,もしくは棄却した処分,または裁決をした行政庁は,判決の趣旨に従い,あらためて申請に対する処分,または審査請求に対する裁決をしなければならない旨,規定している。

V　執行停止と内閣総理大臣の異議

1　執行不停止の原則と執行停止の要件

▶ 執行不停止の原則

行訴法は,「処分の取消しの訴えは,処分の効力,処分の執行又は手続の続行を妨げない」(25条1項)と規定し,取消訴訟の提起によっても処分が続行することを原則とする。執行不停止を原則とするか否かについては,比較法的にみても,あくまでも立法政策の問題と考えられており,執行不停止を原則とする積極的な根拠は明確ではないが,訴訟の提起による行政活動の停滞を防止し,円滑な行政活動の確保とするという観点から政策的に採用されたものと思われる。

しかし,原告が取消訴訟を提起し,処分を取り消す旨の確定判決を得る前に,行政庁の処分の効力,処分の執行等により重大な損害が発生し,取消判決が下されても無意味な状態になる場合も想定される。そのため,行訴法は25条2項で要件を定めて,執行停止を定めている。

▶ 執行停止の要件

　行訴法は，このように，訴訟の提起による処分の執行不停止を原則としつつ
も，他方では当事者の権利利益の救済を図るため一定の要件の下で処分の執行
停止を認めている。執行停止の要件としては，①処分，処分の執行または手続
の続行により生ずる重大な損害を避けるため緊急の必要があること（行訴25条
2項），②原告からの申立てがあること（同25条1項），③公共の福祉に重大な影
響を及ぼすおそれのないこと（同25条4項），④本案について理由がないとみえ
ないこと（同25条4項）があげられる。そのうち，①の要件については，改正
前の行訴法では，「回復の困難な損害」とされていたが，2004年の改正によっ
て「重大な損害を避けるため」に変更された。これは，従来の「回復困難な損
害」の要件に関しては，たとえば，公共事業によって土地の収用により生活の
基盤が失われる場合であっても，事後的に金銭的保障が可能であれば「回復困
難な損害」と認められず，また，事業が完成したら事情判決によって，仮に処
分に違法性があっても請求棄却となるというような問題の原因となると指摘さ
れていた。執行停止の要件として「回復の困難性」を厳密に解釈すると，国民
の権利・利益の救済が困難となるため，「重大な損害」に改められたのであ
る。そして，裁判所は，重大な損害が生ずるか否かを判断するに当たっては，
「損害の回復の困難の程度」とともに，「損害の性質および程度並びに処分の内
容および性質」を勘案するものとされた（同25条3項）。

　この改正により，「回復の困難な損害」とされていたころと比較して，損害
が財産的なものである場合や社会的信用である場合などに，執行停止の申立て
が認容されるケースが増加している。例としては，弁護士に対する懲戒処分に
つき，業務停止3月の懲戒処分がされたことによって生じる弁護士としての社
会的信用の低下，業務上の信頼関係の毀損等の損害は，その性質上，本案で勝
訴しても完全に回復することは困難であり，また，損害を金銭賠償によって完
全に補填することも困難であるとした上で，具体的な受任件数から推認される
損害の程度を考慮すれば，申立人に重大な損害を生ずるとして，当該懲戒処分
の効力停止の申立てが認容された事例がある。

2　内閣総理大臣の異議

▶ 内閣総理大臣の異議の制度

　行訴法25条2項に基づく「執行停止」の申立て，またはその決定があった場合，行政権の主張たる内閣総理大臣は「異議」を述べることができる（行訴27条1項）。その場合，内閣総理大臣は，「処分の効力を存続し，処分を施行し，又は手続を続行しなければ，公共の福祉に重大な影響を及ぼすおそれのある事情を示す」理由を付さなければならない（同条2項・3項）。内閣総理大臣が異議を述べると，裁判所は，執行停止の決定をすることができず，またすでに執行停止の決定をしているときは，これを取り消さなければならない（同条4項）。

　この内閣総理大臣の「異議」の申述制度は，直接公共の福祉の維持に当たる行政権の司法権に対する優位を保障したものである。したがって，行訴法は，「やむを得ない場合でなければ，第1項の異議を述べてはならず」，また異議をのべた場合には，「次の常会において国会にこれを報告しなければならない」と，内容的・手続的に歯止めをかけている（行訴27条6項）。しかし，一旦異議が申述されると，裁判所は，内閣総理大臣の判断を尊重するほかはないので行政権優位の法構造に変化はない。判例は，この異議申述制度は憲法76条1項・3項および32条（裁判を受ける権利）に違反しないとしているが（東京地判昭44・9・26行裁20・8＝9・1141），「法律上の争訟」（裁3条1項）について，このように裁判所ではなく行政権が最終決定権をもつのは，司法権の独立の原則（憲76条）にてらし違憲性が強いといえる。

Ⅳ　教　　示

　2004年の行訴法の改正により，行政不服審査法における不服申立て制度と同様に，行訴法も教示制度が導入された。これは，行政訴訟もその訴訟要件等に関して原告にはわかりづらいところが多いため，教示制度により，行政訴訟を利用しやすくしようとするものであった。

　その内容としては，①取消訴訟を提起することができる処分または裁決を行う場合には，被告とすべき者，出訴期間，審査請求前置が採られている場合はその旨を教示すること，②法律に，処分について審査請求に対する裁決に対し

てのみ取消訴訟が提起することができる旨の定めがある場合には，処分の相手方に，その旨の定めがある旨，③形式的当事者訴訟を提起することができる処分または裁決をする場合，被告とすべき者，出訴期間を書面で教示しなければならない。ただし，例外的に処分を口頭でする場合には教示義務はない。

〔大谷美咲〕

事項索引

あ

青写真判決 ·········· 173
委員会
　——（国）·········· 68
　——（地方公共団体）·········· 79
異議申立て（旧法）·········· 277
イギリス行政法 ·········· 16
意見公募手続 ·········· 135
意見陳述のための手続 ·········· 209
違憲無効説（損失補償）·········· 260
意思形成過程情報 ·········· 215
一元説（無効等確認訴訟）·········· 296
一部事務組合 ·········· 62
一般職公務員 ·········· 103
一般的再議 ·········· 79
委任 ·········· 95
委任命令 ·········· 128
違法一元説 ·········· 248
違法行為の転換 ·········· 159
違法性の承継 ·········· 158, 189
違法相対説 ·········· 248
違法二元説 ·········· 248
インカメラ審理 ·········· 219
ヴォーン・インデックス ·········· 219
訴えの変更 ·········· 322
訴えの利益 ·········· 317
上乗せ条例 ·········· 83
営造物 ·········· 251
大阪都構想 ·········· 90
公の営造物 ·········· 251
OECD8原則 ·········· 221
小田急訴訟 ·········· 181
オプト・アウト ·········· 224
オプト・イン ·········· 224
オンブズマン（オンブズパーソン）···· 238, 271

か

外局 ·········· 68
　——規則 ·········· 128

会計検査院 ·········· 69
外見上一見明白説 ·········· 154
戒告 ·········· 189
外国人（公務就任権）·········· 41
解釈基準 ·········· 131
解職請求（リコール）·········· 86
確定行為 ·········· 144
確認 ·········· 142
　——の訴え（確認訴訟）·········· 304
　——の利益 ·········· 305
加算税 ·········· 197
瑕疵ある行政行為 ·········· 151
過失 ·········· 246
貸付契約 ·········· 163
瑕疵の治癒 ·········· 159
課徴金 ·········· 197
下命 ·········· 141
仮の義務付け ·········· 302
仮の差止め ·········· 302
過料 ·········· 198
簡易の代執行 ·········· 189
管轄（取消訴訟）·········· 319
監視権 ·········· 100
慣習法 ·········· 37
間接強制調査 ·········· 231
完全補償（説）·········· 265
関与（地方自治）·········· 73, 101
関連請求に係る訴訟の移送 ·········· 323
議員定数の不均衡 ·········· 308
議会（地方公共団体）·········· 78
　——の解散 ·········· 79
　——の解散請求 ·········· 86
機関委任事務 ·········· 73, 80
機関訴訟 ·········· 308
棄却
　——裁決 ·········· 286
　——判決 ·········· 323
期限 ·········· 150
疑似オンブズマン制度 ·········· 272
規制権限の不行使 ·········· 248

規制的行政指導	176
擬制的公共事務（行政概念）	5
規則（地方自治）	85
羈束（法規）裁量	123
羈束行為	122
機能的瑕疵	256
既判力	325
義務違反説	253
義務付け訴訟	299
逆情報公開訴訟	217
却下裁決	286
却下判決	323
客観説（国家賠償）	253
客観訴訟	294
客観的明白説	154
求償権（国賠1条）	250
給水拒否	178
給付基準	133
給付の拒否	192
給与請求権（公務員）	107
強行法規	54
教示	289
──（行政訴訟）	328
行政型 ADR	275
行政過程論	31
行政官庁法理論	93
行政機関	92
──個人情報保護法	224
──情報公開法	217
行政基準	127
行政規則	130
行政強制	183
行政苦情あっせん	269
行政計画	169
行政刑罰	196
行政契約	160
行政行為	137
──の付款	149
行政国家	9
行政財産の目的外使用許可	263
行政事件訴訟特例法	292
行政システム論	31
行政事前手続	204
行政執行情報	216
行政指導	175

──指針	133
──の中止の求め	179
──の求め	179
行政主体	60
行政手法論	31
行政準則	127
行政上の強制執行	184
行政上の強制徴収	191
行政上の事務に関する契約	162
行政上の秩序罰	196
行政処分	137
行政争訟	237
行政相談委員	270
行政体	60
行政代執行法	187
行政庁	94
行政調査	228
行政庁の処分	312
行政庁の訴訟参加	321
行政手続4原則	205
行政手続法	208
行政の意義	2
行政罰	196
行政不服審査法	276
行政不服申立て	276
行政法の意義	11
行政立法	127
供用関連瑕疵	256
許可	141
許認可権	100
禁止	141
苦情処理	269
具体化された憲法	27
区長公選制	62
国地方係争処理委員会	74
国の関与	101
群馬中央バス事件	206
訓令	132
──権	100
計画裁量	171
計画担保責任	174
警察官職務執行法	194
警察規制（警察制限）	261
形式的確定力	148
形式的行政処分	167

形式的当事者訴訟	303
刑事補償（法）	267
形成行為	144
形成的行為	141
形成力	325
原因者負担	268
現業公務員	104
権限の委任	100
原告適格	314
原処分主義	310
原則全部留保説	22
建築確認の留保	178
建築協定	163
権利能力（行政法における）	40
権利補償	264
権力説	29
権力的活動	117
権力留保説	21
故意	246
広域連合	62
行為能力（行政法における）	41
公営住宅の利用関係	51
公害防止協定	163, 168
公害防止計画	181
公共組合	64
公権力の行使（国家賠償）	244
抗告訴訟	295
公証	143
控除説	3
拘束的計画	170
拘束力	
――（判決）	325
――（行政行為）	145
――（裁決）	287
交通反則通告	197
公定力	146
――の限界	147
口頭意見陳述	282
公表	192
公物の取得時効	47
公文書管理法	228
公平委員会	105
公法・私法二元論	28
公法契約	160
公法上の当事者訴訟	37

公法上の法律関係	304
公務員	103
――制度改革	110
――の勤務関係	107
公用制限	262
効率性	32
考慮事項（原告適格）	316
告示	131
国勢調査	234
国税徴収法	191
国税犯則調査	232
国民審査無効の訴訟	308
個人情報（情報公開）	214
――取扱事業者	222
――保護	221
――保護法	221
個人タクシー事件	206
個人的公権	39
国家公務員	104
――倫理法	109
国家戦略特区	76
国家賠償法	240
国家補償	238
――の谷間	266
国家目的実現説	5
固有権説（地方自治）	72
コンセイユ・デタ	14

さ

再議	79
裁決	285
財産区	63
再審査請求	277
再調査の請求	277, 288
裁定権	100
裁量基準	133
裁量権収縮	125
裁量行為	123
裁量統制	125
錯誤（私人の公法行為）	42
差止め訴訟	301
砂防法	190
猿払事件	129
参加人（不服申立て）	281
三位一体の改革	75

三面関係	120
自己責任（説）	242
事情裁決	286
事情判決	324
辞職	106
私人の（公法）行為	40
自然的正義	204
自治事務	81
執行停止	
——（行政訴訟）	326
——（不服申立て）	284
執行罰	190
執行不停止原則	
——（行政訴訟）	326
——（不服申立て）	284
執行命令	130
実質的当事者訴訟	304
実質的法治主義	24
失職	106
実力強制調査	231
自動車一斉検問	232
事務監査請求	86
指名競争入札	165
社会留保説	21
釈明処分の特則	321
自由（便宜）裁量	123
自由選択主義	310
重大説	154
重大な損害	299
重大明白説	153
住民	85
住民監査請求	87
住民参加	89
住民自治	72
住民訴訟	88, 307
住民投票	87
——条例	90
受益者負担	268
授益的行政行為	122, 144
主観説（国家賠償）	253
主観訴訟	294
授権代理	98
主体説	29
出訴期間	318
受理	143, 208

準法律行為的行政行為	141
省	68
条件	150
昇任	105
情報公開	214
情報公開・個人情報保護審査会	217
情報公開条例	214
情報保護監視委員会	220
情報保全諮問会議	220
消滅時効	52
条約	36
条理	37
省令	128
条例	36, 83
——制定権の限界	83
——の制定改廃請求	86
職務行為基準説	247
職務を行うについて	245
所持品検査	231
助成的行政指導	176
職権証拠調べ	321
職権取消し	154
処分（不服申立て）	278
——基準	209
——性	312
——中止の求め	211
自力執行力	149
侵益的（侵害的）行政行為	122, 144
侵害留保説	21
審議会	70
信義衡平の原則（信義則）	24
人権擁護委員	270
新固有権説（地方自治）	72
審査基準	208
審査請求	277
——期間	279
——前置主義	311
——適格	278
審査庁	279
人事委員会	105
人事院	70, 105
——勧告	108
申請	208
——に対する処分	208
——満足型義務付け訴訟	300

審理員	279
──意見書	283
水害	255
生活再建補償	266
請求権発生説（損失補償）	260
請求権放棄議決（住民訴訟）	89
政策評価	275
──法	32
成績制	105
正当な補償	264
制度的保障説（地方自治）	72
政府関係企業	63
政府契約	162
税務調査	232
政令	128
設置・管理の瑕疵	252
選挙訴訟	308
選挙の効力に関する訴訟	307
専決	96
専決処分	80
相殺（公務員給与の）	50
争訟取消し	153
争点訴訟	297
相当の期間	298
相当補償（説）	265
双方代理	47
訴願法	276
即時強制	193
組織共用文書	218
即決裁判手続	197
損失補償	258

た

第1号法定受託事務	82
第2号法定受託事務	82
第2段階訴訟	89
第3セクター	65
代位責任（説）	242
代決	96
第三者の訴訟参加	321
ダイシー	16
代執行	187
──令書	189
対人行為	122
対世効	325

滞納処分	191
対物行為	122
代理	
──（組織）	98
──（行政行為）	142
──人（不服申立て）	281
宝塚パチンコ条例事件	186
立入り	194
団体自治	72
地方議会	78
地方公共団体	61
──の組合	62
地方公社	65
地方公務員	104
地方自治の本旨	72
地方支分部局	71
地方創生	76
地方独立行政法人	64
地方分権推進一括法	73
庁	68
長（地方公共団体）	78
懲戒処分	109
懲戒免職	106
調整的行政指導	176
聴聞	209
直接型・非申請型義務付け訴訟	299
直接強制	191
直接請求	86
通告処分手続	197
通損補償	265
通達	132
通知	143
償うことのできない損害	302
適正な法の手続	204
撤回	155
撤回権の留保	150
電子手続	212
ドイツ行政法	15
当事者訴訟	303
当選の効力に関する訴訟	308
到達主義	213
徳島市公安条例事件	83
特殊法人	71
特定秘密保護法	220
特別区	62

事項索引

335

特別権力関係（論）⋯⋯⋯⋯⋯ *44, 107*
特別職公務員⋯⋯⋯⋯⋯⋯⋯⋯ *103*
特別地方公共団体⋯⋯⋯⋯⋯⋯ *62*
特別的再議⋯⋯⋯⋯⋯⋯⋯⋯⋯ *79*
特別の犠牲⋯⋯⋯⋯⋯⋯⋯⋯⋯ *260*
独立行政法人⋯⋯⋯⋯⋯⋯ *64, 113*
独立行政法人等個人情報保護法⋯ *225*
独立行政法人等情報公開法⋯⋯ *218*
土地区画整理事業計画⋯⋯⋯⋯ *173*
特許⋯⋯⋯⋯⋯⋯⋯⋯⋯⋯⋯ *142*
届出⋯⋯⋯⋯⋯⋯⋯⋯⋯⋯⋯ *211*
取消・停止権⋯⋯⋯⋯⋯⋯⋯ *100*
取消し⋯⋯⋯⋯⋯⋯⋯⋯⋯⋯ *153*
取消しうべき行政行為⋯⋯⋯⋯ *153*
取消訴訟⋯⋯⋯⋯⋯⋯⋯⋯⋯ *310*
　――の排他的管轄⋯⋯⋯⋯⋯ *147*
取消理由の制限⋯⋯⋯⋯⋯⋯⋯ *320*
取締規定⋯⋯⋯⋯⋯⋯⋯⋯⋯ *54*

な

内閣⋯⋯⋯⋯⋯⋯⋯⋯⋯⋯⋯ *66*
内閣総理大臣の異議⋯⋯⋯⋯⋯ *327*
成田新法⋯⋯⋯⋯⋯⋯⋯⋯⋯ *204*
二元説（無効等確認訴訟）⋯⋯ *296*
二重効果的行政行為⋯⋯⋯⋯⋯ *122*
二面関係⋯⋯⋯⋯⋯⋯⋯⋯⋯ *120*
任意調査⋯⋯⋯⋯⋯⋯⋯⋯⋯ *231*
認可⋯⋯⋯⋯⋯⋯⋯⋯⋯ *56, 142*
認容裁決⋯⋯⋯⋯⋯⋯⋯⋯⋯ *286*
認容判決⋯⋯⋯⋯⋯⋯⋯⋯⋯ *324*
納税者訴訟⋯⋯⋯⋯⋯⋯⋯⋯ *88*
ノーアクション・レター⋯⋯⋯ *136*

は

バイパス理論⋯⋯⋯⋯⋯⋯⋯ *187*
パチンコ球遊器課税処分事件⋯ *132*
パブリックコメント⋯⋯⋯⋯⋯ *89*
番号法⋯⋯⋯⋯⋯⋯⋯⋯⋯⋯ *226*
反射的利益⋯⋯⋯⋯⋯⋯⋯⋯ *40*
判断過程（裁量統制）⋯⋯⋯⋯ *125*
判例法⋯⋯⋯⋯⋯⋯⋯⋯⋯⋯ *37*
反論書⋯⋯⋯⋯⋯⋯⋯⋯⋯⋯ *282*
非現業公務員⋯⋯⋯⋯⋯⋯⋯ *104*
非権力的活動⋯⋯⋯⋯⋯⋯⋯ *119*
被告適格⋯⋯⋯⋯⋯⋯⋯⋯⋯ *318*

病院開設中止の勧告⋯⋯⋯⋯⋯ *180*
表見代理⋯⋯⋯⋯⋯⋯⋯⋯⋯ *46*
兵庫県レセプト訴訟⋯⋯⋯⋯⋯ *217*
非要式行為⋯⋯⋯⋯⋯⋯⋯⋯ *122*
標準審理期間⋯⋯⋯⋯⋯⋯⋯ *280*
標準的処理期間⋯⋯⋯⋯⋯⋯ *208*
平野事件⋯⋯⋯⋯⋯⋯⋯⋯⋯ *292*
比例原則⋯⋯⋯⋯⋯⋯⋯⋯⋯ *25*
府⋯⋯⋯⋯⋯⋯⋯⋯⋯⋯⋯⋯ *68*
不可争力⋯⋯⋯⋯⋯⋯⋯⋯⋯ *148*
不可変更力⋯⋯⋯⋯⋯⋯ *148, 287*
付款⋯⋯⋯⋯⋯⋯⋯⋯⋯⋯⋯ *149*
不作為（不服申立て）⋯⋯⋯⋯ *278*
不作為の違法確認訴訟⋯⋯⋯⋯ *298*
不信任議決⋯⋯⋯⋯⋯⋯⋯⋯ *79*
附属機関⋯⋯⋯⋯⋯⋯⋯⋯⋯ *70*
負担⋯⋯⋯⋯⋯⋯⋯⋯⋯⋯⋯ *150*
普通地方公共団体⋯⋯⋯⋯⋯⋯ *61*
部分社会⋯⋯⋯⋯⋯⋯⋯⋯⋯ *44*
フランス行政法⋯⋯⋯⋯⋯⋯⋯ *14*
不利益処分⋯⋯⋯⋯⋯⋯⋯⋯ *209*
分限処分⋯⋯⋯⋯⋯⋯⋯⋯⋯ *108*
分限免職⋯⋯⋯⋯⋯⋯⋯⋯⋯ *106*
弁明書⋯⋯⋯⋯⋯⋯⋯⋯⋯⋯ *281*
弁明の機会の付与⋯⋯⋯⋯⋯⋯ *210*
法規命令⋯⋯⋯⋯⋯⋯⋯⋯⋯ *128*
法源⋯⋯⋯⋯⋯⋯⋯⋯⋯⋯⋯ *34*
法人情報（情報公開）⋯⋯⋯⋯ *215*
法治主義⋯⋯⋯⋯⋯⋯⋯⋯⋯ *18*
法定受託事務⋯⋯⋯⋯⋯⋯ *73, 81*
法定代理⋯⋯⋯⋯⋯⋯⋯⋯⋯ *98*
法律行為的行政行為⋯⋯⋯⋯⋯ *140*
法律上の利益⋯⋯⋯⋯⋯⋯⋯ *314*
法律上保護された利益（説）⋯⋯ *315*
法律上保護に値する利益（説）⋯ *315*
法律先占論⋯⋯⋯⋯⋯⋯⋯⋯ *83*
法律の法規創造力⋯⋯⋯⋯⋯⋯ *19*
法律の優位⋯⋯⋯⋯⋯⋯⋯⋯ *19*
法律の留保⋯⋯⋯⋯⋯⋯⋯⋯ *20*
法令適用事前確認手続⋯⋯⋯⋯ *136*
法令に基づく申請⋯⋯⋯⋯⋯⋯ *298*
補佐人（不服申立て）⋯⋯⋯⋯ *281*
補助機関⋯⋯⋯⋯⋯⋯⋯⋯⋯ *99*
補助金交付⋯⋯⋯⋯⋯⋯⋯⋯ *163*
本質性（重要事項）留保説⋯⋯ *21*

本来的公共事務（行政概念） ------------- 5

ま

マイナンバー法 ------------------------ 226
マクリーン事件 ------------------------ 124
みぞかき補償 -------------------------- 266
民事上の強制執行 ---------------------- 186
民衆訴訟 ------------------------------ 307
民法177条 -------------------- 48, 49, 51
無効 ---------------------------------- 153
無効等確認訴訟 ------------------------ 295
無効な行政行為 ------------------------ 153
明白性補充要件説 ---------------------- 154
命令（法源） -------------------------- 36
命令行為 ------------------------------ 144
命令的行為 ---------------------------- 141

メリットシステム ---------------------- 105
免除 ---------------------------------- 141
免職 ---------------------------------- 106

や

有効性 -------------------------------- 32
郵便法 -------------------------------- 257
要式行為 ------------------------------ 122
予防接種 ------------------------------ 267

ら

利益説 -------------------------------- 29
理由付記 ------------------------------ 207
両罰規定 ------------------------------ 198
労働基本権（公務員） ------------------ 108

事項索引

337

■監修者・編者・執筆者紹介 （監修者＊印，編者▶印）

＊手島 孝	九州大学・熊本県立大学名誉教授	第1章
＊中川 義朗	熊本学園大学特任教授・熊本大学名誉教授	第2章Ⅰ～Ⅲ
山下 義昭	福岡大学教授	第2章Ⅳ・Ⅴ，第23章
近藤 敦	名城大学教授	第3章Ⅰ，第4・5章
松塚 晋輔	京都女子大学教授	第3章Ⅱ～Ⅵ
児玉 弘	佐賀大学准教授	第6・11章
髙橋 洋	愛知学院大学教授	第7・8章
▶村上 英明	福岡大学教授	第9章
井上 禎男	琉球大学教授	第10，16～18，22章
石森 久広	西南学院大学教授	第12・13章
▶小原 清信	久留米大学教授	第14・15章
福重 さと子	北九州市立大学准教授	第19～21章
大谷 美咲	九州共立大学講師	第24・25章

Horitsu Bunka Sha

新基本行政法学〔第2版〕

2011年12月5日　初　版第1刷発行
2016年4月5日　第2版第1刷発行

監修者　手島　孝・中川義朗
編　者　村上英明・小原清信
発行者　田靡純子
発行所　株式会社　法律文化社

〒603-8053
京都市北区上賀茂岩ヶ垣内町71
電話 075(791)7131　FAX 075(721)8400
http://www.hou-bun.com/

＊乱丁など不良本がありましたら、ご連絡ください。
　お取り替えいたします。

印刷：共同印刷工業㈱／製本：㈱藤沢製本
装幀：奥野　章
ISBN 978-4-589-03742-8

©2016　T. Teshima, Y. Nakagawa, H. Murakami,
K. Kohara Printed in Japan

JCOPY 〈(社)出版者著作権管理機構　委託出版物〉

本書の無断複写は著作権法上での例外を除き禁じられています。複写される
場合は、そのつど事前に、(社)出版者著作権管理機構(電話 03-3513-6969、
FAX 03-3513-6979, e-mail: info@jcopy.or.jp)の許諾を得てください。

村上英明・小原清信編〔HBB⁺〕

新・なるほど！公法入門

四六判・316頁・2800円

大学生が実際に遭遇したり，疑問に思いそうな問題を設例に取りあげ，公法が毎日の生活にどのようにかかわっているかを考える好評の私たちの入門テキスト。法令，判例，制度などを新しくし，設例やコラムも大幅に改訂。

市橋克哉・榊原秀訓・本多滝夫・平田和一著

アクチュアル行政法〔第2版〕

A 5 判・372頁・3000円

制度変化の過程に着目しつつ，実証的視角に止まらないアクチュアルな論点・争点を取りあげた好評のテキスト。行政不服審査法やマイナンバー法など行政法例の改正や制定，さらに重要判例の続出をふまえて改訂。

三好 充・仲地 博・藤巻秀夫・小橋 昇・
前津榮健・木村恒隆著

ベーシック行政法〔第2版〕

A 5 判・314頁・2800円

総論から各論（公務員法，警察法，公物法など）まで基本をわかりやすく解説。各節毎の「学ぶポイント」で習得すべき課題を提示し，「さらに調べてみよう」でさらなる学習へと導く。2014年行政不服審査法関連3法対応版。

北村和生・佐伯彰洋・佐藤英世・高橋明男著

行 政 法 の 基 本〔第5版〕
―重要判例からのアプローチ―

A 5 判・368頁・2600円

公務員試験受験者のために行政法の判例・学説の基礎を客観的に理解できるように工夫をこらしたスタンダードな入門書の最新版。新規法令・最新判例を追加し，各章冒頭の導入や新聞記事を大幅に刷新した。

吉田利宏著

つかむ・つかえる行政法

A 5 判・248頁・2500円

難解で抽象的になりがちな行政法の考え方を身近な事例に置き換え，具体的にわかりやすく説明。行政法の全体像をつかみ，使いこなせるようになるために必要十分なエッセンスを抽出。これを読んでわからなければ行政法はわからない（楽しく学べる一冊）。

中川義朗編〔HBB⁺〕

これからの地方自治を考える
―法と政策の視点から―

四六判・336頁・2900円

地方自治に関する13のテーマのもと，グローバルな視点を横軸に，実態・これまでの歩みと課題・展望を縦軸に，その本質に迫る。「地域主権」を理念に掲げるこれからの地方自治を考えるアクチュアルな入門書。

━━━━━ 法律文化社 ━━━━━

表示価格は本体（税別）価格です